청소년 프로그램 개발과 평가

권양이 저

박영사

머리말

청소년 문제와 그에 대한 관심은 동서양, 시기를 막론하고 늘 있어왔지만 최근 청소년에 대한 사회적 관심과 우려의 목소리가 나날이 고조되고 있다. 그러나 청소년은 걱정이나 우려의 대상이 아니라 우리 미래를 책임질 미래의 주역들인만큼 그들이 건전한 발달과 성장을 할 수 있도록 진정한 고민과 교육적 처방을 제시하는 일이 중요한 일일 것이다. 이와 같은 청소년에 대한 사회적 중요성 인식의 변화와 더불어 2013년 모든 학교급·학년의 창의적 체험활동의 전면실시라는 국가정책에 따라 청소년 프로그램이 다양한 교육공급주체에 의해 개발·운영되어 왔음에도 불구하고 청소년 활동현장의 그간의 재정적·행정적 사정으로 인해 체계적인 프로그램 개발의 중요성이 간과되는 측면이 없지 않았다. 또한 청소년 기관 자체적으로도 프로그램 질과 그와 관련된 내부적 여건을 평가해보려는 노력이 미진하였다. 이러한 맥락에서 본서는 청소년 프로그램 개발 및 평가에 필요한 관련이론과 실제사례를 제시함으로써 청소년 프로그램에 대한 폭넓은 이해와 통찰의 기회를 제공하고자 한다.

본서의 구성은 다음과 같다.

1부는 청소년 프로그램 개발의 기초로서 청소년기 특징 및 발달이해와 청소년 적응 및 지도이론, 청소년 프로그램에 대한 이해를 담고 있다. 2부는 청소년 프로그램 개발의 이론으로서 청소년 프로그램 개발의 다양한 이론을 소개하고 청소년 프로그램의 접근법을 소개하였다. 3부는 청소년 프로그램 개발의 과정으로서 요구분석, 목적 및 목표설정, 설계 및 개발, 마케팅 및 홍보, 실행 및 운영, 평가의 순으로 소개하였다. 4부는 국내·외 청소년 프로그램의 실제 개발 사례를 소개하고 향후 청소년 프로그램 개발의 발전방향을 제시하며 글을 마무리하였다.

청소년 프로그램 개발 및 평가는 청소년 지도사 자격증 취득을 위한 필수과목으로 개정되어 중요하기도 하지만 그보다 먼저 위기에 빠진 청소년들을 위해 꼭 필요한 교육적 처방으로서 그리고 대다수 일반 청소년들에게는 예방적 차원으로서 청소년 프로그램이 중요하기 때문에 청소년에 관심 있는 관련학과 대학생, 청소년 지도사들을 비롯하여 일반인도 쉽게 접근하고 활용하게끔 집필하였다는 점이 이 책의 특징이라고 할 수 있다. 그리고 밀레니엄 세대 청소년들에 관련된 비교적 최신 프로그램 자료들을 많이 소개하려고 노력했다. 밀레니엄 세대 청소년들은 누구일까? 그리고 그들에게 맞는 프로그램 개발이란 무엇일까? 라는 집필 과정의 노력들이 있었지만 밀레니엄 세대 청소년이란 개념이 아직은 생소하고 관련연구 자체가 부족하기 때문에 탈고할 시점이 되다보니 이러한 면을 포함하여 많은 부분이 미진하게 느껴진다. 그러나 아무쪼록 청소년 프로그램 개발에 관심 있는 모든 분들에게 조금이나마 도움이 되었으면 하는 바람이다.

이 자리를 빌어 자료수집에 많은 도움을 주신 서울여자대학교 김선요 교수님, 한국청소년정책연구원의 황여정 박사님, 고려대학교 김재현 연구교수님, 명지전문대학교 오승근 교수님과 출판을 허락해주시고 격려해주신 박영사의 안상준 상무님, 조성호 부장님과 편집부 분들에게 진심으로 깊은 감사의 말씀을 전하고 싶다.

2013년 2월

권양이

차 례

1부 청소년 프로그램 개발의 기초

CHAPTER 1 >>> 청소년기 특징 및 발달 이해

CHAPTER 2 >>> 청소년기 적응 및 지도 이론

CHAPTER 3 >>> 청소년 프로그램의 이해

2 부 청소년 프로그램 개발의 이론

CHAPTER 4 >>> 청소년 프로그램 개발의 이해

CHAPTER 5 >>> 청소년 프로그램 개발의 이론

CHAPTER 6 >>> 청소년 프로그램 개발의 접근법

3부 청소년 프로그램 개발의 과정

CHAPTER 7 >>> 청소년 프로그램 요구분석

CHAPTER 8 >>> 청소년 프로그램 목적 및 목표설정

CHAPTER 9 >>> 청소년 프로그램 설계 및 개발

CHAPTER 10 >>> 청소년 프로그램 마케팅 및 홍보

CHAPTER 11 >>> 청소년 프로그램 실행 및 운영

CHAPTER 12 >>> 청소년 프로그램 평가

4부 청소년 프로그램 개발의 실제

CHAPTER 13 >>> 청소년 프로그램 국내 사례

CHAPTER 14 >>> 청소년 프로그램 국외 사례

CHAPTER 15
>>> 향후 청소년 프로그램 개발의 발전방향

부 록

01부

청소년 프로그램 개발의 기초

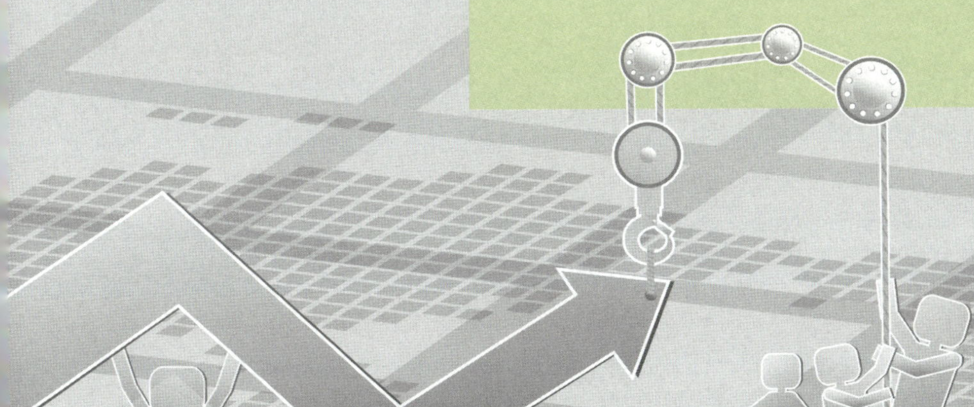

CHAPTER 1

청소년기 특징 및 발달 이해

현대사회는 어느 나라를 막론하고 청소년 문제가 해마다 심각해지고 있는 실정이다. 청소년 문제는 사회문화가 급격히 변동함에 따라 복잡해지고 다양화되어 청소년의 정서적 갈등과 사회적 부적응으로 청소년 문제가 발생한다(김병성, 2010). 특히 우리나라는 다른 나라에서 유래를 찾아볼 수 없는 입시위주의 교육, 황금만능주의, 한탕주의가 청소년들을 혼란에 빠뜨리는 주범으로 작용함으로써 청소년 문제의 심각성이 나날이 심해지고 있다. 오늘날 각종 범죄들 중에 청소년 범죄의 비중이 날로 늘어가고 있다. 그 범행도 단순 절도에서 성매매에 이르기까지 흉악한 범행이 증가하고 있는 추세라 청소년 교육에 대한 국가적 관심이 고조되고 있다. 2004년 학교폭력 예방 및 대책에 관한 법이 제정되고 수많은 청소년 폭력에 대한 대책들도 마련되었지만 청소년 사이의 폭력발생은 기성세대들을 비웃기라도 하듯이 시간이 갈수록 끊임없는 증가추세와 더불어 더욱 잔인하고 교묘해질 뿐만 아니라 점점 저연령화되는 현상으로 청소년 폭력의 양상이 진화되고 있다(한국청소년단체협의회, 2012).

이렇듯 십대 청소년이 흉악한 폭력 사건들을 저지르게 되는 데는 여러 가지 이유가 있으나 그중 무엇보다도 잘못된 것은 가정교육, 학교교육에 그 원인이 있다 하겠다. 학교교육, 가정교육이 그 기능을 제대로 발휘하지 못하고 있는 실정이다(김선요, 2002, 2009; 이철승, 2008). 가정적 요인은 부모의 권위적인 양육태도나

과보호 또는 반대로 무관심이 청소년들을 사각지대로 내몰 수 있다. 이와 같이 가족의 구조적 해체나 방임, 빈곤문제, 가정불화, 심리적 갈등으로 인한 기능적 해체가 큰 요인으로 작용하게 된다. 학교적 요인으로는 입시위주의 학교교육풍토로 인한 극단적 이기주의 조장, 시험성적에 의한 단편적인 평가, 창의성과 탐구적인 교육풍토보다는 획일적인 풍토에 시달리는 파행적 교육 등을 들 수 있다. 이에 건전한 청소년 발달을 도모하기 위한 하나의 방편으로 청소년 프로그램에 대한 많은 요구가 있어 왔다.

청소년 발달은 많은 개인적 차이가 있고 신체적, 인지적, 심리적 그리고 사회적 요인들 사이의 관련성을 포함하고 있다. 이러한 요인들 중 어느 하나가 혹은 오직 한 요인이 변화를 주도적으로 이끌지 않는다(Lerner *et al.*, 2001). 예를 들면, 청소년 시기는 키, 몸무게, 몸 크기에서 급격한 신체적 변화를 경험하는 시기이다. 호르몬 변화는 이러한 발달의 한 부분일 뿐이다. 호르몬이 청소년 시기의 심리적 혹은 사회적 발달을 주요하게 설명하지는 못한다. 문화인류학자 및 생태학적 이론가들은 호르몬이나 다른 생물학적 변화들이 심리적, 사회적, 문화적, 그리고 역사적 상황에 영향을 주고 영향을 받는다고 보았다(Lerner *et al.*, 2001). 예를 들면 인지적 능력은 정보를 빠르게 그리고 효과적으로 처리하게 되면서 청소년 초기에 향상되지만 적어도 청소년들이 인지적 과제를 수행하면서 편안함을 느끼는 상황이 전제조건으로 수반되어야 한다(Kail, 1991). 또한 오늘날과 같은 복잡한 사회 속에서는 모든 청소년들에게 빈곤, 위험, 긍정적인 삶으로 가는 경로가 모두 같지 않은 상황임에도 불구하고(Lerner *et al.*, 2001) 열악한 환경에서 많은 혜택을 받지 못하는 소외된 청소년들을 위한 프로그램은 많지 않은 실정이다(Eccles & Gootman, 2002).

따라서 청소년의 특징을 이해하기 위해서 신체적, 인지적, 정서적 발달을 함께 살펴보는 것이 중요하다 하겠다. 또한 개발의 과정은 연령에 근거하여 영아기, 아동기, 청소년기, 그리고 좀 더 세분화된 단계 등으로 구분할 수 있으며 청소년 프로그램 개발영역은 현저한 신체적 발달과 함께 인지적, 사회적, 정서적, 그리고 도덕적 발달 측면으로 구분될 수 있기 때문에(김경준 외, 2005) 청소년 프로그램 개발에 들어가기에 앞서 다음과 같이 청소년기의 발달 측면을 신체적, 인지적, 정의적, 도덕성 발달 측면으로 살펴보기로 하겠다.

1. >>> 청소년기의 신체적 발달

(1) 청소년의 연령범주

청소년이라는 개념은 1890년대부터 1920년대 이전까지는 연구자들에게 중요한 개념으로 인식되지 않았었다. 1920년에 이르러서야 비로소 관심이 고조되었다고 할 수 있다. 이후 많은 연구자들이 청소년기를 정의하고 있지만 청소년기를 한마디로 정의하기란 쉬운 일이 아니다. 왜냐하면 청소년에 대한 개념은 시대에 따라 다르게 정의되어 왔으며 학자들과 학문 영역에 따라, 나라 및 이념에 따라 그리고 관련법규에 따라 다르게 규정되기 때문이다. 청소년은 아동과 성인의 중간 즉, 신체적·정신적·사회적으로 아동에서 성인이 되어가는 과도기적 존재로서 보통 9~13세에서부터 19~24세의 연령에 해당하는 사람이라고 할 수 있다.

표 1-1 청소년 연령에 대한 다양한 견해

저널·문헌	년도	연구자	청소년 연령	시기
Adolescence	2004	Schettini, Evans & Frank	12~17	-
		Kuther & McDonald	10~13	청소년 초기
		Smith	12~18	-
		Pinquart & Silbereisen	11~17	-
		Allison & Schultz	11~14	청소년 초기
		Meyers & Miller	14~17	-
		McCabe & Ricciardelli	12~17	-
Journal of Adolescence	2004	Engels, Vitaro, Blokland, de Kemp & Scholte	10~14	-
		Keisner, Kerr & Stattin	10~18	-
Journal of Adolescent Research	2004	Kvernmo & Heyerdahl	16~19	-
		Frankenberger	14~18	-

Journal of Research on Adolescence	2004	Matthews & Conger	10~18	-
		McMillan & Hagan	11~17	-
기타 문헌	2005	Rice & Dolgin	11~14(초기); 15~17(중기); 18~20(후기)	경계는 분명하지 않음, 획일적이지 않음
	2004	Petersen	13~18	인생경로에 의해 정해짐, 진정한 연령 경계선 없음
	2006	McInerny & McInerny	-	신체적 특징으로 구분할 수는 없음
	2000	Seifert & Hoffnung	12~20	-
	2002	Schaffer	-	-
	2003	Santrock	10/13~18/22	-
	1998	Bessant, Sercombe & Watts	-	정확한 연령은 없음
	2005	Steinberg	10~13(초기); 14~18(중기); 19~22(후기)	-

출처: Bahr & Pendergast(2007). p. 14.

(2) 청소년의 신체적 특징

청소년기의 신체적 특징은 신체적 성숙이 이루어진다는 것이다(권이종, 2011). 청소년기가 되면, 신체발달은 매우 빠르게 진행되고 급격하게 이루어지는데 이러한 신체 및 운동능력은 인간의 모든 활동에 기반이 된다.

사춘기라고 불리는 청소년의 신체적(생리학적·해부학적) 발달은 뇌하수체의 성장호르몬 분비에 따라 성장 및 성 호르몬 생물학적 물질들에 의해 빠르게 성장이 이루어진다. "뇌"에는 시상하부라는 자율신경이 있는데 이것이 뇌하수체(호르몬 조절시스템)에 신호를 보내면 부신피질이라는 자극호르몬이 이것을 받아서 스트레스를 조절하고 성선자극 호르몬이 신호를 받아 난소 혹은 고환의 작용을 자극하여 남자, 여자의 호르몬을 분비하도록 해준다.

"남성" 호르몬은 "안드로겐 테스토스테론"(Androgen testosterone)으로 이것

표 1-2 신체적 특징

연령	남자	연령	여자
10-16세	외형이 커짐	8-13세	유방 성숙, 체모의 출현 신장이 급속도로 성장
10-15세	성기의 발달, 변성기 체모가 자람 몽정	8-14세	가슴확대, 체모가 짙어지고 휨, 질 색채가 짙어짐
11-14세	성기의 발달, 체모가 휘고 거칠어짐, 음낭 색채가 짙어짐, 신장이 급속도로 성장, 가슴의 발달	10-16세	생리 시작 젖꼭지와 유근의 구분이 이루어짐
체모의 출현 2년 후	남성 어른의 외형 신장이 느리게 성장하다가 멈춤	체모의 출현 2년 이후	여성 어른의 외형 겨드랑이 체모 신장이 느리게 성장하다가 멈춤

은 뇌하수체에서 분비된다. 남성에게는 근육성장, 몸, 얼굴, 체모에 영향을 주며 기타 성적 특징들의 변화와 관계가 깊다. "여성" 난소에서 분비되는 "에스트로겐"(Estrogen)은 여성 신체의 주요영향요인이 된다.

여성에게는 가슴, 자궁, 여성의 체형의 변화에 영향을 주고 생리주기의 변화에도 기여한다.

2. >>> 청소년기의 인지발달

(1) 발달 이해의 기초

1) 발달의 개념

전통적 발달심리학자들은 발달의 개념을 성장으로 보았다. 주로 출생 후 청년기까지의 상승적 측면 즉 성장에 초점을 두고, 유아기와 아동기를 거쳐 청년기에 이르는 동안 성장을 통해 발달이 완성이 되고, 이러한 발달을 바탕으로 성인기에 안정적으로 살아가다가 노년기에 감소하는 것으로 보았다. 그러나 생애 발달적 관점의 학자들은 발달의 모든 단계에서 성장과 쇠퇴가 공존하는 것으로 보았다. 그래서 발달을 인간이 수정되는 순간부터 죽음에 이르기까지 전 생애를 통해 일어나는 변화로 본다. 이 변화의 과정에는 질적, 양적 변화가 포함되며 신체·운동기능·지능·사고·언어·성격·사회성·정서·도덕성 등 인간의 모든 특성들이 포함된다. 이러한 발달의 원리에는 개인차의 원리, 일정한 순서와 방향의 원리, 유전과 환경(성숙과 학습)의 상호작용의 원리, 계속성의 원리, 분화와 통합의 원리, 결정적 시기의 원리 등이 있다. 용어 사용에 있어 성장은 주로 양적 변화, 발달은 주로 질적 변화, 성숙은 유전적 요인에 의한 변화를 주로 나타낸다. 결국 발달은 이러한 성장, 발달, 성숙에 의해서 그 발달과정과 양상이 나타나게 된다.

2) 발달과업

Havighurst(1952)는 각 발달단계마다 발달시켜야 할 중요과업을 제시한 바, 청소년 후기의 주요발달과업을 다음과 같이 제시하였다.

① 자기 체력을 인정하고 성역할 수용

자신의 신체를 자랑으로 여기거나 적어도 관대하게 다루고 자신의 신체를 유용하고 만족스럽게 구사하고 보호하는 것을 배우는 것이다. 또한 사회적으로 인정된 성인 남성으로서 혹은 성인 여성으로서의 사회적 역할을 받아들이고 배우는 일이다.

② 동성이나 이성의 친구와 새롭고 성숙한 관계 형성

자신의 개인적 감정만을 돌보지 않고 공동의 목적을 위해서 타인과 더불어 일하기를 배워야 하며 권세를 부리지 않고 타인과 새로운 관계를 형성하는 것을 배운다.

③ 부모나 성인으로부터 정서적 독립

부모에게 의존하지 않고 오히려 부모를 사랑하는 마음을 발전시키는 것, 성인들에게 의지하지 않고 그들을 존경하는 마음을 발전시키는 일이다.

④ 경제적 독립의 필요성을 느낌

필요시에는 언제나 생계를 유지할 수 있다는 자신감을 가지는 것이다.

⑤ 직업선택과 준비

자신의 능력으로 감당할 수 있는 직업의 선택과 이 직업을 위한 준비를 해야 한다.

⑥ 시민이 갖추어야 할 지적기능과 개념획득

현 세대에 맞는 법률, 정부, 경제, 정치, 지리, 인간성, 사회제도 등에 관한 개념을 발달시키는 것과 현대 민주주의의 문제를 효과적으로 다루기 위해서 필요한 언어기능과 추리력을 발달시키는 일이다.

⑦ 사회적으로 책임 있는 행동을 원하고 실천하기

책임 있는 성인으로서 지역사회, 국가생활에 참여하는 것, 자기행동을 그 사회의 여러 가지 가치와 고려하는 일이다.

⑧ 결혼과 가정생활 준비

적합한 배우자를 선택하여 결혼하고 새로운 가정생활을 위한 준비를 해야 한다.

⑨ 적절한 과학적 세계관에 맞춰 가치체계 형성

자신의 세계관을 가지는 일, 타인과의 상호조화로 자기의 가치관을 가지는 일이 청소년기에 해야 할 일이다.

(2) 인지발달 이론

1) Piaget의 인지발달론

인간의 지적 능력은 개인이 환경에 효과적으로 적응할 수 있는 능력으로 정의된다. 인지발달은 동화와 조절을 통하여 인지구조가 변화됨으로써 이루어지며, 아동은 적응력을 가지고 스스로 학습해나가는 독립적인 학습자이다.

① 주요개념

가. 평형화(equilibrium) 지적평형이 깨어졌을 때 질서와 체계를 유지하려는 인간의 선천적이고 본능적인 경향성을 일컫는다. 새로운 인지구조를 만들어 가는 적응의 과정에서 동화와 조절 간의 인지적 균형 상태를 평형이라고 한다.

나. 도식(schema) 사물, 사건, 개념에 대해 정신적으로 표상하거나 생각하도록 하는 조직화된 행동 또는 사고체계의 기본 단위. 이 도식을 통해 외부 세계를 해석하게 된다. 경험과 학습을 통해 개개의 도식은 보다 정교화되고, 통합되어 보다 큰 단위의 도식으로 재구조화되거나, 새로운 도식으로 형성되어 인지구조의

변화와 발달을 가져온다.

다. 적응(adjustment) 유기체와 환경 간의 상호작용을 설명하는 개념으로 동화와 조절을 통해 평형을 취해가는 과정이다.

라. 동화(assimilation) 새로운 대상이나 사물을 기존의 인지구조에 맞춰 이해하고 해석하는 과정이다.

마. 조절(accommodation) 새로운 정보가 기존의 인지구조와 맞지 않을 때 기존의 인지구조를 수정하는 것이다. 인지발달은 동화와 조절이 서로 보완하여 보다 적응적인 행동이 가능하게 되고 보다 균형화된 체계가 형성되어 가는 과정이다.

바. 구조화 여러 개의 도식을 하나의 통합된 체제로 만드는 경향성.

② 인지발달단계와 특징

가. 감각운동기(0~2세) 감각 정보 및 운동의 협응을 통해 신체 도식을 발달시킨다. 점차 대상영속성 개념을 발달시킨다.

나. 전조작기(2~7세)

- 피아제에게 조작이란 체계적이고 논리적인 사고이다. 따라서 전조작기란 아직 체계적이고 논리적인 사고가 이루어지기 전 단계임을 나타낸다.
- **전개념기(2~4세)**: 주로 지각에 의한 사고가 이루어지고, 자기중심성(egocentric), 물활론적 사고 등의 특징을 가지며, 한 가지 사실에 기초하여 사물을 분류하거나 수집한다.

> 사고의 자기중심성: 전조작기 유아들은 우주현상을 자기중심적으로 생각한다. 타인의 생각, 가정, 지각, 관점 등을 자신의 것과 동일한 것으로 사고하는 특징을 갖는다.

- **직관적 조작기(4~7세)**: 주로 직관에 의한 사고가 이루어지고, 수개념을 사용하기 시작하고, 물활론적 사고에서 벗어나나, 보존성의 개념은 아직 형성되지 않으며 가역적 사고 또한 발달되지 않는다.

> 직관적 사고: 사물이 갖는 지각적 속성과 특징에 의한 영향을 받아 그 심상을 바탕으로 사고하는 경향성을 말한다.

다. 구체적 조작기(7~11세) 구체적 문제에 대한 논리적 사고가 가능하다. 보존개념이 획득(보상성, 가역성, 동일성 원리이해)되며 이는 수－길이－양－무게－부피 및 면적의 순으로 발달하고, 탈중심화 경향을 나타내어 자기중심적 사고에서 벗어난다.

보존개념: 수, 양, 길이, 면적, 부피 등의 모양이 바뀌어도 그 특질이나 전체의 양은 변하지 않고 유지한다는 것을 이해하는 능력으로 이를 통해 논리적인 규칙을 발달시킬 수 있다.

라. 형식적 조작기(11, 12세 이후) 논리적으로 사고하면서 추상적인 개념을 다룰 수 있다. 성인이 행하는 모든 추리 형태가 가능하여 가설을 설정하고 검증할 수 있으며 연역적 사고와 조합적 사고가 가능하다. 몇 가지 사고를 보면,

- **명제적 사고(propositional thinking)**: 어떤 문장의 참과 거짓을 판단할 수 있는 가장 작은 단위의 정보 또는 진술. 두 개 이상의 명제 사이의 관계를 추리하는 사고로서 경험적 현상에 대해서 추리하는 것이 아니라 논리적 관계를 추리하므로 형식적 조작 추리이다.
- **반성적 사고(reflective thinking)**: 자신의 사고내용이나 사고과정, 문제해결과정 그리고 그 결과에 대해 생각하는 사고로서 초인지, 자기점검사고, 자기반성과 유사한 개념이다. 체계적이고 논리적으로 진행되므로 공상, 백일몽 등과 구분된다.
- **가설-연역적 추론(hypothetic-deductive reasoning)**: 일반적 명제(전제)를 토대로 구체적 명제(결론)에 도달하는 사고로서 삼단논법이 대표적인 예이다.
- **체계적 조합적 사고**: 문제해결을 위해 사전에 계획을 세우고, 체계적으로 해결책을 시험한다.

표 1-3 Piaget의 인지발달단계

	주요인지 달성 영역	주요인지 한계 영역
감각운동기 (0-2세)	감각기관 단계로 불리는데 영아가 사물과 세계를 이해하기 위하여 감각기관을 사용한다는 것에 착안하여 이와 같이 명명하였다. 대상영속성이 발달하는 단계이다.	자기중심성: 자신과 주변의 외부 자극 세계를 구별 못한다.
전조작기 (2-6, 7세)	전작용 단계로 불리는 이 시기에 아이들은 그림이나 언어와 같이 어떤 것을 대표하는 상징적인 것을 사용하여 자신을 표현한다.	자기중심성: 상징과 대상(실체)을 구별 못한다. 보존성 개념이 결여되어 있다.
구체적 조작기 (6, 7-11세)	확실한 작용 단계인 이 시기에 아이들은 자신을 표현하기 위하여 더 이상 상징만 사용하는 것이 아니라 특별한 상징물들을 논리적으로 조작하여 사용한다. 보존성 개념을 획득한다.	자기중심성: 실제에 대한 사고와 현실의 실제적인 경험에 대한 구분능력이 부족하다.
형식적 조작기 (12세-)	피아제의 인식론의 단계별 구분 이론에서 마지막 단계에 해당한다. 이 시기는 공식적 작용 단계인데 이 시기의 아이들은 논리적이고 추상적인 사고를 할 수 있을 뿐만 아니라 이론체계를 세울 수도 있다.	자기중심성: 상상적 청중(imaginary audience), 개인적 우화(personal fable)

출처: Lerner & Spanier(1980). p. 252.

③ 시사점

- 인지발달의 기초는 환경과 개인의 행동적 상호작용으로 이루어진다. 물리적 경험이나 사회적 경험을 많이 제공해야 한다.
- 아동의 발달 수준은 교육의 종착점이 아니라 출발점이다.
- 아동의 발달은 한 단계에서 갑자기 다음 단계로 도약하는 것이 아니라 서서히 계속적으로 발전한다.
- 아동의 인지발달단계에 따라 교육과정을 구성할 필요가 있다. 즉, 인지구조를 고려해야 한다.

형식적 조작기의 특징에 대한 다른 학자들의 설명

* Selman의 역할수용이론: 사회적 역할수용(조망수용: 다른 사람의 입장이 되어 그 기분을 이해하는 능력)을 5단계로 설명, 청년기(10-15세)는 자신의 관점, 상대방의 관점, 제3자의 관점까지 이해가능하다고 본다. 전 청년기(7-12세)는 상대방의 관점을 이해하는데 그친다.
* Elkind의 청년기의 자기중심성: 형식적 조작기에 도달한 청년들은 급격한 신체적, 정서적 변화로 말미암아 자신의 외모와 행동에 몰두함으로써 자기중심성을 나타낸다. 상상적 청중(imaginary audience)은 자신은 주인공, 타인은 구경꾼으로 생각하여 시선끌기 행동, 유치한 행동 등을 나타낸다. 또 개인적 우화(personal fable)는 자신은 중요하며 특별한 존재로 여겨 자신은 죽지않으리라고 생각하여 모험적 행동을 하거나 자신의 사랑은 남과 다르다고 생각하기도 한다.

2) Vygotsky의 인지발달론

① 주요개념

가. 인지발달 인지발달은 독립적 활동이 아니라 성인이나 뛰어난 동료와의 사회적 상호작용(대화)의 영향을 받는다. 인지발달은 변증법적 과정을 거치며, 행동이 사고를 결정하고, 문화적인 맥락 속에서 이루어지는 역사적인 과정이다.

나. 근접발달영역(zone of proximal development) 아동이 혼자서는 해결할 수 없지만 성인이나 뛰어난 동료와 함께 학습하면 학습할 수 있는 영역이다. 즉 도움을 받아 발달할 수 있는 잠재발달 수준과 아동의 혼자 힘으로 발달할 수 있는 실제발달 수준의 차이영역이다.

다. 발판(scaffolding) 아동이 지적으로 성장하는데 필요한 요소를 지원하는 안내자 혹은 교사의 역할을 말한다(힌트주기, 암시하기, 모델이 되어주기, 설명, 토론, 격려, 아동의 주의 통제 등).

② 언어발달의 단계

가. 원시적 또는 자연적 단계(0~2세) 언어와 사고는 각기 발달하며 세 가지 비지시적 언어가 나타난다. 고통이나 좌절로 인한 울음이나 만족을 나타내는 목청의 울림과 같이 정서적 해방을 표현하는 소리가 나타나고, 생후 2개월부터 기존의 정서적 반응에 타인의 모습이나 목소리에 대한 사회적 반응으로 볼 수 있는 소리가 추가되고 대상과 욕구에 대응되는 최초의 단어가 출현한다. 이 단어는 대

상이나 욕구에 해당하는 단어와 자주 짝지어 주는 조건반사에 의해 학습된다.

나. 순수심리단계(2~4세) 말이 생각으로, 생각이 말로 끊임없이 이동한다. 만 2세가 되면 언어가 상징적인 기능을 지닌다는 사실을 발견하고 사물의 이름에 대한 계속적인 질문을 통해 어휘가 급격히 증가한다.

다. 자기중심적 언어(4~6세) 자기중심적 언어를 사용한다. 취학 전 유아에게 많이 나타나며 특히 놀이 장면에서 자신이 활동하는 것에 대한 독백을 하는 형태로 나타난다. Vygotsky는 자기중심적 언어를 사고의 도구로 생각한다.

라. 내적언어단계(7~8세) 아동은 자신의 머릿속에서 무성언어의 형태로 언어를 조작하는 것을 배운다. 문제해결을 위해 내적기호를 사용하는 논리적 기억을 수단으로 하는 사고를 한다. 이후 비로소 인간은 내적언어와 외적언어 모두를 개념적으로 또는 언어적 사고의 도구로 사용한다.

이러한 발달의 특징을 Piaget와 비교하면 다음 표와 같다.

표 1-4 Piaget와 Vygotsky의 인지발달 비교

Piaget	Vygotsky
지식이나 사고가 언어에 선행한다. 언어는 사고의 특성을 반영한다.	독립적으로 발생하기 시작한 사고와 언어는 일정시간이 지난 후 서로 연합되고, 이 연합이 발달과정에서 변화하고 성장한다.
전조작기 아동의 특징인 자기중심적 언어는 자기중심적인 사고를 나타내는 것으로 성장하면서 점차 감소한다. 언어는 인지발달의 결과이다.	자기중심적 언어의 사용은 문제해결을 위한 사고의 도구이다. 언어는 인지발달을 주도한다.
발달이 학습에 선행한다.	학습이 발달에 선행한다.
개인이 인지갈등을 해소하는 과정에서 발달	사회적 상호작용으로 인지 발달

③ Vygotsky 이론의 시사점

- 인지발달은 아동과 성인 혹은 능력 있는 동료들과의 상호작용을 통해 발달한다.
- 교사는 학생의 지적발달 수준을 평가하여, 아동이 근접발달영역 내에 존재하도록 조절하는 것이 필요하다.
- 교수는 학생들에게 완전하고 정확한 이해의 틀을 받쳐주는 발판을 제공할 수 있어야 한다.

3. 정의적 발달 이론

(1) Freud의 성격발달이론(Psychosexual psychology: 심리성 이론)

Freud는 생물학적 기제와 본능적인 충동을 기초로 하여 무의식을 강조하는 정신분석학에 바탕을 두고 인간의 성격발달을 설명하고 있다.

1) 주요개념

① 의식 수준

- **의식**: 개인이 주의를 기울이고 알아차릴 수 있는 부분이다.
- **전의식**: 평소에 의식을 못하나 노력하거나 자극을 받아서 연상되고 기억될 수 있는 정신영역이다.
- **무의식**: 평소에 개인이 전혀 자각하지 못하는 정신영역을 말한다.

② 성격구조론

- **원초아(id)**: 성욕, 공격욕과 같은 선천적이고 본능적 충동을 주관하며, 쾌락원리에 따른다. 자아와 초자아가 여기서 분화된다.
- **자아(ego)**: 원초아의 충동을 억제하고 현실원리에 따라 현실검증을 통해 합리적인 방법으로 쾌락을 얻으려는 체계이다. 의식과 무의식으로 구성되어 있으며 개인의 경험을 통해 형성된다. 원초아와 초자아의 중재역할을 한다. 중재실패시 불안을 초래한다. 불안에는 현실 불안(현실세계로부터 오는 위협에 대한 반응으로 위협이 제거되면 줄어 듦), 신경증 불안(원초아의 충동이 의식 속으로 분출되어 나오는데 따른 위협에 대한 반응으로 이는 이드불안이다), 도덕 불안(초자아로부터 오는 처벌 위협에서 비롯되며 죄책감이다)이 있다.
- **초자아(superego)**: 자아로 하여금 현실적인 목표보다는 이상적인 목표로 향하는 것으로, 현실적 자아로부터 발달되며 의식과 무의식으로 구성된다. 사회적 가치나 도덕 등이 내면화된 것이다. 여기에는 양심과 자아이상이 있다.

③ 성격의 역동성

Freud는 인간 유기체를 복잡한 에너지 체계로 보고 두 종류의 에너지를 본능이란 개념으로 설명한다.

- **삶의 본능**(Eros): 생식본능, 성본능과 같이 개체의 보존과 종족번식의 목적에 관계하는 본능으로 건설적 행위나 이타적 행위 등이 이에 속한다. 삶의 본능을 리비도(libido)로 부르며, 이는 성적 에너지로서 성격구조를 형성하고 움직이게 하는 에너지를 일컫는다. 리비도가 집중되는 성감대의 변화에 따라 성격발달이 이루어진다.
- **죽음의 본능**(Thanatos): 파괴적이고 공격적 행동을 나타낸다. 공격성은 자기 파괴적 본능이 외부의 타인에게 돌려진 것이다. 1차 대전 후 프로이드는 공격본능을 성욕만큼 강한 동기로 보았다.

2) 심리성적 발달단계

Libido가 집중되는 성감대에 따라 발달단계를 구분하였다.

① 구강기(0~1세경) 입, 혀, 입술을 통하여 젖을 빠는 데에서 쾌감을 느껴 성적욕구를 충족한다. 구강기 고착현상은 손가락 빨기, 손가락 깨물기, 과식이나 과음, 지나친 흡연, 침뱉기, 지나친 비판 등이 있다. 구강기에 욕구충족이 적절하면 낙천적이고 먹는 것을 즐기는 성격이 된다.

② 항문기(1~3세경) 배설물을 참고 보유하거나 배출하는 데에서 쾌감을 얻음, 즉 괄약근의 이완과 긴장에 따른 쾌감을 얻는다. 항문기 고착현상(항문기적 현상)에는 결벽증 또는 완벽주의 등이 있으며, 대변보유의 쾌감에 고착되면 수전노와 같은 인색한 성격이 나타나고 배설의 쾌감에 고착되면 무절제한 성격이 된다. 부모가 대소변 통제를 적절히 하면 성장해서 생산적이고 창의적인 사람이 된다.

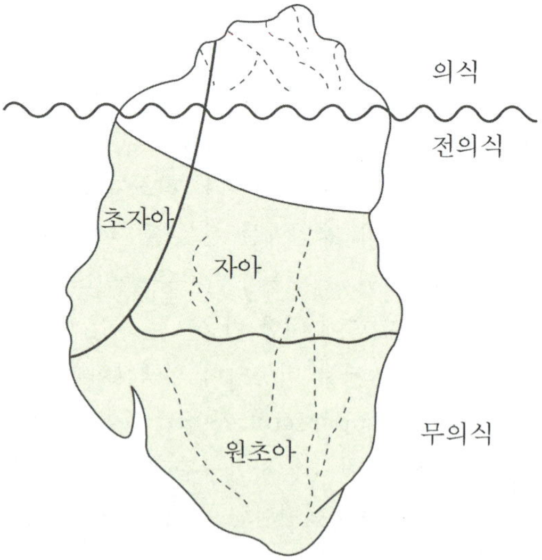

Freud의 성격구조

③ 남근기(3~5세경) 이 시기에 남녀의 신체차이, 아기의 출생, 부모의 성역할 등에 큰 관심을 갖게

된다. 성감대가 성기로 간다. 성기 자위행위가 나타나고, 가족로맨스(family romance)가 생긴다. 외디푸스 콤플렉스는 남아가 어머니에게 애정을 느끼고 아버지를 경쟁자로 인식하여 거세불안이 나타난다. 거세불안 감소를 위해 어머니에 대한 성적 욕망과 아버지에 대한 적대감을 억압하며 어머니의 인정을 얻고 아버지를 동일시하여 성역할을 형성한다. 반면 엘렉트라 콤플렉스는 여아가 아버지에게 성적 애착을 가지며 남근선망을 갖게 된다. 남근기 고착현상은 과시적이고 공격적이며 동일시가 실패할 경우에 동성애나 이성부모를 동일시하게 된다.

④ 잠복기(6~11세경) 성적으로 평온한 시기로서, 성적욕구가 억압되어 충동, 상상, 욕구 등이 잠재되어 있다. 그러나 단지 성적으로 침체되어 있을 뿐 역할배우기, 운동능력 배양, 논리적인 사고가 배양되는 시기이다.

⑤ 생식기(11세 이후) 잠복기 이전에는 자신의 신체에서 성적쾌감을 추구하는 자기애적 경향을 보이고, 사춘기가 되면 이성에게서 만족을 얻으려 한다. 제2의 외디푸스 경향이 나타난다. 고착의 경우 이성과 성숙된 사랑이 어렵고, 이성에 대한 적응이 곤란하며, 권위에 반항적이 된다. 원만한 경우, 이타적이고 성숙한 성격의 소유자가 된다.

프로이드는 청년기 이후 성인기에 대해서 언급이 적다. 그저 부모로부터의 해방을 강조한다. Freud의 발달단계를 보면 아동의 초기 경험이 성격 형성에 매우 중요함을 알 수 있다. 한편 Anna Freud는 청년기를 질풍과 노도 즉 혼란과 방황의 시기로 보았다. 청년기에 나타나는 혼란과 방황은 외디푸스 콤플렉스가 다시 출현하여 겪게 되는 과정이다. 따라서 청년기는 불안이 증가하고 방어기제의 필요성이 증가한다고 보았다.

(2) Erikson의 심리사회적 발달이론

1) 심리사회적 발달

인간의 성격은 개인의 욕구와 이를 만족시키거나 좌절시키는 사회 환경 또는 사회의 요구와 이에 대한 아동의 반응의 결과로 발달한다. 인간이 성장하면서 직면하는 위기는 심리사회적 특징의 긍정적인 면과 부정적인 면으로 나타난다. 긍정적 경험은 원만한 발달을 가져오나 부정적 경험은 발달위기를 가져온다. 이러한 위기에 따라 Erikson은 인간의 발달단계를 제안하였으며 각 단계의 긍정적 측면은 그 시기의 발달과업이 된다. 그리고 위기를 극복하고자 노력하는 것이 발달을 이끄는 동력으로 작용한다.

2) 심리사회적 발달단계

① 제 1 단계: 기본적 신뢰감 대 불신감(0~1세, 구강기)

영아는 기본 욕구가 충족되면 세상을 안전하고 신뢰롭게 여기나, 부모의 보호양육이 일관성이 없거나 충분치 못할 때 불신감을 갖는다. 1단계는 5단계와 함께 가장 중요한 단계이다.

② 제 2 단계: 자율성 대 수치심과 회의감(2~3세, 항문기)

대소변 가리기, 걷기, 먹기, 옷 입기 등의 자신의 행동통제를 통하여 자율성을 획득하고자 한다. 이러한 기본적 기능을 습득하지 못하거나 실패에 대한 부모의 실망이 크면 수치심을 느끼게 되고 자신의 가치와 능력에 대해 의심을 품게 된다.

③ 제 3 단계: 주도성 대 죄책감(4~5세, 남근기)

자율성이 크게 증가하여 다양한 신체활동과 언어활동에 참여하게 되는데 이것이 주도성이다. 이 주도성은 앞 단계의 자율성에 일의 착수시행, 도전 등을 가세시키는 것이다. 다양한 신체활동과 언어활동에 참여할 수 있는 기회가 타인에 의해 지나치게 통제를 받으면 좌절을 느끼며 좌절은 곧 죄책감을 가져온다.

④ 제 4 단계: 근면성 대 열등감(6~11세, 잠복기)

학교에서 성공과 성취가 근면성을 발달시킨다. 기초적인 인지적 기술(읽기, 쓰기, 셈하기 등)과 사회성 기술을 발달시키려는 근면성이 발달하나, 실수나 실패를 거듭하면 부적절감과 열등감을 갖게 된다.

⑤ 제 5 단계: 정체감 대 정체감 혼미(청소년기, 생식기)

Erikson은 청소년기의 중심과제를 자아정체감의 확립이라고 주장한다. 자아정체감은 자기동일성에 대한 의식적 자각이며, 자기의 위치, 능력, 역할, 책임에 대한 인식이다. 그러나 자기존재에 대한 의문을 해결하는 것이 쉽지 않으므로 고민하고 방황하게 된다. 이런 고민과 방황이 길어지면 정체감의 혼미가 온다. 이

표 1-5 Erikson의 발달 8단계

단계	심적 발달위기	연령	주요과업
1	신뢰 대 불신 (trust vs. mistrust)	0-1세	급유활동 (feeding)
2	자율성 대 수치 혹은 의혹 (autonomy vs. shame, doubt)	2-3세	배변활동 (toileting)
3	자주성 대 죄악감 (initiative vs. guilt)	4-5세	조작활동 (locomoting)
4	근면성 대 열등감 (industry vs. inferioritiy)	6-11세	학교활동 (schooling)
5	자아정체감 대 역할혼미 (identity vs. role confusion)	12-18세	동료 짝짓기 (peer relationship)
6	친밀성 대 고립감 (intimacy vs. isolation)	19-24세	연애관계 (love relationship)
7	생산성 대 침체성 (generativity vs. stagnation)	25-54세	부모역할 (parenting & creating)
8	자아통합성 대 절망감 (ego-integrity vs. despair)	54세 이상	삶의 수긍태도 (accepting one's life)

출처: Nakkula & Toshalis(2010). pp. 19－20.

시기는 기본적 신뢰감과 불신감의 시기만큼 중요하다. Erikson은 기본적 신뢰감부터 전 단계의 각 발달이 충분한 경우 정체감 발달도 적절할 것이라고 본다. 또 심리적 유예기 동안 자아정체감을 탐색하게 된다고 본다.

⑥ 제 6 단계: 친밀감 대 고립감(성인초기)

성인초기의 시기로 직업과 친구, 애인 및 배우자를 선택해야 하는 시기, 배우자나 상대방과의 공유적 정체감(shared identity)을 갖게 된다. 그러므로 타인과의 관계에서 친밀성을 이룩하는 것이 중요한 과업이다. 친밀성이 형성되지 못하면 고립감을 갖게 된다.

⑦ 제 7 단계: 생산성 대 침체성(중년기)

사회에 공헌하고 성인역할을 통해 보람을 느끼며, 직업과 가정에서의 자녀 양육에서 생산성을 나타내는 시기이다. 생산성을 제대로 나타내지 못하면 침체하게 된다. 침체 시 관대함이 결여되고 자신에게 몰두하는 경향이 나타난다.

⑧ 제 8 단계: 자아통합 대 절망감(노년기)

노년기로서 개인이 자신의 삶을 어떻게 평가하느냐에 따른다. 자신의 인생이 의미 있고 보람되었다고 느끼게 되면 인생에 대한 지혜를 터득하게 되어 보다 높은 차원의 인생철학을 발전시켜 통합(integrity)을 이루게 된다. 그러나 자신의 인생이 의미가 없다고 느끼면 절망감을 갖게 된다.

Erickson은 청소년 시기를 성인으로서의 책임이 유보되고 있는 심리적 유예기로 간주하였다. 유예기(moratorium)란 자아정체감을 확립하기 전 탐색기간으로 아동기와 성인기 사이에 자신에 대한 결정을 잠시 보류하는 시기이다. 이 기간 동안 새로운 역할이나 가치, 신념체계에 대한 끊임없는 탐색을 하면서 한편으로 보류기간 동안 주변으로부터 해방되는 시기이기도 하다.

Erickson은 발달단계에 따라 자아정체감이 어떻게 형성, 발달되는가를 설명하고 있으나 Marcia는 정체감 유형을 위기(crisis)와 수행(commitment)의 두 가지 차원을 이용해 네 가지 범주로 나누었다. 위기는 자신의 가치관에 대해 재평가하는 기간이며, 수행은 계획, 가치, 신념 등에 대해 능동적으로 의사결정을 내린 상태를 말한다.

Meilman(1979)은 Marcia의 정체감 지위이론을 확인하기 위하여 수행한 횡단연구 결과를 바탕으로 정체감 지위에서의 비율을 제시하였다. 12세의 경우 정체감 성취와 정체감 유예는 매우 낮았고, 정체감 혼미가 64%, 정체감 유실이 32%로 나타났다. 18세에 혼미 48%, 유실 24%, 성취 20%, 유예는 10%보다 적었다. 성취는 21세에 40%, 24세에는 성취가 56%로 증가하였다. 24세에 성취, 혼미, 유예, 유실의 순으로 높은 비율을 나타내었다. 결국 청소년 후기가 되어야 대부분의 청소년이 정체감을 확립한다고 보았다.

표 1-6 Marcia의 자아정체감 네 범주

		위기	
		예	아니오
수행	예	성취 (위기 해결)	유실 (위기 경험없음)
	아니오	유예 (위기 현재진행중)	혼미 (위기 경험없음)

- 성취: 위기를 성공적으로 극복하여 신념, 직업, 정치적 견해 등에 대해 스스로 의사결정을 할 수 있는 상태.
- 유예: 위기상태에 있으면서 다양한 역할, 신념 등을 실험하나 의사결정을 못한 상태.
- 유실: 여러 대안에 대해 생각해보지 않고 선택한 경우(가업 물려받기).
- 혼미: 위기나 의사결정 모두 무관심.

4. >>> 도덕성 발달이론

(1) Piaget의 도덕성 발달이론

Piaget는 도덕성이 타율적인 것에서 자율적인 것으로 발달하며 인지발달에 병행하는 것으로 보고 두 단계로 나누어 설명하였다. 전도덕 단계에 이어 두 단계가 제시되었다.

1) 1단계: 도덕적 실재론의 단계(4-8세경)

타율적 도덕성의 단계로 이유를 찾거나 판단함이 없이 규칙에 무조건 복종한다. 특히 부모나 성인은 전지전능하여 그들이 정해놓은 규칙을 절대적이고 수정 불가능한 것으로 생각하여 그대로 따른다. 행동의 동기보다 결과를 보고 옳고 그름을 판단한다. 규칙을 중시하여 잘못한 일은 반드시 벌을 받는다는 내재적 정의를 갖고 있다.

2) 2단계: 협동과 호혜에 의한 도덕성의 단계(8-10세경~)

자율적 도덕성의 단계로 행동의 동기를 고려하여 선악을 판단한다. 도덕적 위반 사태 발생 시에 구체적 상황을 고려하기 시작하며 더 이상 내재적 정의를 믿지 않는다. 보통 7-8세에 시작하여 10세 이후에 계속된다. 자율성에 대한 형식적 추론(보편적, 추상적)이 이어진다.

(2) Kohlberg의 도덕성 발달이론

① Kohlberg의 도덕성 발달이론은 Piaget이론을 발전시킨 것으로, 도덕성은 문화를 통해 전수되는 것이 아니라 인지구조의 발달에 따라 도덕적 판단의 양식이 변형되고 재구조화되면서 발달한다고 설명한다. 이 발달은 일정한 단계를 거쳐 발달한다. 청소년들에게 도덕적 갈등상황을 제시하고 그 인지적 반응을 분석하여 3수준 6단계로 제시하였다.

표 1-7 Kohlberg의 도덕추론 발달단계

수준	단계	내용
전인습 수준	1단계 (주관화)	벌과 복종에 의한 도덕성 행위의 결과가 벌인가 칭찬인가가 선악판단의 기준 ex) 벌을 피하고자 질서를 지킨다.
	2단계 (상대화)	욕구충족 수단으로서의 도덕성(소박한 자기중심적 단계) 자신 혹은 타인의 필요나 욕구 충족되면 옳다고 생각 ex) 인형 빌려주면 놀아줄게(일종의 교환관계)
인습 수준	3단계 (객체화)	대인관계의 조화를 위한 도덕성(착한아이 지향단계) 비난을 피하고, 남을 기쁘게 하여 인정받고자 함
	4단계 (사회화)	법과 질서 준수로서의 도덕성 개인적 문제보다 법·질서, 약속 준수, 인간관계 형성
후인습 수준	5단계 (일반화)	사회계약 정신으로서의 도덕성(계약 및 법률존중단계) 계약에 의해 의무이행, 합리주의사상, 공동체의식, 시민자질
	6단계 (궁극화)	보편적 도덕원리에 대한 확신으로서의 도덕성(양심 및 원리지향단계) 양심, 신념에 따른 행동, 자율도덕성

② Kohlberg의 도덕성 이론에 대한 비판점

- 도덕행위에 기초한 것이 아니고 언어로 표현된 인지적 반응에 기초했다.
- 반드시 일정한 순서로 발달하지 않는다.
- 5, 6단계에 해당자가 소수이다(5단계는 10%, 6단계는 극히 소수이다. 보통의 성인은 5단계에 그친다.
- 도덕성의 본질문제가 있다. 콜버그는 개인의 권리와 공정성에 초점을 두었으나 Gilligan은 대인관계 측면(배려와 같은 이타적 가치)을 강조함. 콜버그 이론은 남성중심의 도덕성 또는 백인중심의 도덕성이라는 논쟁이 있다.

CHAPTER 2

청소년기 적응 및 지도 이론

1. 발달적 맥락주의

전통적 이론들, 생물학적 이론, 정신분석학적 이론과 사회학적 이론들은 여러 면에서 다르면서도 청소년기가 인간발달에 있어서 압박이 많은 시기라는 점에서 그 견해를 같이 하고 있다. 정신분석학적 입장에 의하면 그 이유는 사춘기의 결과로 일어나는 여러 가지 본능적인 힘이 고조되는 것에서 찾을 수 있다. 이 힘들은 심리적 균형에 장애를 일으키며 이 장애는 다시 퇴행, 양면가치, 그리고 비순응 등을 초래하는 것으로 여겨진다. 그중에서도 청년 심리학의 아버지로 불리우는 Hall은 청소년기가 신체적, 인지적, 정서적, 사회적 변화와 성장이 일어나는 독특하고 중요한 시기라고 주장하면서 14세를 기준으로 청소년 전기와 청소년 후기로 구분하고 있다. 그러나 전통적 이론들과 아울러 Hall의 이론은 청소년의 발달에 있어서 생물학적 요인을 너무나 과도하게 강조하면서 가족의 영향, 친구의 영향과 같은 환경적 요인을 과소평가했다는 점에서 비판을 받고 있다. 또한 청소년기는 다른 발달시기에 비해 특별히 혼란스럽지 않다고 반박하는 연구도 있다(홍봉선·남미애, 2010). 이러한 청소년기 특징의 다양성에도 불구하고 최근의 청소년 발달을 설명하는 대부분의 이론들은 상황, 환경이 청소년들에게 미치는 영향을 설명하고 있다(Nakkula & Toshalis, 2010).

아동과 청소년들에게 있어서의 환경적 영향, 발달의 맥락이란 가족뿐만 아니라 그 가족도 지리적, 역사적, 사회적 그리고 정치적인 환경 속에서 생활하고 있다는 사실이다. 즉, 인간발달의 맥락이 있다. 이러한 원리와 가장 밀접한 관련을 가지고 있는 연구자는 Bronfenbrenner이다. Bronfenbrenner가 인정하고 있는 바와 같이 그의 이론의 개념은 Lewin이나 Vygotsky와 같은 심리학 이전의 사상가들에게 기초하고 있다(Coleman & Hendry, 1999).

(1) Bronfenbrenner(1979)의 사회생태학 이론

청소년기를 적응을 해야 하는 이행기로서 이해하고자 할 때 이론이 중요한 역할을 담당한다는 것은 명확한 사실이다. 이러한 이론적 입장에 있어서 중심이 되는 인물로는 John Hill과 Urie Bronfenbrenner, Paul Baltes, Rechard Lerner 등을 꼽을 수 있다.

Bronfenbrenner(1979)의 사회생태학 이론(social ecosystems theory)은 청소년들에게 있어서 발달의 맥락이란 가족뿐만 아니라 그 가족도 지리적, 역사적, 사회적 그리고 정치적인 환경 속에서 생활하고 있다는 사실을 설명한다(Coleman & Hendry, 1999). 즉, 청소년들의 발달은 직접적인 상황이나 설정에서 뿐만 아니라 점점 복잡해지는 시스템과 상호작용의 위계성의 영향력에 의해 영향을 받는다는 것을 강조한다. 즉, 이 이론에서는 인간발달이 성숙의 요인에 의해서만 결정되는 것이 아니라 개인적 요인과 환경과의 상호관련성의 작용 하에 이루어진다는 것을 강조하고 있다(VanderVen & Torre, 1999: 412). Bronfenbrenner(1979)는 환경을 네 개의 체제로 나누고 이들 네 개의 체제들과의 상호작용을 통해 인간발달이 이루어진다고 주장하였다. 네 개의 체제들은 미시체제(micro-system), 혼합체제(meso-system), 외부체제(exo-system), 그리고 거시체제(macro-system)이다.

발달하는 청소년들은 몇 개의 각기 다른 미시체제인 가정, 학교, 또래집단, 그리고 이웃과 상호작용한다. 미시체제(micro-system)는 청소년들이 직접 접촉하는 친밀한 물리적 환경으로서 청소년의 발달에 강력한 영향력을 행사한다. 예를 들면 학교나 교실의 디자인, 규칙, 환경에 거주하기 위한 가이드라인, 활동, 커리큘럼 등도 이에 해당된다. 아동들과 미시체제의 상호작용에 대한 수많은 연구가 존재한다. 이러한 연구들은 아동이 부모, 교사, 또래 친구들에 의해 영향을 받고 또한 영향을 미침을 입증하고 있다. 또한 미시체제는 학교 폭력에 대한 중재에 있어서 매우 중요하다.

생애 초기에는 집과 가족이 미시체제를 대표하지만 나이가 들면서 놀이터, 학교, 또래친구, 여름 캠프, 교회 등이 중요 미시체제가 된다. 이들 요인들은 청소년과 지속적이고 의미 있는 상호작용을 갖는다. 일반적으로 청소년의 또래 미시체제는 다양하고 강력한 영향력을 행사하는데 지위와 특권, 우정, 인기, 수용의 측면에서 사회적 보상을 제공하기도 한다.

혼합체제(meso-system)는 미시체제 사이의 관계나 상황들 사이의 연관성을 나타낸다. 가족 주변 사람들과의 상호작용이 청소년들에게 긍정적인 경험이 되기 위해서는 청소년을 둘러싼 사회적 망 구성원들 사이에 일정한 접촉이 있어야 하며 이들 사이에 어느 정도 합의가 존재해야 한다. 즉, 청소년의 부모와 청소년이 접촉하는 가족 외부 사람들 사이에 연계가 존재해야 하는 것이다(Cochran & Brassard, 1979). 혼합체제는 미시체제처럼 실제적인 대인관계에 초점을 두지만 서로 다른 미시체제 간 연결고리 또는 상호 호혜적 상승관계를 일관성 있게 강화하거나 갈등적인 형태로 작용할 수 있다. 부모와 또래집단 친구들의 가치관이 조화로울 수도 있는 반면 갈등적일 수 있는 것을 예로 들 수 있다.

외부체제(exo-system)는 활동적인 참가자로서 발달하는 인간을 직접적으로 포함하지 않는 하나의 혹은 더 많은 환경을 의미한다. 그러나 발달하는 인간을 포함하고 있기 때문에 청소년은 상황에서 일어나고 있는 것에 의하여 영향을 받거나 혹은 발생하는 사건들이 청소년에게 영향을 미친다. 예를 들면 부모의 직장이나 노동시장에서 비롯된 경제적 어려움은 부모로서 역할수행에 영향을 미칠 것이고 이로 인해 자녀들이 행동적, 감정적 어려움을 겪게 될 가능성이 증가하는 것이다.

거시체제(macro-system)는 가장 높은 수준으로서 가치관과 사상과 같은 보다 넓은 문화에 존재하는 요소들을 포함한다. 이 거시체제는 중동지역에서 유대인과 아랍민족 간의 지속적인 분쟁을 예로 들 수 있다. 갈등의 역사는 해당지역의 구성원들이 공유하는 분명한 문화적 가치, 이데올로기 그리고 정체성 형성에 영향을 미친다. 이러한 거시체제의 정치적인 폭력성향은 공격적 행동의 증가와 미시체제의 폭력의 증가에 영향을 미친다. 미시체제의 정치적 폭력의 영향은 청소년들의 공격적 행동의 증가로 이어진다(Boxer *et al.*, 2012).

비록 Bronfenbrenner가 인간의 발달에서 환경적인 맥락을 강조하고 시간적 요인을 포함하고 있지만 그의 이론은 완전한 전 생애 발달의 관점을 다루고 있다고 보기는 어렵다. 이에 비하여 Edler는 인간 발달을 전 생애 발달의 관점에서 다루고 있다. Edler(1995, 1997)는 그의 이론(life course theory)를 통해 개인의 발달을 이해하기 위해서는 각 개인이 살고 있는 역사적 시기와 장소, 개인의 사회적 역할과 중요한 사건이 일어난 시기, 이러한 요소들의 상호 관계성, 의사결정에 대한 개인의 역할과 사회적 제약 등을 고려해야 한다고 주장한다(한국청소년학회, 2000: 81).

이상과 같이 사회생태학 이론은 청소년 발달과 적응, 그리고 청소년 관련 일을 설명하는 데 주로 사용되어져 왔다.

그림 2-1 Bronfenbrenner의 사회생태학 이론

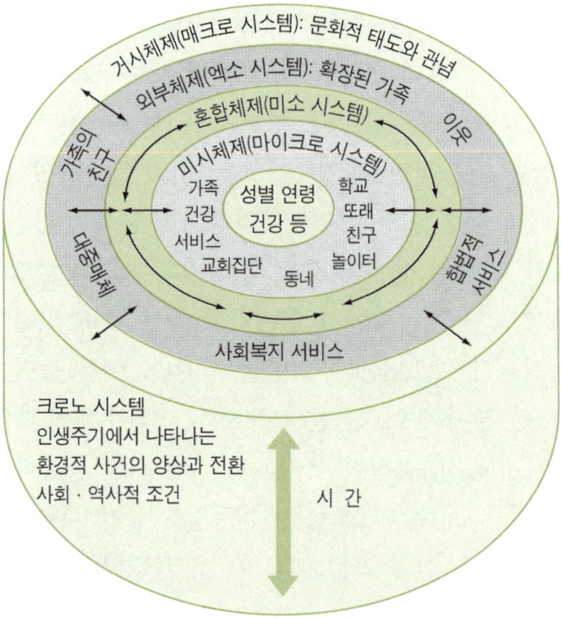

(2) 역동적 시스템 이론

이렇듯 생태학적 시스템 접근은 아동과 청소년 연구에 청소년 발달을 이해하는데 있어 필요한 틀을 제시해왔다. 최근 이 이론을 계승하여 발달시킨 역동적 시스템 이론(dynamical systems theory)이란 이론이 등장하였다. 역동적 시스템 이론(dynamical systems theory)은 혼돈 이론, 복잡성 이론 등으로 불리우기도 하는 이론으로서 우리가 자연, 그리고 사회현상을 바라보는 시각을 변환시켰다. 역동적 시스템 이론은 생태학 시스템 이론이 표방하는 개념을 사실상 수용한다. 그러나 혼돈의 인식 그리고 비선형성, 시스템에서의 예측불가능성, 특수한 혼란스러운 현상의 기술 등은 시스템을 실제적으로 이해하는 데 있어 보다 넓은 틀을 제공한다. 보다 넓고, 정확하고 실제적인 역동적 시스템 이론은 현상을 바라보고 행동을 취하는 새로운 방식을 창출해내는 개념적 틀로서 발달적, 의학적, 조직적 그리고 경제적 현상 등 다양한 영역에 적용될 수 있다. 최근의 역동적 시스템 이론은 사회 현상과 아동 및 청소년의 체제적 접근, 학교폭력을 이야기하는 것과 아울러 학교 폭력을 중재하기 위해 유용한 모델을 형성하는 데 기여하는 것 이외에도 많은 가능성을 제시할 수 있는 이론이다(VanderVen & Torre, 1999).

발달연구에 있어서 역동적 시스템 이론은 광범위한 정의와 범위에도 불구하고 옹호하는 원리에 있어서는 일관성을 보이고 있다. Yoshikawa와 Hsueh(2001: 1887)는 이 이론과 같은 계열의 이론들로서 인간발달에 있어 Levin의 장이론(Levin, 1946), Waddington의 초기발달의 운하화이론(Waddington, 1957), Sameroff's 거래이론(Sameroff & Chandler, 1975), 역동성(dynamic)을 강조하는 Bronfenbrenner의 생태학적 이론의 가장 최근 버전(Bronfenbrenner, 1979, 1995; Bronfenbrenner & Morris, 1998)과 Ford와 Lerner의 발달의 역동적 시스템 이론(Ford & Lerner, 1992)등을 소개하였다.

발달적 맥락주의(developmental contextualism)는 발달하는 인간과 그들의 복잡한 상황 사이의 변화하는 관련성을 포함하는 것으로서 인간 발달의 기본적 과정을 다룬다. 인간 발달이 일어나는 상황적 수준들은 통합되어 있거나 혹은 혼재되어 있을 뿐만 아니라 역사적 변화 또한 포함하고 있다(Ostrom *et al.*, 1995).

2. >>> 초점 이론

지난 30년 동안 의학, 생물학, 그리고 사회 과학자들은 청소년 시기를 집중적으로 연구하기 시작했으나 청소년 시기가 보편적으로 말하는 질풍노도의 시기라는 특성에 대해 반박하거나 검증할 과학적 단서들을 상대적으로 많이 찾지 못하였다. 그러나 오늘날 청소년들이 반드시 다루어야 할 문제들에 직면해 있음에도 불구하고 청소년 시기가 모든 청소년들에게 질풍과 스트레스의 시기라는 것을 입증할 만한 것도 없다(Feldman & Elliot, 1990; Lerner, 1995). 사실 청소년 시기가 일생 중 가장 갈등과 좌절감을 많이 겪는 시기이기도 하지만 그들이 실제로 갈등을 겪고 실제로 좌절할 만큼 엄청나게 큰 사건을 경험하는 것도 아니기 때문이다(김재은, 1996).

Coleman(1978)은 왜 청소년은 청소년기의 넓은 범위의 이행에 직면하면서도 어느 정도 과도한 심리적 외상(trauma)이나 스트레스에 휩싸이지 않은 채 대처할 수 있는 것처럼 보이는가에 대해 검토한 바 있다. 대다수의 청소년들이 대부분의 청소년 시기 동안에 아주 미미한 스트레스를 받기는 하지만 성인들과 잘 지내고, 학교나 직업이 요구하는 것에 잘 대처하며, 사회에 기여하는 등 적응을 한다는 것이다. 이렇듯 청소년기의 이행의 발달적 요구에 대해 상당히 많은 청소년들이 잘 적응하는 것에 대해서는 초점 이론(focal theory)을 통해 그 이유를 찾을 수 있다. 이 모델은 청소년들이 한 번에 한 가지 문제를 다룸으로써 문제들의 상황에 대해 적절하게 대처해 왔다는 것을 시사해 주고 있다. 청소년 시기는 심각한 분열과 혼돈의 시기일 수도 있다. 그러나 그들은 순응의 과정을 수년간에 걸쳐 확장하며 우선 한 가지 문제를 해결한 다음 또 다른 문제를 해결하고자 한다. 다양한 어려운 문제들, 다시 말해 다양한 대인관계의 문제를 상이한 단계에서 초점화해서 접근하기 때문에 새로운 행동양식에 순응하기 위해 필요한 다양한 스트레스는 거의 한 번에 집중해서 나타나지 않는다는 것이다. 즉, 청소년의 대인관계에 대한 관심에 대해서 정점을 맞이하는 연령의 일반적인 패턴은 초점 이론을 지지한다.

혼자라는 것, 부모와의 관계, 이성과의 관계, 소집단, 그리고 대집단으로부터의 거절에 대한 부정적인 감정은 한 번에 일어나는 것이 아니라 한 번에 한 가지 문제를 다루는 것처럼 보인다(Goosens & Marcoen, 1999). 이러한 점들을 통해 나타나는 당연한 귀결로 어떠한 이유이든 간에 두 가지 이상의 문제에 대처하는 사람들에게 문제가 발생할 가능성이 높다고 할 수 있겠다. 예를 들어 사춘기나 급격한 성장이 정상적인 시기에 일어나면 교사나 또래집단 등으로부터 또 다른 압박이 가해지기 전에 청소년들은 이러한 변화에 쉽게 적응할 수 있다. 그러나 성숙이 늦은 청소년들에게 압박은 같은 시기에 일어나기 쉬우며 필연적으로 보다 폭넓은 문제에 적응할 것을 강요당한다(Coleman & Hendry, 1999).

초점 이론은 중류 및 노동 계급의 일반 청소년들을 연구대상으로 한 결과이다. 11, 13, 15세 연령층의 남자 및 여자청소년 800명을 대상으로 광범위한 관계에 대한 그들의 의견과 태도를 도출한 결과이다. 자기 이미지, 혼자라는 것, 이성과의 관계, 부모님과의 관계, 우정, 그리고 대집단 상황 등을 포함하고 있다. 결과는 연령의 기능으로서 모든 관계에 대해 연령에 따라 태도가 달라지는 것을 보여주고 있다. 중요한 것으로 연구결과는 청소년 시기를 지나는 동안 각각 다른 단계

그림 2-2 다른 문제에 대한 정점 연령

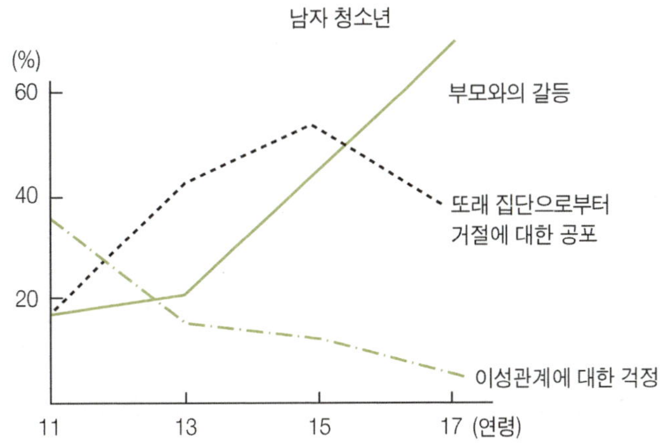

출처: Coleman(1978). p. 8.

에서 각각의 다른 문제들이 정점을 찍는 것을 보여주고 있다.

정점연령의 확인으로 초점 이론의 형성이 가능해졌다. 초점 이론으로서 가장 현저한다는 의미에서 각각의 연령에서 특정한 관계 유형이 두드러진다는 설명이 가능해졌다. 그러나 어떠한 한 유형도 한 연령대에서 특별히 나타나는 것은 아니다. 즉, 유형들은 서로 겹쳐져 있으며 각각의 관계 문제 유형은 각기 다른 시기에 초점화되는 것이지만 어떤 문제가 특정 연령대에서 가장 두드러진 특징이 아니라고 하는 이유만으로 그 문제가 그 연령대의 청소년에게 있어서는 중요하지 않다는 것을 의미하는 것은 아니다. 그림에서 살펴보면 13세의 남자청소년에게 가장 정점을 맞이하는 문제는 또래집단으로부터의 거절에 대한 공포라는 것을 알 수 있고 이러한 현상은 15세까지 상승추세로 유지됨을 알 수 있다(Coleman & Hendry, 1999).

초점 이론은 전통적인 단계 이론(traditional stage theory)과 크게 다르지 않다. 그러나 단계 이론과 비교하여 발달을 바라보는 시각에서 더 유연한 입장을 취한다는 점이다. 첫째, 어떤 문제의 해결이 다음 문제에 전념하기 위한 필수 조건은 아니라는 점이다. 둘째, 이 모델은 단계 간의 특정 연령대와 결부되지 않는다. 셋째, 불변하지 않는 것은 없다. 청소년 초기에 특별한 문제로 나타나는 것이 다른

그림 2-3 각 곡선은 상이한 문제 또는 관계를 표시

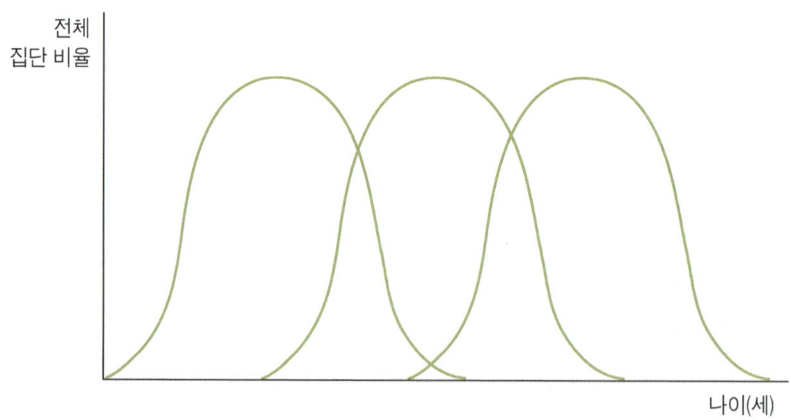

출처: Coleman(1978). p. 9.

단계에서는 문제가 아닐 수 있다. 초점 이론은 고정된 계열성이 있다는 것을 전제로 하지 않고 문화권에 따라 달라질 수도 있기 때문에 발달 이론의 견지에서 다른 문화권을 검증해보는 것도 매우 의미 있는 일이 될 것이다(Coleman, 1978).

[그림 2-3]에서 보는 바와 같이 각각의 곡선은 다른 문제 혹은 관계를 나타내고 있다.

초점 모델은 청소년기 발달을 개념화하는데 두 가지 이점이 있다. 첫째로, 실증적인 증거에 직접적으로 기초하고 있다는 점이다. 둘째로 이행 과정에 필요한 순응의 양과 그 과정에 특유의 압력에 잘 대처하기 위하여 대부분의 청소년들의 능력 사이에 존재하는 명백한 모순의 해결에 일정 부분 도움이 된다는 점이다(Coleman & Hendry, 1999).

CHAPTER 3

청소년 프로그램의 이해

1. 청소년 프로그램의 필요성

교육의 근본이념은 전인격적인 인간 교육이다. 그러나 입시위주의 획일화된 교육, 사교육의 영향권 특히 고등학교에 들어오면서부터 본격적인 입시교육의 시작과 가정과 사회로부터의 압력으로 청소년들의 청소년기는 '대학 입시기'라고 해도 과언이 아닐 정도로 입시위주의 교육 문화이다. 학업적인 면뿐만 아니라 청소년기는 스트레스에 있어 현저한 증가가 일어나는 시기이다. 특히, 청소년 초기 및 중기에는 발달적 과업에 있어 극적인 증가가 일어날 뿐만 아니라 규범적인 스트레스도 증가한다. 대인관계면의 스트레스 요인들은 특별히 청소년기에 증가하고 이러한 스트레스 요인들은 학업적 문제에 연루되어 있는 것보다 감정적 그리고 행동적 문제들과 더 강하게 연관되어 있는 것으로 나타난다(Compas *et al.*, 1988).

국가 주도의 경직성의 문제나 학생들의 능력과 관심을 개발해주는 학교 교육의 필요성과 현재의 교육 환경과 가정과 사회의 압박 정신적 고통, 불안에 따른 문제들은 현장에서 이들을 대상으로 실천하는 전문가 집단의 보다 조직적이고 개인의 필요에 따른 접근과 치료가 따라야 한다. 이처럼 인간을 둘러싼 급격한 환경 변화, 과학기술의 급격한 발전, 정보화·국제화·세계화로 요약되는 사회적인 변화, 이에 따른 직장에서의 업무 내용의 변화 및 유연성을 강조하는 조직형태의 변화, 인구구조의 고령화, 여성 경제활동참가의 증가, 일에 대한 가치관의 변화 등, 직업세계 및 사회 환경이 변화함에 따라 이에 발 맞춰 교육과정도 점차 변화하고 있다. 2009년 개정 교육과정 중 '창의적 체험활동'이 신설되었고 그 내용체계로서 자율, 동아리, 봉사, 진로활동이 있다. 이러한 창의적 체험활동은 2009년 6월에 발표된 '학교 단위 책임 경영을 위한 학교 자율화 추진 방안'의 하나인 교육과정 자율화 조치로서 창의적 재량활동과 특별활동 내용 간의 중복 해소를 위한 통합운영 방안의 후속 조치이거나 이전 교육과정에서 강조해 온 체험 중심 활동 강화를 위한 조치 이상의 의미를 가지고 있다(한국청소년활동진흥원·국립평창청소년수련원, 2010). 2012년 총 300개교의 8,539명의 학생들을 대상으로 실시한 김현철·황여정(2012) 연구에 따르면 창의적 체험활동은 청소년들의 자아존중감과 몰입 수준을 제고하고 무동기(amotivation) 수준은 낮추는 효과가 있다.

이상과 같이 현 시대가 청소년에게 미치는 악영향들과 앞서 1, 2장에서 다루었던 청소년에 대한 올바른 이해를 바탕으로 청소년 발달을 지원하고 촉진하기 위해서 학교, 지역사회, 청소년 기관에서 행해지고 있는 청소년 프로그램과 활동들을 이해할 필요가 있다. 프로그램의 지식을 확장하고 청소년 발달에 미치는 영향을 파악하기 위해 청소년 프로그램에 대한 연구는 현 지식의 기반 하에서 다양한 분석과 현 프로그램 상태 요인들, 프로그램과 참여 과정, 프로그램 산출물 그리고 국가적 정책이나 프로그램 개발을 분석할 필요가 있다. 이와 같이 프로그램에 관해 더 많이 안다는 것은 급부상하고 있는 청소년 발달 분야에 대한 더 완벽한 토대를 제공하기 때문에 매우 필요한 사항이다. 청소년 프로그램은 청소년의 성장과 발달을 위해 청소년들이 가져야 할 필요가 있는 적절한 기회를 제공해주는 경험들로 구성되고 현 사회의 부정적 영향력들을 중화한다. 예를 들어 청소년들이 학교와 지역사회 장면에서 클럽, 교회, 조직 등에 참여하는 일은 청소년들의 학업 성취와 전반적인 발달 면에서 효과적이라는 것이 입증되었다(Pittman & Cahill, 1992; Zeldin & Pittman, 1993). 이외에도 수많은 연구가 청소년 프로그램의 효과성을 언급하고 있다. 따라서 지역사회 리더와 정책 입안자들은 청소년 프로

표 3-1 창의적 체험활동 네 가지 영역

영역	성격	활동
자율활동	학교는 학생중심의 자율적 활동을 추진하고 학생은 다양한 교육활동에 능동적으로 참여한다.	· 적응활동 · 자치활동 · 행사활동 · 창의적 특색활동 등
동아리활동	학생은 자발적으로 집단 활동에 참여하여 협동하는 태도를 기르고 각자의 취미와 특기를 신장한다.	· 학술활동 · 문화예술활동 · 스포츠 활동 · 실습노작활동 · 청소년 단체활동 등
봉사활동	학생은 이웃과 지역사회를 위한 나눔과 배려의 활동을 실천하고 자연환경을 보존한다.	· 교내봉사활동 · 지역사회봉사활동 · 자연환경보호활동 · 캠페인 활동 등
진로활동	학생은 자신의 흥미, 특기, 적성에 적합한 자기 계발활동을 통하여 진로를 탐색하고 설계한다.	· 자기 이해활동 · 진로 정보 탐색활동 · 진로 계획활동 · 진로 체험활동 등

출처: 한국청소년활동진흥원·국립평창청소년수련원(2010). p. 42.

그램 전문가들과 연구자들이 청소년 전체를 건설적이고 활동적으로 참여할 수 있게 만드는 영향력 있는 역할 모델과 경험들을 파악할 수 있도록 그들을 격려하고 있다(Oden, 1995: 173).

2. >>> 청소년 프로그램의 특징

청소년 프로그램을 어떻게 정의하느냐에 따라 청소년 프로그램의 영역은 매우 광범위하다. 일반적으로 청소년 프로그램은 프로그램 참여자들이 성장할 수 있도록 하고, 기술을 발달시키며 책임감 있고 건강하게 총체적인 역량을 기르는 것을 도모한다. 대략적으로 500여개의 국가적, 17,000개의 주 그리고 지역적 기관들이 청소년 프로그램을 운영하고 있다(Roth & Brooks-Gunn, 2003: 171). 청소년 지도 현장에서 이처럼 다양한 형태의 프로그램이 활용되고 있다. 청소년 지도의 영역이 다양한 것처럼 프로그램 또한 다양하기 때문이다.

청소년 프로그램은 청소년 교육의 핵심요소로서 기본적으로는 청소년들의 개인적 성장과 발전을 지향한다. 청소년 프로그램은 익히 알고 있는 학교의 교육과정과 공통성을 갖고 있기도 하지만 청소년 프로그램에 대한 접근은 비교적 커리큘럼이 고정되어 있는 학교의 교육과정과는 다르게 해야 할 실질적인 차이도 있다. 청소년 프로그램은 시사성, 개방성, 융통성과 같은 원리에 기초하기 때문에 그 교육과정 또는 프로그램도 학습자의 참여, 요구, 능력, 역할 등을 고려하여 계획되고 실행되어야 한다(정하성·안승열, 2003). 이와 함께 청소년 개인의 변화와 성장을 통한 사회변혁을 도모하기도 하며 프로그램 자체가 청소년 관련 기관이나 단체의 사회적 역할 수행이기도 하다(배규한 외, 2010).

이상과 같이 다른 유형의 프로그램과 달리 청소년 프로그램만이 가지고 있는 것들을 살펴보면 다음과 같다(박성희, 1994).

첫째, 청소년 프로그램은 청소년의 전인적인 성장발달을 목적으로 하는 인간중심 프로그램이다. 청소년 프로그램은 지덕체의 균형적인 발달을 위해 지식이나 기능습득 이외에도 인격형성, 심신단련, 자질배양, 정서함양, 취미개발을 위한 다양한 내용을 제공하고 있다. 이러한 인간중심의 청소년 프로그램은 결과보다 과정을, 논리나 객관적인 기준보다는 신뢰, 사랑, 이해 등 심리적 유대감에 기초한 인간관계가 더 중요시되도록 구성되어 있다.

둘째, 청소년 프로그램은 청소년들의 요구반영과 자발적인 참여를 전제로 한 청소년 중심 프로그램이다. 청소년 프로그램은 선행된 의도적 목적에 의하기도 하지만 대부분 청소년들의 직접적이고 구체적인 요구, 필요, 흥미를 바탕으로 교육목표와 활동내용이 선정된다는 점이다.

셋째, 청소년 프로그램은 청소년들의 실제적인 생활자체를 기초로 실생활과 밀접하게 관련된 활동을 중심으로 한 생활 중심 프로그램이다. 청소년 프로그램은 보다 실제적이고 구체적인 목표 아래 활동내용을 청소년들이 일상생활이나 사회생활에서 실제로 겪는 경험이나 당면하는 문제들과 결부하여 현실생활에 의미 있는 활동을 부여함으로써 청소년들이 자신의 생활에 보다 충실하고 스스로 문제를 발견하고 해결할 수 있는 능력을 배양하고자 한다. 이러한 실생활 속에서의 직접적인 체험활동은 자연적, 사회적, 문화적 생활의 모든 영역에 걸쳐 이루어지도록 다양하게 구성되어 있어 청소년들이 실생활 속에서 청소년 스스로 의미 있는 활동을 경험하게 하여 보다 나은 전인적인 성장발달을 조성하도록 한다.

3. 청소년 프로그램의 원리

청소년을 위한 교육이나 지도는 단순한 인식적인 과정만은 아니다. 그러므로 청소년을 위한 프로그램 지도 및 교육은 지식의 전달뿐만 아니라 성인이 된 후에도 지속된 태도나 행동유형을 형성해 줄 수 있도록 계획되어야 한다(김동위, 1993).

(1) 자기주도의 원리

청소년 프로그램은 청소년이 중심이 되어야 한다(Larson & Walker, 2010). 이는 청소년 프로그램이 자발적이고 자기 주도적으로 참여할 수 있도록 프로그램을 설계, 조직, 운영해야 한다는 원리를 말한다. 청소년들이 자기 주도적으로 청소년 프로그램에 참여하게 하기 위해서는 프로그램 요구분석, 설계단계부터 청소년들을 포함시켜 프로그램의 주체가 되도록 하는 것이 필요하다. 아울러 개발, 실행, 평가에 이르는 프로그램 전 과정에 청소년들이 자기 주도적으로 참여하도록 하면 프로그램을 위한 프로그램이 아니라 청소년들을 위한 프로그램이 될 것이다.

(2) 활동중심의 원리

청소년 프로그램에서 활동은 매우 중요한 요소이다(Roth & Brooks-Gunn, 2003). 학교 교육과정에서의 암기와 반복에 의한 인지학습과는 달리 정의적 영역에서의 태도와 가치관 및 의식 함양, 그리고 신체 운동적 영역에서의 활동중심 교육에 중점을 두면 청소년 지도의 특성상 강의보다 효과적이기 때문이다(권이종 외, 1998). 프로그램 활동은 하나의 수단이 된다. 프로그램 활동을 통해 참여자들을 유인하고 몰입하게 만든다. 특히, 활동의 과정에서 구체적 경험인 활동의 의미를 내면화시키는 반성적 성찰(reflective thinking) 과정이 중요하다.

(3) 다양성의 원리

최근 청소년 시기를 질풍노도의 시기라고 정의하는 것에 이의를 제기하는 학자들도 있다. 왜냐하면 많은 청소년들이 극적인 변화나 별다른 문제행동 표출 없이 청소년기를 지나가기 때문이다. 따라서 청소년 연구나 프로그램도 이러한 청소년들의 다양성(Lerner *et al.*, 2001)을 고려해서 청소년의 다양성을 최대한 반영하여 가능한 맞춤형 지도방법을 제공해야 청소년지도의 효과를 극대화할 수 있다. 따라서 청소년 프로그램에는 반드시 하나의 지도방법이 아닌 다양한 지도방법들이 동시에 조화롭게 활용·병용될 수 있어야 한다.

(4) 상호학습의 원리

청소년 프로그램은 청소년들이 성숙한 성인과 자연스럽게 만나는 기회가 주어지기에 청소년 발달에 매우 의미 있는 일이다. 친구, 부모, 대리 보호인, 모둠 지도자(청소년 지도사)와 같은 성인들과의 관계 및 유대감형성이 필요하다. 최근의 많은 연구(Halpern, 2006; Jones & Deutsch, 2011; Jones & Perkins, 2006; Serido *et al.*, 2011; Terrion, 2006; Thomson & Zand, 2010, Walker, 2011)들은 청소년과 성인 지도자와의 관계형성과 긴밀한 상호작용을 청소년 발달과 프로그램 성공에 기여하는 주요한 요소로서 보고 있다. 즉, 청소년 상호 간에 그리고 청소년 지도자 상호 간에 '상호학습의 원리'가 적용되어야 한다. 권이종 등(1998)에 따르면 청소년들은 협동적 활동구조를 바탕으로 서로가 서로를 수용하고 이해하며 인정하여 줌으로써 혼자가 아니라 타인들과 함께 있다는 안정감을 갖도록 해야 한다. 한상철(2009)은 청소년활동의 모습을 경쟁적, 개별적, 협동적으로 분류한다. 경쟁적 활동구조는 승패관계이다. 경쟁이 지나칠 경우 갈등과 대립이 조장될 수 있고 개별적 활동구조는 다른 사람과 관계를 갖지 않는 무상호작용이 주를 이루어 개인의 특수성과 자율성을 최대한 살릴 수 있으나 다른 사람과의 관계를 단절시켜 극단적이고 편협한 개인주의자를 만들 가능성이 크다. 이에 반해 협동적 활동구조는 상생관계를 바탕으로 한다. 핵가족화, 개인주의가 만연되어가고 있는 요즘의 세태를 감안할 때 청소년과 청소년 지도자가 적극적으로 참여하여 공감대를 형성하고 심리적 유대감에 기초한 친밀한 관계형성을 통해 상호학습의 원리가 적용되게 하는 것이 반드시 필요하다(권이종 외, 1998).

(5) 창의성의 원리

청소년 시기는 인지적 발달 면에서 전 생애동안 가장 발달이 왕성하게 일어나는 시기이다. 따라서 이 시기에 하나의 답을 논리적으로 찾아가는 수렴적 사고(convergent thinking)와는 다른 여러 가지 가능한 방안과 해결책을 찾아 가는 발산적 사고(divergent thinking)와 관련하여 청소년들의 발산적 사고를 통해 유창성, 독창성, 융통성을 기를 수 있도록 한다(한상철, 2009).

(6) 효율성의 원리

다양한 방법이 청소년들의 동기유발이나 활동의욕을 불러일으키는데 도움을 줄 수 있다고 하더라도 이러한 방법들을 선택하는 것이 시간적, 경제적으로 얼마나 큰 효과를 가져다 줄 수 있는지를 면밀히 따져보아야 한다. 즉, 효율성의 원리는 지도자나 청소년의 측면에서 능률적인 방법, 즉 가장 적은 시간, 비용, 에너지 등을 투입하여 원래 설정한 청소년지도의 목표를 달성하는 것을 나타내는 개념이다(한상철 외, 2001).

4. >>> 청소년 프로그램의 목적

청소년 프로그램은 학교, 지역사회, 그리고 청소년 기관 등에서 제공되고 있다. 내재적 동기와 목적을 결합하는 많은 촉진활동들이 청소년들의 학교, 학문적 그리고 사회적 성취 등 적극적인 결과물들을 촉진하는 요소로 밝혀진 반면(Larson, 2000) 구조화되지 않은 활동들은 오히려 청소년들에게 부정적 영향을 줄 수도 있다고 밝혀지고 있다(Mahoney, 2000). 실제로 미국의 YMCA에 의하여 수행되어진

연구결과를 보면 국가적 규모로 대대적으로 표집된 청소년들의 52%가 이웃과 지역사회에 더 구조화된 방과 후 활동이 있기를 희망한다고 응답하였다.

청소년들이 생산적인 활동에 시간을 소비하는 것은 많은 이유에서 긍정적으로 평가받을 수 있다. 청소년들은 안전하고 구조화된 틀 안에서 또래친구들과 상호작용할 수 있고 텔레비전, 비디오 게임, 비행 활동에 참여하는 대신 생산적인 활동에 시간을 소비하게 된다. 청소년들은 또한 프로그램을 통해 긍정적 자기 인식의 발달기회를 갖게 되고, 멘토링 관계를 통해 성숙한 성인들과의 만남의 기회를 갖게 된다(Zaff *et al.*, 2003).

학교 기반의 스포츠 특별활동의 참여는 Larson(1994)의 연구과 상반되게 남학생의 경우 알코올 섭취 증가와 같은 위험행동의 증가를 보여준 반면 학교 성적 향상 및 학교 적응에 긍정적 효과를 가져다주었다. 또한 친사회적 활동 프로그램의 참여로 높은 학업성취와 알코올과 마약사용의 남용을 줄여주는 효과가 나타났다(Eccles & Barber, 1999). 이들의 연구는 청소년들의 학교 특별활동 참여가 청소년들의 사회적 관계 욕구를 충족시켜주고 학교 사회의 중요하고 가치 있는 구성원으로서의 자기정체성 형성에도 기여할 수 있음을 보여주고 있다. Zaff 등(2003)에 따르면 8학년부터 12학년 청소년들을 대상으로 연구를 실시한 결과 학교 특별활동의 지속적 참여 요인이 초기 성인기의 학교 성적 향상과 친사회적 행동을 설명하는 요인으로 나타났다.

이상의 연구결과 이외에도 셀 수 없이 수많은 연구가 청소년 프로그램이 청소년의 긍정적 발달을 도모한다는 것을 입증하고 있다(Roth & Brooks-Gunn, 2003). 궁극적으로 청소년 프로그램의 목적은 문제 행동을 방지하기 위한 해결책을 찾을 때일지라도 긍정적 발달을 촉진하는 것이다. 즉, 청소년 프로그램은 청소년들이 건강한 방법으로 청소년기를 항해할 수 있도록 하는 한편 프로그램을 통해 긍정적 발달을 육성함으로 인해서 청소년들이 그들의 미래를 효과적으로 준비할 수 있도록 돕는 것이다(Roth & Brooks-Gunn, 2003: 172).

Roth와 Brooks-Gunn(2003)은 청소년 프로그램의 목적을 5C로 분류하고 있다. 역량(competence) 증진, 자신감(confidence) 증진, 관계형성(connections) 증진, 자기조절(character) 증진, 타인 이해(caring) 증진이다.

첫째, 청소년 프로그램은 청소년 참가자들의 사회적, 학문적, 인지적, 그리고 직업적 역량을 증진시키는 데 목적이 있다. 사회적 역량은 의사소통, 결단력, 지속력 그리고 갈등 해결 기술과 같은 상호 대인 관계적 기술을 포함한다. 학문적 역량은 학교 성적, 출석, 시험 성적 그리고 졸업률을 포함하고 있다. 인지적 역량은 인지적 능력, 논리적, 분석적 사고와 문제해결, 의사결정, 계획, 목표 설정 기술 등을 말한다. 직업적 역량은 일, 직업 선택을 위한 탐색을 포함하고 있다(Roth & Brooks-Gunn, 2003). 공식적 혹은 비공식적 스포츠 활동 프로그램에 빈번히 참여한 청소년들은 낮게 참여한 청소년들보다 자신의 사회적 역량, 체육적 역량 및 글로벌 자기 가치를 더 인식하고 있었다(Donaldson & Ronan, 2006).

둘째, 자신감 증진 면이다. 청소년들의 자신감 증진을 도모하기 위해 청소년 프로그램은 청소년들의 자기존중감, 자기인식, 자기효능감, 자아정체감, 그리고 미래에 대한 믿음을 증진시키기 위한 목표들로 구성될 필요가 있다(Roth & Brooks-Gunn, 2003). Pössel 등(2005)에 따르면 낮은 자기효능감을 가진 청소년들이 높은 자기효능감을 가진 청소년보다 보편적인 일차적 예방 프로그램에서 더 많은 혜택을 입는 것으로 나타났다. 보편적인 예방적 스트레스 관리 프로그램은 아동후기나 청소년기부터 적용되어야 한다. 또한 자기주장훈련 프로그램에 참여한 청소년들은 인지적 습득, 의견 진술과 언어적 요청 등 자기주장적 행동영역에 있어서 참여하지 않은 청소년들보다 더 높았다. 향후 자기주장훈련 프로그램은 다양한 상황에서 단언적인 반응을 연습할 기회를 보다 많이 제공하여야 하겠고 이러한 프로그램은 주장과 관련한 청소년들의 자기효능감을 증진시킬 수 있을 것으로 기대된다(Thompson *et al.*, 1995).

자기 가치(self-worth)란 건강한 청소년 발달을 지원하고 보호하는 한 개인의 일반적인 자기 자신에 대한 평가이다. Blomfield와 Barber(2009)에 따르면 어느 한 유형의 프로그램에 참여한 청소년들은 사회적, 학문적 자기 인식과 일반적인 자기 가치 인식 면에 있어 전혀 참여하지 않은 청소년들보다 높은 것으로 나타났다. 또한 적어도 각각 하나의 스포츠 프로그램과 비스포츠 프로그램 활동을 포함하는 혼합형 프로그램에 참여한 청소년들이 사회적, 학문적 자기인식과 일반적 자기가치(general self-worth)영역에서 전혀 참여하지 않았거나 오직 한 유형의 활동에 참여한 청소년들보다 높았다.

셋째, 청소년 프로그램은 청소년들이 타인 및 학교와 같은 기관과 관계형성을 하고 관계를 강화하는 데 목적이 있다(Roth & Brooks-Gunn, 2003). 대다수의 미국 청소년들은 고등학교 재학 기간 동안에 적어도 하나의 학교 특별활동(school-related extracurricular activities)에 참여하고 있다. 이러한 학교 특별활동에 대한 연구로서 Barnett(2006)는 치어리더나 댄스 프로그램에 참여 허가를 받은 18세 여자 청소년들과 허가를 받지 못한 여자청소년들을 비교하여 연구한 결과 프로그램 참여 허가가 여자청소년들의 개인적, 사회적, 학교 정체성 인식에서 더 긍정적 영향을 미치는 것으로 나타난 반면 참여허가를 받지 못한 여자청소년들은 자기 자신에 대한 역량부족, 낮은 자기 가치 인식, 과거의 무용수 혹은 체조 선수로서의 정체성마저 의심하는 경향이 있는 것으로 나타났다. 이들은 모든 사회적 관계를 청산하려고 하는 경향도 있었는데 이는 프로그램에 참여허가를 받은 청소년들과 관계청산에서 더욱 그러하였다. 청소년들의 소속감 그리고 사회적으로 연결되고 싶어 하는 갈망은 이러한 여자청소년들의 경우에 더욱 현저하게 나타나는 것으로 보인다.

또한 양육시설에서 나온 청소년들은 낮은 고교졸업률, 지원 부족, 기타 교육적 장벽들에 부딪치지만 대학에 가고 다수는 성공한다. 미시간 스테이트 대학은 이러한 청소년들이 대학교육을 받을 수 있도록 돕는 전환프로그램을 제공하였다. 학교기반의 프로그램인 MEOYIC(Michigan Educational Opportunities for Youth in Care)는 청소년들이 안전하고 안정된 환경 속에서 스텝과 카운슬러와 지원적인 관계형성, 소속감, 자기효능감의 증진, 기술 형성, 사회규범을 적극적으로 준수하도록 돕는다. 프로그램은 자주 양육시설 동문인 교수나 학생들 주도 하에 동료지원, 역할 모델링, 멘토링, 액션 러닝 세션으로 구성된다. 프로그램의 이러한 접근법과 커리큘럼은 청소년들이 장학금, 입학절차 등 대학 생활 전반에 대한 지식과 정보를 습득하는 데 도움을 주었을 뿐만 아니라 결과적으로 청소년들의 인생기술 증진, 동기부여, 자기 인식, 목적의식 고취에 기여하였다(Kirk & Day, 2011). 위기 청소년들을 위한 High/Scope 프로그램에서도 프로그램에서의 역할모델은 프로그램 참여자들에게 긍정적 영향을 미치는 것으로 나타났다. 따라서 기존의 직원들은 지속적으로 강력한 역할 모델을 할 가능성이 있는 직원들을 선발하고 그들이 청소년의 인생 전체에 좋은 영향을 미칠 수 있다는 것을 인식하도록 훈련하는 데 매우 의미 있는 노력을 기울여 왔다(Oden, 1995: 181).

또한 Anthony 등(2010)에 따르면 대략 십만 명의 숫자에 달하는 청소년들이 수감 후 풀려나와 지역사회에 돌아옴에도 불구하고 지역사회 재진입시 필요한 그들의 요구와 경험에 관한 것에 대해서는 많이 알려진 것이 없다. 성인 멘토링과 지원과 같은 지역사회 지원, 교육적 지원, 직업적 지원, 건강 지원, 독립적 생활지원(후기 청소년일 경우) 등이 필요하다. 지속적인 회복 프로그램 및 돌봄 프로그램 등을 통한 지역사회 서비스에 이러한 청소년들을 참여시킴으로써 이들이 지역사회에 자연스럽게 전환될 수 있도록 한다면 청소년 범죄 재발을 미연에 방지할 수 있을 것이다. 이와 같이 성숙한 프로그램 성인 지도자나 멘토와의 관계형성도 청소년 프로그램의 중요한 요소라고 많은 연구들은 밝히고 있다. Serido 등(2011)의 연구에 따르면 프로그램의 성인 지도자와 긍정적 관계를 형성한 청소년들의 경우는 프로그램에 그들의 목소리가 반영되었음을 더욱 인식하였고 이것은 결국 프로그램 참여로 인해 자신들이 더 많은 혜택을 누렸다고 인식하게 되는 요인으로 작용하였다. 멘토링 프로그램과 관련하여 멘토-청소년 관계의 질(quality)은 관계 기초산출물(예: 우정, 성인에 자기공개)을 예측하는 변인이었다.

넷째, 청소년 프로그램은 자기 조절력을 증진시키는 데 목적이 있다(Roth & Brooks-Gunn, 2003). Hampel 등(2008)에 따르면 초등학교부터 중학교 학령기에는 특히 청소년들에게 중요한 변화가 일어나는 시기임으로 문제적인 정신사회적 발달에 영향을 미치는 위험요소 역시 증가하는 시기이다. 따라서 청소년 프로그램에 참여하는 목적은 건강위협 행동에 가담하는 것을 감소시키고 문화적 혹은 사회적 규칙의 준수, 선과 악의 구별과 같은 도덕적 판단 기준을 발달시키는 데 있다. 공식적인 스포츠 활동에 빈번히 그리고 오랫동안 참여한 청소년들은 사회적 문제행동, 외현화 문제, 공격적 문제, 비행문제에 관련하여 낮은 점수를 나타냈다. 결론적으로 청소년들에게 스포츠 활동 참여는 부정적인 행동 표출보다는 사회적으로 수용되어지는 방식으로 에너지와 공격성을 발산할 기회를 제공해주기 때문에 효과적이다(Donaldson & Ronan, 2006).

다섯째, 청소년 프로그램은 청소년들의 타인에 대한 이해와 동정, 돌봄 의식을 발달시키는 데 목적이 있다. 청소년 참여자들의 심리적 유대감, 봉사활동에 대한 그들의 견해와 중요성에 대한 인식은 청소년들의 개인적 그리고 사회적 발달을 예측하는 중요한 예측변인이 된다(Youniss & Yates, 1997). 여름 동안의 120시간 봉사학습 프로그램(service learning program)에 참여한 청소년들을 대상으로 한 연구(Ngai, 2009)에 따르면 프로그램 사용자인 낙후지역에 거주하는 노인층, 주로 만성질환에 시달리는 환자들 및 특별한 보호가 필요한 아이들과 그들의 부모들과 긴밀하게 접촉하는 것과 그들과의 심리적 유대감 형성이 청소년들의 개인적 발달과 시민적 현실참여를 설명하는 중요한 변인으로 나타났다. 불우한 이웃에 대한 봉사와 관계형성, 돌봄의 활동들은 청소년들에게 자신을 이해하고 다른 사람들과 효과적으로 일하며 일에 대한 책임감 형성 등의 개인적 발달을 할 수 있는 기회를 제공하는 한편 돌봄, 관심 그리고 소외계층에 대한 책임감, 사회문제를 넓은 시각에서 볼 수 있는 능력과 관련된 시민적 성숙의 기회를 제공해준다(Ngai, 2009).

이외에도 Hamilton과 Fenzel(1988)에 따르면 청소년 자원봉사 프로그램은 프로그램 활동에 참여함으로써 발달시킨 지식과 기술 그리고 자기 자신에 대한 인식발달에 따라 참여한 청소년들의 친사회적 태도에 긍정적 영향을 미치는 것으로 나타났다.

1992년 미국 메릴랜드 주에서 최초로 공립 고등학교를 대상으로 75시간의 자원봉사를 졸업 필수 과목으로 법제화한 이래 많은 주에서 이를 뒤따르고 있다. 청소년에 대한 자원봉사의 강제 여부는 아직도 미국에서 큰 쟁점으로 남아 있지만 청소년들의 자원봉사 체험은 단순한 봉사가 아니라 현장학습을 통한 협동심, 정직함 그리고 성실성 등의 인성개발을 위한 봉사학습이라는 교육의 연장선상에서 청소년 자원봉사활동이 제도화되어 있는 것이다. 우리나라도 1995년 5·31 교육개혁에 따라 지역사회에서의 자원봉사활동에 대한 정보제공과 교육 및 연수 그리고 프로그램 개발 등을 담당할 청소년자원봉사센터를 지역별로 설치·운영토록 하고 있다. 청소년들은 단순히 청소나 질서캠페인과 같이 단순하고 단조로운 일보다는 '장애인과 함께 놀아주기'와 같은 구체적인 봉사활동에서 보람을 느낀다. 또한 자신의 진로와 관련된 분야를 학습하는 봉사활동에 관심을 가진다. 청소년 자원봉사활동을 공동체 의식의 확립과 함께 인간과 인간사회에 대한 이해와 애정을 회복시키고 지역사회 안에서 자신의 능력과 동기를 부여해 줄 수 있는 성숙된 인간성 회복운동으로 발달시키고 봉사활동이 노동력의 단순한 제공보다는 교육과 학습이 우선시되어 봉사학습으로 인식되게끔 청소년에게 적합한 봉사활동 프로그램을 개발하고 보급하는 일이 매우 시급하다(한국청소년학회, 1995).

청소년 시기는 학업뿐만 아니라 여러 가지 발달과업을 수행해야 하는 시기이다(SeiffgeKrenke, 2000). 사회적 역량 개발과 또래집단 및 지역사회 구성원과의 적절한 관계형성, 나아가 건전한 시민으로서 성장하는 데 필요한 성숙한 시민, 돌봄 의식도 아울러 발달시켜 나가야 하는 매우 중요한 시기이다. 청소년 프로그램은 이상 열거한 다양한 목적을 충족시켜야 한다. 궁극적으로 청소년 프로그램은 청소년의 전인적인 성장과 건강한 발달을 도모하기 위해 수행되어야 하는데 이러한 목적달성이 선결요건으로 제시될 때 더욱 완전한 청소년 발달이라는 효과를 기대해볼 수 있을 것이다.

5. >>> 청소년 프로그램의 유형

(1) 프로그램의 일반적인 분류

프로그램 개발의 개념을 이해하기 위해서는 프로그램의 종류를 분류하고 정리해보는 작업이 필요하다. 왜냐하면 프로그램의 종류와 목적은 수반되어야 하는 자원과 학습기회, 그리고 목적을 달성하기 위해 필요한 유용 가능한 자원, 그리고 프로그래밍 과정에서의 프로그램 개발자의 역할 등에 이르기까지 많은 것들을 포함하고 있기 때문이다(권양이, 1999: 24).

Boyle(1981)은 개발 프로그램(developmental program), 기관 프로그램(institutional program), 정보 프로그램(informational program)으로 나누었다.

1) 개발 프로그램

이 유형의 프로그램은 수요자, 지역사회, 혹은 사회 단위들의 주요 문제를 인식하게 한다. 교육적 프로그램은 문제가 성공적으로 해결될 수 있도록 사람들을 독려하며 개발되어야 할 문제들에 대해서도 대처하게 한다. 이 유형의 프로그램은 사회가 발전하는 변화의 비율에 따라 그 중요성도 점차로 증가하고 있다. 우리는 우리를 둘러싼 세상과 변화하는 속도에 끊임없이 적응해야만 한다. 그래서 개발 프로그램은 계속적인 방향제시와 변화에 적응할 필요성을 가진다. 개인, 집단,

지역사회, 그리고 사회에 어떤 변화를 함축하는, 결코 끝날 것 같지 않은 프로그램의 홍수에 직면하고 있다. 개발 프로그램의 구체적 사례들을 소개하면 다음과 같다.

① 마약에 빠진 지역사회 청소년 그룹이 있다. 그들은 매우 행동파이며 지역의 다른 청소년들에게도 접근한다. 청소년, 부모, 그리고 지역사회는 매우 큰 문제를 안게 된다. 약물남용은 다른 지역사회 문제를 유발할 가능성을 내포하고 있기 때문에 이 상황 하에서 해결책은 반드시 필요하다.

② 교회는 자체 프로그램을 원하는지 모른다. 과거에는 매우 잘 운영되었던 교회이지만 지금은 더 이상 젊은이들을 교회에 나오게 할 수 있는 유인책을 가지고 있지 못하다. 교회의 성인교육자들은 젊은이들을 끌어당기기 위해 사회 문제와 관련된 프로그램들을 실시하기로 결정했다. 그들은 곧 교회의 노년층의 반대에 부딪친다. 교육적 프로그램이라면 곧 이러한 딜레마에 대한 해결책을 제시해 주어야 한다.

③ 사회는 점차로 감소하는 에너지 공급과 반비례하여 계속 증가하는 에너지 소비 문제에 직면해 있다. 어떤 방식의 보조 수단이 실행되어야 할까? 프로그램은 에너지가 바닥나기에 앞서 어떻게 대처해야 하는 문제와 무엇이 행해져야 하는가에 대하여 이해하기 쉽도록 사람들을 안내한다.

이상과 같이 청소년 및 청소년을 둘러싼 지역사회 및 환경에서 문제를 인식하게끔 하여 프로그램 개발에 대한 필요성을 불러일으키는 유형에 해당된다. 예를 들어, 청소년 대상의 마약 및 약물중독 예방 및 퇴치 프로그램, 교회의 청소년 수련회 캠프, 청소년 초록바람 캠프 등이 개발 프로그램 유형에 해당된다.

2) 기관 프로그램

기관 프로그램이 중점을 두는 것은 사고와 의사소통과 같은 개인의 기본능력의 발달과 성장에 관한 것이다. 한 개인의 보다 나은 발전을 위하여 여러 원리의 내용을 가르치는 것이다. 기관적이라는 용어는 기관 본연의 임무와 프로그램의 요점 사이의 밀접한 관계를 반영하기 위해 쓰여졌다. 이 유형에서 프로그램 개발은 교육자가 학습자가 원리를 습득하는 것을 돕는 것과, 지식의 조직적인 실체에 근거하여 결정된다. 기관중심 프로그램에서 학습 기회는 구조화되고 특수한 목적을 성취하기 위해 주의 깊게 기획된다. 몇 가지 사례를 소개하면 다음과 같다.

① 새로운 과학기술로 인하여 사람들의 기술은 어느새 구식이 되어 새 기술을 배우기 위해 기술학교에 등록한다. 그들은 새로운 기술을 습득하기 위하여 고안된 개발 프로그램에 참여하고 있다. 이 프로그램에 투입된 전문가들은 그들이 새로운 정보와 기술을 습득하는 것을 도와준다.

② 많은 전문직 종사자들, 교사, 법률가, 간호사들은 그들 분야의 새로운 지식을 업데이트하기 위해 일 년에 몇 번씩 특정한 기간 동안 교육을 받는다. 기술뿐만 아니라 정보, 연구의 이해를 돕기 위한 워크숍(workshop)이나 강좌에 등록한다.

③ 이처럼 자원봉사 4-H나 걸 스카우트 지도자들은 그들이 지도자로서 더 능률적으로 일할 수 있도록 일주일 단위의 워크숍이나 지도자 과정, 그리고 인간관계 수련활동과 같은 프로그램에 참여한다. 이 프로그램은 기술, 지식, 어떤 분야의 능력 향상을 위하여 기획된다.

청소년 프로그램에서 기관 프로그램이란 우리나라 농촌진흥청의 4-H 덕육이념 실천 프로그램과 같이 청소년단체나 시설 등에서 독자적으로 개발하는 사업적인 성격을 가진 프로그램을 의미하기도 한다. 최근 청소년 지도현장에서 프로그램의 중요성이 크게 강조되면서 각 기관과 시설별로 독자적인 프로그램을 개발·운영하려는 노력이 확산되고 있다. 이 프로그램들은 기관의 목적 및 목표를 달성하기 위한 기본 수단으로 활용된다. 예를 들어 청소년적십자의 각종 공중위생활동 프로그램, 해양청소년단의 해양스포츠활동 프로그램, 걸 스카우트의 가정생활교육 프로그램, 한국우주소년단의 실물모형 제작활동 프로그램 등은 기관 프로그램에 해당된다(한상철, 2009: 305).

3) 정보 프로그램

이 유형은 종종 성인교육이나 계속 교육에서도 발견된다. 이것은 주로 교육자와, 프로그래머, 학습자 간에 정보를 교환하는 것이다. 학생은 교육자에게 질문을 하고 해답을 얻는다.

정보 프로그램은 학습자에게 정보를 전달하는 것을 주목적으로 한다. 필요하

표 3-2 Boyle의 프로그램 유형

요인	프로그램 유형		
	개발	기관	정보
주 목적	개인, 집단, 지역사회의 문제를 인식하고 해결함.	개인의 지식기술과 기본능력, 가능성의 향상과 성장.	정보의 교환
목표 도출	주로 수요자의 문제와 욕구로부터 이끌어 냄.	교육자, 원리, 학문으로부터 도출함.	새로운 규정, 연구조사 유용 가능한 새 정보로부터 도출.
지식의 사용	지식이나 내용은 문제해결에 도움이 된다. 그것은 하나의 수단임.	지식이나 내용을 습득하는 것이 중요함. 프로그램은 어떻게 목적을 달성하느냐가 문제임.	내용은 즉각적용을 위해 수요자에게 전달됨.
학습자의 참여	프로그램의 속성과 반경문제와 욕구를 파악하는 데 참여함.	학습경험을 실행하는 데에 참여함.	주로 정보의 습득자로서 참여함.
프로그래머의 역할	욕구를 파악하여 전체의 교육적 과정을 조절하고 평가함. 촉진자의 역할과 중개, 결과의 토론.	교수과정을 통하여 지식을 제공함.	필요한 정보 해답을 제시함.
효용성의 기준	개인, 집단, 지역사회가 문제해결 기술을 어느 수준까지 발달시켰냐에 달려있고, 문제 해결의 질 정도에 따라 효용성이 결정됨.	효용성은 수요자가 내용과 의도된 역할을 얼마나 소화해냈는가에 의해 결정됨.	효용성은 얼마나 많은 사람들에게 보급되었나 얼마나 많은 정보가 보급되었는가에 의해 결정됨.

출처: Boyle(1981).

거나 요구되는 새로운 정보로부터 프로그램의 목표를 설정한다. 예를 들어, 청소년 대상의 컴퓨터 교실, 재미있는 곤충 기르기, 유료작물 조사활동 등이 정보 프로그램에 해당한다.

(2) 조직개념에 의한 프로그램 분류

프로그램 유형에 관하여 생각할 수 있는 한 가지 방법은 하나의 조직체와 연관시켜 보는 것이다. 프로그램은 교육적 기관의 모든 활동을 포함하는 것일 수도 있다. 이들 활동은 다소 명백한 교육적 목적의 획득에 준하여 정해지는데, 그 밖의 나머지 활동은 사회적 실재로서 조직이나 기관의 생명력을 유지하는 데 기여한다. 예를 들어, 기업에서의 사회교육 프로그램을 보면 기업 내의 인력을 재교육, 혹은 부가로 교육시킴으로써 직무수행 능력을 제고하여 생산성을 향상시키는 데 두고 있다(이정아, 1988). 따라서 기업의 유지·발전을 교육 목표로 한다. 그리고 전문 집단(professionals)을 위한 계속교육의 필요성은 지속될 전망이다. 왜냐하면 교육의 결과가 바람직한 것이었고 전문가와 고용주들에 의해 필요한 것으로 명백히 인식되었기 때문이다(Stern, 1983). 교육적 노력은 외부의 수요자를 대상으로 즉각적이고, 조직적인 구성으로 짜여진다. 그것은 하나의 활동(회합, 워크숍, 라디오 테이프, 혹은 강연 등)으로 이루어질 수 있고 다른 교육적 제공물들과 조금은 관련 있게 혹은 아무런 연관이 없이 이루어진다. 커리큘럼이나 강좌 단위, 등급수준별 편성, 앞서 기술한 세 가지 유형의 프로그램 등과 같이 더 체계적이고 연속적이며 통합된 단위체제로서 짜여진다.

다른 하나의 교육적 기능은 내부적으로 의도되고 조직의 구성원들에게 프로그램을 제공한다. 조직의 구성원 개발은 내부적 프로그램의 한 예이다. 유지 측면

그림 3-1 조직 관련 프로그램

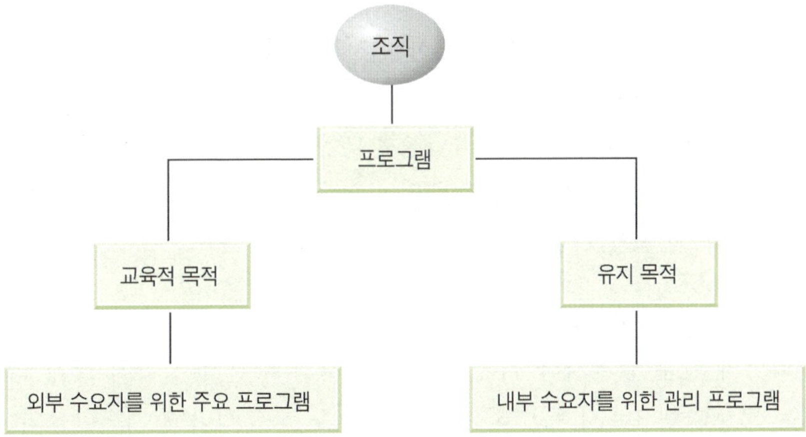

출처: 권양이(1999). p. 32.

의 활동은 교육적 목적과는 관련이 덜하고 조직이 사회 단위로서 생명력을 잃지 않고 그것의 교육적 기능을 충분히 실행할 수 있도록 유지시키고 촉진하는 것과 관련이 있다. 그러한 활동들은 일반적으로 행정적인 리더십(leadership)과, 행정적인 관리측면으로 간주된다. 다양한 유지기능이 교육적 기관의 운영에 중심이 된다고 할지라도, 조직의 주요 목적, 즉 교육의 실행과 개발에 기여할 때만이 중요하다. 만약 유지 자체가 목적이 된다면 교육적 목적은 이차적인 것이 되고 유지측면이 우위를 차지하게 된다. 대부분의 활동과 자원들은 기관적인 유지·존속의 측면보다는 기관 목적이나 목표에 준하여 이루어진다(권양이, 1999: 32).

(3) 프로그램의 구조화 정도에 따른 분류

사회통제이론(Hirschi, 1969)에 따르면 스포츠클럽, 학교클럽과 같은 구조화된 활동에 참여하는 것은 청소년들로 하여금 일치를 위한 현실참여의 감각을 발달시키도록 북돋우기 때문에 비행에 대항하는 예방학적 측면으로 작용한다.

1) 구조화된 프로그램

프로그램의 목적 및 목표가 분명하고 이를 달성하기 위한 내용 및 경험이 적절하고 지도방법과 절차가 합리적으로 계획되는 프로그램이다. 많은 연구들은 구조화된(structured) 청소년 프로그램이 청소년 발달에 매우 효과적임을 증명하고 있다. 특히 Kahne 외(2001)의 연구에서는 구조화된 방과 후 프로그램이 정규 학교과정 프로그램에서 청소년들이 경험하는 것보다 훨씬 더 흥미를 유발하는 활동의 장으로 구성되어짐을 보여준다.

구조화된 프로그램들은 대개는 내용전문가에 의해 개발되며 각종 체험활동 프로그램, 놀이활동 프로그램, 여가활동 프로그램, 레크리에이션, 자기 성장 프로그램, 인간관계 프로그램 등이 있다.

2) 비구조화된 프로그램

일회성의 단순한 행사나 기관 또는 실행자의 주관적 경험에 크게 의존하여 실행되는 프로그램으로서 특별히 청소년의 요구를 분석하고 지도활동의 문제점과 개선점을 파악하려는 의도가 대개는 없는 성격의 프로그램이다.

(4) 프로그램의 구성범위에 따른 분류

1) 단위 프로그램

어떤 하나의 내용을 한 번에 지도하기 위한 일회성 프로그램이다. 실물모형 제작 프로그램(자동차, 비행기, 배 등), 단편적인 지역사회 봉사 프로그램(청소하기, 위문활동, 한글간판 바로잡기), 견학 및 탐사활동 프로그램(고적답사, 박물관 견학, 무인도 탐사), 각종 레크리에이션 프로그램 등이 이 유형에 해당된다.

2) 연속(단계적) 프로그램

기능연마나 기술습득을 목적으로 하는 청소년지도영역에서 개발되는 프로그램이다.

예를 들어 수영, 태권도, 컴퓨터 지도, 그림지도, 악기연주지도, 바둑지도, 탈춤이나 연극지도, 도예, 서예지도 등의 프로그램이 여기에 속한다. 즉, 비교적 장기간의 지속적인 훈련과 연습을 필요로 하는 프로그램들이 이 유형에 속한다.

3) 통합 프로그램

통합 프로그램(integrated program)이란 한 주제에서 세분화된 여러 활동이나 비슷한 성격의 활동들을 한데 모아 한 체계 속에서 적절하게 연결하여 하나의 활동으로 묶어서 구성한 것이다. 통합 프로그램 역시 연속 프로그램과 같이 복합 프로그램의 한 방식이다. 이러한 프로그램은 청소년들의 가치관 또는 태도 형성이나 각종 사회문제 해결을 목적으로 하는 청소년 지도에서 많이 나타난다. 예를 들어 환경문제를 인식하여 환경을 보호하는 태도를 형성하기 위한 것으로 강물오염, 공해, 쓰레기난 등 심각한 환경오염 실태를 알려 문제의 심각성을 깨닫도록 하는 인식 프로그램, 환경오염을 스스로 파악하게 하는 환경답사 또는 조사활동 프로그램, 자연탐구활동 프로그램, 환경보호사례 프로그램, 환경보호실천 프로그램 등이 이 유형에 해당한다(한상철, 2009: 309).

4) 종합 프로그램

종합 프로그램(synthesised program)이란 부분별 프로그램이 각기 고유한 목표와 성격을 유지하면서 어떤 연결 원칙이나 공통적인 문제 또는 상호 관심 영역

하에서 그 연계성을 합리적으로 조합한 총괄성을 지닌 프로그램이다. 이 유형의 프로그램은 비교적 편성규모가 큰 광역 프로그램으로서 주로 특정한 기간 동안 이루어지는 일정한 제목 중심의 행사형 프로그램들이다. 다양한 청소년 기관에서 실시되고 있는 청소년 우정캠프, 청소년문화광장, 청소년연합 체육대회, 청소년 해양제전, 여름캠프활동, 춤과 놀이마당, 청소년 한강축제 등의 각종 행사 프로그램이 이에 해당된다(한상철, 2009: 310).

(5) 프로그램의 지도내용에 따른 분류

청소년 프로그램이란 청소년의 건전한 발달과 사회적응을 조력하기 위한 목적으로 실시되는 다양한 청소년 지도활동이나 청소년이 참여하는 활동을 효율적이고 매력적으로 실현하기 위해 필요한 교육적 경험과 환경의 집합이라고 볼 수 있다(이복희 외, 2008: 104). 한상철(2009)은 프로그램의 지도내용에 따라 다음과 같이 여덟 가지로 청소년 프로그램을 분류하였다.

1) 자연체험활동 프로그램

청소년들로 하여금 자연을 이해하고 사랑하는 마음을 갖도록 하는 데 주목적을 두었다. 자연탐사활동 프로그램(무인도탐험, 국토탐사, 강 탐사활동), 자연을 가꾸고 보존하는 활동 프로그램(식목행사, 자연농장, 환경보존 등), 레크리에이션을 겸한 자연탐구 프로그램(자연관찰 하이킹, 청소년아동캠프, 고정야영활동) 등이다.

2) 체육활동 프로그램

청소년들의 신체적·정신적 건강을 증진하는 데 목적이 있다. 각종 스포츠 활동 프로그램(수영, 태권도, 축구, 등산, 피구, 발야구), 안정훈련 프로그램(응급처치, 안전사고 대비 훈련 등), 영양 및 보건 프로그램(식단 짜기, 건강교양 등), 스포츠 행사 프로그램(체육대회, 전국해양제전 등) 등이 여기에 속한다.

3) 예능활동 프로그램

이 유형의 프로그램은 청소년들로 하여금 예술 활동에 대한 기본적인 소양과 안목을 갖추도록 할 뿐만 아니라 정서발달과 창조능력을 증진시키는 데 목적이 있다. 종합예술 프로그램(청소년 예능교실, 종합예술제, 문화광장 등), 음악활동 프로그램(즉석가요제, 음악 감상회, 영상음악과의 만남 등), 미술활동 프로그램(유명 미술전시회 관람, 서예교실, 미술대회, 공예 강습 등), 문학활동 프로그램, 기타 춤 강연, 영화감상, 앨범제작 교환 등이 있다.

4) 과학활동 프로그램

과학활동 프로그램은 청소년들에게 직접적인 관찰과 실험을 통하여 과학의 기초적인 지식과 원리를 습득하도록 하고 여러 가지 과학적 현상에 대한 탐구능력을 키우도록 하는 데 그 목적이 있다. 실험 및 실습활동 프로그램(컴퓨터 교실, 재미있는 곤충 기르기, 유료작물 조사활동 등), 관찰 및 탐사활동 프로그램(천체 관찰, 해양탐구활동, 내 고장 수질검사 등), 견학 프로그램(기상대, 자연학습장, 발명품전시회 견학 등), 과학 공작 프로그램(모형자동차 만들기, 곤충표본 만들기, 대나무 헬리콥터 제작 등) 등이 있다.

5) 봉사활동 프로그램

청소년들에게 더불어 살아가는 삶이 중요하다는 것을 인식시키고 자신의 삶을 사회질서나 자기가 속한 조직에 바람직하게 적응할 수 있도록 도와주는데 목적이 있다. 합리적 생각과 공정한 경쟁으로 맡은 책무를 다하고 민주사회 구성원으로서 자질과 품성을 육성하고자 하는 데 있다. 프로그램의 기대효과로는 돌봄의식의 발달, 민주시민으로서 합리적으로 생각하고 의사결정 능력을 함양할 수 있게 하고 공동체의 구성원으로서 협력하며 봉사할 수 있다. 상대방의 어려움을 이해하고 문제해결에 공동으로 참여할 수 있다. 또한 우리라는 공동체 의식이 함양되어 집단과 소속구성원에 헌신할 수 있다(정하성·안승열, 2003).

6) 예절수양활동 프로그램

이 유형의 프로그램은 청소년들이 사회성원으로서 갖추어야 할 공동생활규범을 습득하도록 하는 데 주목적이 있다. 전통예절 프로그램(혼례·제례·상례 배우기, 전통다도 배우기, 명절쇠기활동 등), 가정생활예절 프로그램 등이 있다.

7) 전통문화활동 프로그램

이 유형의 프로그램은 청소년들에게 올바른 문화적 정체성을 형성시켜 주고 문화의 전달과 유지, 창조의 과정을 익히도록 하는 데 그 목적이 있다. 민속놀이 프로그램(풍물놀이, 차전놀이, 백중놀이, 강강술래 등), 향토민속 프로그램(고장의 인간문화재 조사, 역사의 증인과 좌담회, 전통 민속생활용품 조사 등), 문화유적탐사 프로그램(내 고장 사적지탐사, 유명사찰순례, 성곽탐사 등), 민속예술 프로그램(전통음악강습, 민요강습, 탈 만들기 등), 전통문화행사 프로그램(청소년 단오제, 청소년 민속예술캠프, 한국의 밤 등)이 있다.

8) 자아계발활동 프로그램

자아계발활동 프로그램은 청소년기의 발달과업인 자아정체감 형성을 돕고 자아에 대한 이해와 수용을 바탕으로 타인과의 참만남 관계를 형성하도록 도우며 자기의 건전한 성격개발과 인간관계 및 사회적응을 조력하는 데 그 목적이 있다. 자기 성장 프로그램(친밀감 형성, 자기 이해, 자기 수용, 자기 개방 등), 심성계발 프로그램(나의 소개, 효과적인 사고 훈련, 위기훈련 등), 인간관계 개선 프로그램(자기주장훈련, 경청하기, 장님탐험, 어깨동무 학습, 거울이 되어 움직이기 등), 가치관 명료화 프로그램(가치관 투표, 가치관 경매활동, 두 개의 나, 청소년 법정 등), 진로탐색 프로그램(우리의 진로, 전문직업인 초청 간담회, 직업의 세계, 진로개발, 면접훈련 등)이 있다.

이상과 같이 청소년 활동 프로그램 영역에서 많은 유형의 프로그램이 개발·실행되고 있다. 특히 2011년에는 청소년 활동 프로그램에 대한 컨설팅, 평가 및 환류과정을 통해 프로그램 운영의 일관성과 효율성을 제고하고 프로그램의 질을 향상시키고자 '청소년 활동 프로그램 공모사업 컨설팅 및 평가 사업'이 실시되어 최우수 기관으로 관악청소년회관 등 10개 기관이, 우수 기관으로 광정동청소년문화의 집 등 10개 기관이 선정되었다(여성가족부, 2012: 80). 이처럼 프로그램 공모는 프로그램의 다양한 개발을 지원·발굴하는 기폭제 역할을 하고 있다. 2012년부터 주 5일제 수업이 전면 실시되고 2013년부터 창의적 체험활동이 전면 확대실시됨에 따라 청소년 활동 프로그램에 대한 수요가 더욱 증가할 것으로 예상된다.

02부

청소년 프로그램 개발의 이론

CHAPTER 4

청소년 프로그램 개발의 이해

1. >>> 프로그램 개발

(1) 프로그램 및 프로그램 개발의 정의

1) 프로그램

근대 이후 최근 근대공교육제도가 확립됨에 따라 청소년을 대상으로 하는 학교 밖 교육의 비중은 이전에 비해 상당히 축소되었다. 그러나 지식기반사회의 형성, 수명의 연장 등에 의해 평생학습의 필요성이 급증함에 따라 모든 국민을 대상으로 하는 학교 밖 교육의 영역은 오히려 더 팽창하고 있는 실정이다(오혁진, 2012). 황종건 외(1996)는 의무교육을 마치고 난 후에 학교를 계속 다니지 않는 청소년과 일반 성인을 위한 교육활동을 총칭하는 것으로 사회교육을 조작적으로 정의하고 있다. 최운실 외(1993)는 사회교육을 학교교육의 보충교육을 포함하여 학교교육의 상호보완적 또는 대안적 기능까지 함께 수행하는 것으로 보고 있다(오혁진, 2012: 34 재인용). 따라서, 사회교육의 일환으로서 청소년 프로그램은 규범적이고 필수적인 성격보다는 선택적이고 융통성이 강한 성격을 띠고 있다(김진화·정지웅, 1997).

사회교육 프로그램의 실체에 대한 논의의 시작은 Etling(1974: 34)이 지적한 바와 같이 사회교육 학자들이 학교교육에서 사용되고 있는 '교과과정' 즉, '커리큘럼(curriculum)'이라는 용어와 차별화시키려는 노력에서부터 출발하였다(김진화, 1996: 5). '프로그램'이란 사용하는 기관이나 사람에 따라 여러 가지 의미를 가진다. 그러나 대체로 프로그램이란 어떤 활동의 진행과정을 시간적 순서에 따라 구체적으로 나열한 진행 순서표라고 할 수 있다. 프로그램(program)은 본래 "미리 쓴다"는 뜻을 지닌 라틴어에서 유래한 말로서 17세기에 처음으로 문헌에 나타났으며 운동회의 순서와 연주곡목·순서 등을 미리 짜놓은 것을 의미하였다(권일남 외, 2010). '프로그램(program)'이라는 용어는 일반적으로 다양한 사고와, 사상들, 그리고 실행을 다루기 위해 쓰여지기 때문에 다소 혼란스러운 용어이기도 하다. 사실 '프로그램'은 공공 기관인 학교나 기관의 실제 상황에 맞추어 쓰이고 있는 '커리큘럼'과 종종 동등한 것으로 간주되기 때문에 프로그램이란 용어는 자주 커리큘럼이라는 용어와 혼용되어 쓰인다. 그러나 프로그램이란 용어는 학교교육과정의 커리큘럼(curriculum)이나 코스(course)와 유사하지만 규범적이고 필수적인 성격을 띠고 있는 후자와는 다르게 이해된다. '커리큘럼'은 '구체화된 목적을 성취하기 위해 의도적으로 기회를 찾아 학습하는 구조화된 개념이다'라고 정의되기 때문이다(권양이, 1999).

Boyle(1981)에 의하면 '프로그램'에 대한 정의는 '커리큘럼'의 그것보다 훨씬 넓은 의미를 가진다. '프로그램'은 교육대상과 전문 성인교육자가 참여하는 모든 활동의 결과로서 생겨난 하나의 산물로 간주된다. 예를 들면 그것은 욕구 분석, 계획, 지도, 개발, 평가, 그리고 보고(report) 등의 모든 활동을 포함한다.

인간의 본원적 활동으로 간주되는 교육이 일어나는 삶의 현장에서 사회의 상황적 맥락과 아울러 성인 교육자, 학습자, 집단, 지역 사회의 '계획된 변화(planned change)'를 유발하기 위해서는 여러 가지 요인들이 필요하지만 그 중에서도 프로그램은 계획적이고 합리적인 방법으로 계획된 변화를 얻어내기 위한 가장 중요한 요인으로서 작용한다(권양이, 1999: 8).

표 4-1 커리큘럼과 프로그램의 비교

구분	커리큘럼	프로그램
개념	구체화된 목적을 성취하기 위해 의도적으로 기회를 찾아 학습하는 구조화된 개념	커리큘럼보다 훨씬 넓은 의미를 가지며 교육 대상과 전문 성인교육자가 참여함으로써 모든 활동의 결과로서 생겨난 것임.
주요 관심	교과목 위주	개인적 문제와 요구
학점	학점화	비학점화
설계자	선정된 전문가와 자문위원	학습자와 청소년지도사
주제	전문가에 의해 학습자에게 필요하다고 판단되는 지식, 기술, 태도, 가치 등	학습자의 특정한 요구나 문제해결에 도움이 되는 것
초점	내용 중심	문제과제 중심
장점	학습목표나 활동이 명백히 제시되며 학습내용이 체계적이고 조직화된 계열성을 지님	학습자의 개인적 경험을 최대한 이용하며 이를 통해 요구에 즉각 부응함

출처: Neimi & Nagle(1977). 이화정 외(2008). p. 13. 재구성함.

2) 프로그램 개발

프로그램 개발은 '프로그래머(programmer)'와 같이 참여하여, 효과 있는 프로그램에 의해 행동 변화를 일으킬 수 있는 참여자들의 의사결정 과정과 행동을 포함하는 아주 정교하고 복잡한 연속물이다(Boyle, 1981). 구체적으로 '프로그램 개발(program development)'이라는 말은 사회교육의 학자들에 따라 거의 같은 의미에서 '프로그래밍(programming)', '프로그램 계획(program planning)', '프로그램 구안(program building)' 등으로 다양하게 사용되며, 이제까지 학교교육에서 주로 사용되었던 커리큘럼 개발(교육과정 개발)과 별다른 차이점을 두지 않고 그 용어를 그대로 사용하는 학자들도 있다. 그러나 대체로 사회교육학자들은 '커리큘럼 개발'이라는 용어보다는 사회교육에서의 독자적인 용어로 '프로그램 개발' 혹은 '프로그램 계획' 그리고 '프로그램 설계'라는 용어를 많이 사용하고 있다(김진화·정지웅, 1997: 43).

Boone(1985)에 의하면 '프로그램 개발'이란 교육 프로그램에 대한 기획, 설계, 이행, 평가 및 그 효과의 측정에 있어서 사회교육 조직, 사회교육자 및 학습자들의 개별적인 노력이나 집합적인 노력들을 지칭하는 것으로 정의할 수 있다. 또한 '과정(process)'이란 개별 학습자 및 학습자 집단, 그리고 관련 기관 내에서 행동의 변화를 극대화하는 교육 전략에 영향을 미치고, 그 설계에 있어 사회교육자, 관리자, 학습자, 학습자 집단 및 학습 체제의 계획적이고, 조직적이며, 집합적인 활동을 모두 포함한다(Boone, 1985). 따라서 Boone(1985)은 프로그램의 기획, 시행, 평가를 포함하는 개념으로 '프로그램 개발'이란 용어를 사용한다. Kowalski (1988)는 '프로그램 개발'과 '프로그램 계획'을 구분하여, 프로그램 개발을 보다 광의의 의미로 규정짓고, 프로그램 개발의 범위를 '프로그램 기획'과 '프로그램 운영'으로 한정한 바 있다(김진화, 1996: 10). 위와 같이 프로그램 개발 개념 접근에 있어 학자들의 다양한 시도가 있어 왔다. Boyle(1981)에게는 '프로그램 개발'이란 '커리큘럼'이 가지는 의미보다 훨씬 광범한 의미를 가진다고 하겠다. 또한 프로그램의 출발점이 되는 '요구(need)'와 '문제(problem)'라는 용어는 '상호 교환적'인 의미로 쓰인다. '요구'는 다분히 개인적인 반면에 '문제'는 지역 사회나 집단 상황하에서 더욱 의미가 있다. 그러나 혼란을 피하기 위하여 자주 상호 교환적으로 쓰인다.

Boyle(1981)에 따르면 '프로그램 개발'이라는 개념은 프로그램에 관련하여 우리가 역동적인 여러 가지 중점 사안들과 아울러 검토될 때 가장 효과적으로 파악할 수 있다. 그것은 지역사회의 경제적, 사회적, 환경적 그리고 문화적 건강에 영향을 끼치는 일련의 노력이다. 그리고 전문가 집단들과 같이 참여한 지역사회를 대표하는 사람들의 다양한 활동과 의사결정의 과정으로 지역사회와 사람들의 삶을 향상시키는데 기여하는 교육적인 프로그램을 계획하는 일이다. 특히 Boyle (1981)은 '문제 해결 그룹(problem-solving group)'의 중요성을 역설했다는 점에서 다른 이론가들과 차별화된다.

궁극적으로 '프로그램 개발'이란 학습자의 역동적인 '요구(문제)'를 분석하여 교육 목표를 수립하고 교수법을 기획, 교육 활동을 실시, 평가하는 단계로 이루어지는 유기적인 일련의 활동이라고 말할 수 있다.

(2) 프로그램 개발에 대한 이론적 접근

1) 프로그램 개발의 이론적 고찰

오혁진(2012)은 '평생교육'이 '사회교육'이라는 용어를 대체한 지 10년이 되어 가고 이제는 좀 낯설게 느껴지는 용어지만 사회교육의 본질을 이루는—삶의 교육적 가치를 중요시하는, 평민 지향적인 공동체 교육 성격의, 사회변혁을 위한 비판적 성격을 가진, 의식과 실무를 겸비한 전인교육 추구적인—사회교육 본연의 위상을 되찾는 노력이 필요하다고 강조하였다. 오혁진(2012)에 따르면 역사적으로 학교교육이 주로 사회의 기득권층을 대상으로 국가 관료나 사회지도층을 재생산하기 위한 보수적인 기능을 수행했던 반면 사회교육은 주로 일반 민중들과 소외계층을 대상으로 기존 사회구조의 변화나 보다 평등한 사회를 만들기 위한 개혁적인 기능을 수행해 왔다. 사회교육은 생활 위주의 교육, 공동체를 위한 교육, 더 나아가 그들이 보다 행복해질 수 있도록 사회를 변화시키기 위한 교육의 형태이다.

Coombs(1980)에 따르면 비형식교육이 형식교육의 계획과는 상당히 다른 양상을 보이고 있다. 사회교육 프로그램 개발은 학교교육의 교육과정 개발과 비교할 때 일반적으로 사회교육 프로그램 개발의 기본단위와 주체는 사회교육기관과 조직체라는 특징을 가지고 있다(Coombs, 1980: 53). 즉, 학교교육이 교육부 주관하에서의 행정체제와 관리체제를 갖는 데 비해 사회교육에서는 기관 및 조직체를 기본 단위로 하여 독립적으로 교육 프로그램을 개발한다(이정아, 1988). 또한 사회교육 프로그램은 그 종류가 매우 다양하며 그 규모도 단시간 내에 이루어지는 단편적인 것부터 장기간의 시간을 필요로 하는 매우 복잡하고 광범위한 내용으로 이루어진 것도 있다(권양이, 1999).

사회교육에서 프로그램 개발에 대한 이론적인 관심은 학교교육에 비해 상대적으로 부족했다(김진화, 1996). 학교교육에 비해 사회교육은 제도적인 측면에서 그다지 강제성을 지니지 않으며 거의가 성인들의 자발적인 필요에 의해서 실시되는 경향이 강하기 때문에 이론보다는 실천적인 면에 치중될 수밖에 없었다. 그러나 하루가 다르게 급변하는 사회에서 생존하기 위해 현대인들에게는 과거에 받았던 정규교육 이상의 것이 필요한 바, 체계적인 교육 프로그램에 대한 수요가 동서양을 막론하고 증가하고 있는 추세이다. 따라서 이러한 변화에 부응하기 위하여 1960년대 이후 학자들의 이론적인 노력이 많이 이루어졌다. Bergevin 등(1963)은 교육자들이 프로그램을 계획하는 과정을 요구와 흥미를 명목화하고, 주제를 개발하고, 목적을 설정하고, 자원을 선택하고, 기술을 선택하고 활동을 수행하는 것이라고 개관하였다. Verner(1964)는 교육 프로그램 요구를 결정하고, 교육 목적을 명목화하고, 학습과정을 배려하고, 그 성과를 측정하는 것으로 보았다. Beal 등(1966)은 대학이나 전문 집단의 최신 지식을 농촌 지역 주민들에게 보급하는 지식 확장 보급 사업(cooperative extension services) 프로그램 개발에 있어서의 사회적 활동과 과정을 의미 있게 파악하고 있다. 그리하여 프로그램 개발에 실험적으로 접근하여 사회체제 분석으로부터 프로그램에 영향을 주는 지방 유력인사나, 재정적인 뒷받침, 정부 기관과의 연계성 그리고 인적, 물적 자원 등의 함축적인 많은 요소들을 계획단계에 고려하고 후속되는 행동단계, 평가단계도 결국은 그 연장선상에 있는 유기적인 체제로 보고 있다.

2) 프로그램 개발의 과정

상황적인 맥락을 많이 함축하고 있는 사회교육 프로그램이 정형화된 절차에 의해 근거하여 항상 개발될 수는 없다. 또한 프로그램 개발 노력의 전 과정이 사회를 변화시키는 노력에 중점을 두기보다는 개인 학습자에 준하여 이루어졌다는 점에 대한 지적이 있다(Apps, 1979). Tyler(1974)는 교육목적의 규명, 교육경험의 선정, 교육경험의 조직, 교육목적의 성취평가를 통해서 교육 프로그램 개발이 가능하다고 보았다. Hilda Taba는 이를 발전시켜 각 단계 속에 행동기준으로 하위단계를 제시함으로써 교육 프로그램 개발의 실천적 방안을 제시하고 있다(한국여성개발원, 1995: 31).

Freire(1971)는 교육이 일어나는 사회적, 정치적인 배경의 중요성을 강조하며 교육적인 프로그램은 두 가지 국면으로 구성되어 있다고 주장했다. 첫 번째는 주제가 있는 연구이고 두 번째는 교육적인 프로그램이다. 주제가 있는 연구란 노동, 실업, 빈곤과 관련된 인본주의 측면의 프로그램이다. 따라서 Freire(1971)는 프로그램 개발 접근에 있어 의사결정 피드백 과정에 영향을 끼칠 수 있는 참여자의 중요성을 역설했다. 프레이리는 교육은 결코 중립적 입장을 표방할 수 없으며 교육이 인간을 자유롭게 해방시키고 인간성을 회복하는 데 앞장서야 한다고 주장한다. 따라서 인간은 세상을 향해 행동하는 데 자유로워야 한다. 그러나 그의 이론은 정치적 혁명이 필수적이라는 생각을 받아들일 준비가 되지 않은 사람들에게는 다분히 과격한 개념으로 비춰지며 행동을 구체화하는 기준과 준거의 마련이 미비하다는 지적이 있다(권양이, 1999: 12, 재인용). 그러나 프레이리와 같은 비판적 교육사상가들은 일반적으로 학교교육과 사회교육이 사회 불평등에 기여하고 있는 것이 사실이지만 이에 적절하게 대응한다면 교육을 통한 사회변화가 가능하다고 주장하였다(오혁진, 2012: 246). Houle(1972: 31)은 교육 프로그램 계획을 가능한 교육활동 파악, 진행결정, 목표의 확인 및 상세화, 수업 형태 개발, 프로그램을 다양한 학습 환경에 적용, 계획의 효율성 재고, 결과를 측정하고 평가하기로 보고 있다. Houle(1972)은 프로그램 개발 단계를 Tyler의 5단계에서 진보한 7단계 형식을 취하고 있으나 거의 유사하다(Apps, 1979: 115, 재인용).

Boyle(1981)은 프로그램 개발에 있어서 중요시 되는 15가지 개념 하에 다양한 예들과 의미 있는 활동들이 상황적 맥락을 가진 실제의 현장에 적용되어 프로그램 개발자의 철학적 기반과 아울러 "어떻게" 구조화되어가는가 하는 실제적 접근 형식을 채택하고 있다. 따라서 다음과 같은 과정을 거친다고 한다. (1) 사회적 학습배경(사회, 지역사회, 학습자)을 분석하고 상황적 데이터, 사실, 경향들을 수집, 분석 (2) 교육 목표 정의 (3) 교수법 기획 (4) 프로그램 실행 (5) 평가의 순이다.

프로그램을 설계하는 데 있어서 많은 프로그램 모형이 제시되어 왔지만 Boyle(1981)은 프로그램 구안에 있어서 실제적인 모형을 제시하기보다는 프로그램 개발과정에 기초를 두고 관련되는 15가지 개념을 다음과 같이 제시하였다.

① 프로그램을 위한 철학적 기반 세우기
② 사람과 지역사회의 관심이나 욕구, 문제의 상황 분석
③ 잠재적 수요자의 참여
④ 잠재적 수요자의 지적 그리고 사회적 발달 수준들
⑤ 프로그램 목표 결정에 대한 조사와 분석의 근거
⑥ 기관적 그리고 개인적 제한의 인식

그림 4-1 Boyle의 프로그램 개발

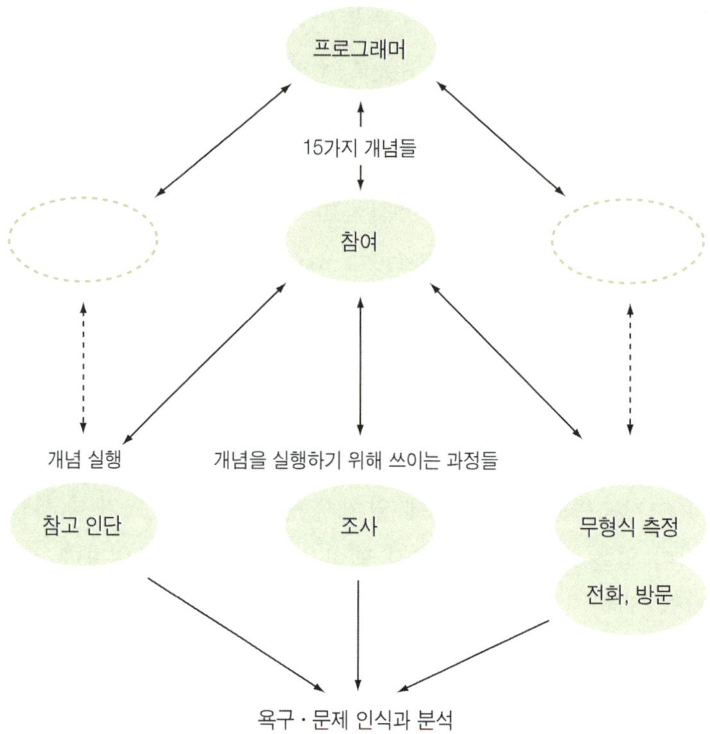

출처: 권양이(1999). p. 39. 재인용.

⑦ 역점을 두어야 할 우선 프로그램을 수립하기 위한 기준

⑧ 계획된 프로그램들의 완고성과 유연성의 정도

⑨ 형식적 그리고 비형식적 실력기관의 지원과 승인

⑩ 학습 경험들을 선택하고 조직화

⑪ 적절한 방법, 전문 사항들(기능), 장치들의 교육적인 계획

⑫ 효과적인 진흥안(案) 들의 활용

⑬ 프로그램을 지원하기 위해 필요한 자원의 획득

⑭ 효과성, 결과 그리고 영향력의 파악

⑮ 적합한 의사 결정자들과 프로그램 가치에 대해 토의

(3) 프로그램 개발에 중요한 철학적 가설들

1) 변화와 프로그램 개발

Boone 등(1985)에 의하면 예견할 수 있는 변화를 감지하고, 프로그램 개발 시에 이를 고려해야 한다. 변화는 개인의 행동의 결과이고, 학습자와 교육자의 상호작용의 결과로 가속화된다. 청소년 프로그램 개발에 있어서도 청소년의 변화라는 개념은 개발의 관념적이고 총체적인 틀을 제시하는 데 있어서의 기본 토대로서 작용하여 프로그램의 궁극적 개발 목적이 될 것이다. 청소년 기관은 청소년, 조직 및 집단, 문화, 지역사회에 걸쳐 바람직한 변화를 꾀하기 위하여 프로그램을 제공하고 있다. Boyle(1981: 37)은 다음과 같이 변화에 대해 설명하였다.

① 변화의 종류

가. 개인적 변화 어떤 체계성 있는 조직체 내에서 가장 기본적인 변화의 단위는 개인으로서 조직체를 구성하는 요소이다. 개인적인 변화는 사회 조직의 개인적인 구성원들의 생활 주기 내의 정신 운동과, 인지력 있는 것, 그리고 정서적인 것을 포함한다.

나. 집단 변화 이러한 종류의 변화는 개인 대 개인의 관계에 변화를 일으킨다. 개인이 집단과 지역사회의 구성원으로서 서로의 관계를 새로운 방식으로 발달시키는 것은 집단의 양식에 영향을 끼친다.

다. 문화적 변화 이 유형은 사회적 시스템의 가치, 규정, 전통 그리고 습관의 변화를 포함한다. 몇몇 변화 이론가들은 이러한 문화적 유형의 변화는 기술에 있어서의 변화보다 훨씬 더 느리게 일어난다고 말한다.

라. 정치적 변화 이 유형은 근본적으로 사회의 구성요소에 영향을 미치는 법령의 변화와 주로 관련된다. 예를 들어서 하나의 살충제를 사용하는 문제를 통제할 수 있는 가능한 법령을 생각해 볼 수 있겠다. 변화된 기술이 폭넓게 인식되었을지라도 간혹 사회 구성원들의 가치에는 위배되는 것으로 나타날 때가 있다. 따라서 이러한 위배는 그러한 물질의 사용을 제한하는 법령을 제정하는 결과를 가져온다.

마. 기술적 변화 이 유형은 사회 조직 내의 생산성과 효과성을 증진시키기

위하여 고안되었다. 일반적으로 그러한 변화들은 가시적이고 일을 진행하는 방법을 바꾼다. 예를 들면, 회계 프로그램에서의 컴퓨터의 영향, 곡물 생산에 관련한 상업적 비료의 사용, 여행에 관련된 교통수단 등이다.

바. 경제적 변화 이 유형은 진정한 목적 그 자체를 달성하는 조직의 능력에 영향력을 미친다. 인플레이션과 갑작스러운 경기 불황은 사회 조직의 근간이 되는 요소들에 결정적으로 영향을 미칠 수 있는 경제적 변화의 보기 좋은 예들이다(권양이, 1999: 17, 재인용).

② 계획된 변화(planned change)

어떤 사회 조직 안에서, 변화는 조직의 힘에 의해서 이루어질 수도 있고, 혹은 그 조직을 압박하는 외부적인 힘에 의해서 이루어질 수도 있다. 변화는 계획된 것 혹은 비 계획된 것이다. Bennis 등은 "계획된 변화는 자체 조직이건, 사회적 조직이건 혹은 문화적 조직이건 그것에 상관없이 유용한 정보의 활용을 통해 인간 조직의 활동을 증가시키기 위한 것으로 의식적이고 정교하며 협력적인 일련의 노력이다"라고 말한다. Lippit는 '계획된 변화'를 조직을 발전시키기 위한 정교한 노력의 과정이고 이러한 발전을 달성하기 위하여 외부 연구기관의 도움을 얻는 것이라고 정의했다. 따라서 교육자에 대해 끊임없이 주어지는 과제는 효과적으로, 그리고 실제적으로 현 상황에서 필요한 변화가 무엇인지 인식하는 것이다(Boyle, 1981: 37).

Tyler(1974)는 교육적 프로그램의 개발에 있어서의 철학적 중요성과 역할을 다음과 같이 지적했다. 프로그램 개발에 있어 분명한 사실은 최종적인 분석을 통하여 교육목표를 수립한다는 것이다. 그것은 계속적인 선택의 과정이고 일단 결정된 사항은 상황에 대한 책임감 있고 가치 있는 결정이었다고 간주되어야 한다. 이처럼 교육에 있어서의 철학은 판단을 하고 지도하는 데 있어 필수불가결한 요소이다. 그러나 좋은 프로그램 개발을 위한 철학적 틀은 고정되어 있는 것보다 변화가 필요한 사회를 위해 언제나 유연성을 유지하는 것이 바람직하다(Boyle, 1981). 또한 Boyle(1981)에 따르면 프로그램 개발자들은 개발 과정에서 다음과 같은 사항들에 대한 믿음을 가지고 임해야 한다.

2) 프로그램 개발 과정에 대한 신념

① 참여의 문제

이 문제는 필수적인 것으로 이러한 모델은 자주 대학수준의 교육에서 적용될 수 있다. 전문가와 교수들은 코스(Course) 과정을 개발하는 데 있어 그들의 연구를 위한 기초과정으로서 사용한다. 학습자는 능동적으로 프로그램 개발 과정에 참여해야 한다는 믿음이 있다.

② 욕구와 관심사

무엇보다 참여자들의 욕구와 관심사가 무엇인가를 파악하는 일은 프로그램 개발자의 개발과정에 영향을 미치는 중요한 신념의 하나이다. 예를 들어 청소년 프로그램에 있어서 단지 청소년들의 요구와 관심사를 아는 것만으로는 충분하지 않다. 청소년 프로그램 활동기회들이 청소년들의 요구와 기대에 부합되는지 그리고 크게는 지역사회가 청소년들을 받아들이고 있는지 또한 지역사회가 청소년들에게 받아들여지고 있는지 확인할 필요가 있다(Morrissey & Werner-Wilson, 2005).

③ 균형 있는 프로그램 개발

프로그램 개발자들은 프로그램이 모든 사람들에게 같은 정도로 이용되지 않는다는 것을 분명히 인식해야 한다. 만약 특정한 소수 그룹들, 특정한 경제 계층들이 계속 프로그램 서비스를 이용하지 않는다면 그 서비스들이 그들의 욕구와 부합하지 않기 때문이다.

④ 평가 및 의사결정

평가에 관련하여 프로그램 개발에 참여한 사람들은 프로그램의 평가에도 참여해야 한다. 프로그램을 개발하고 실행한 사람들은 감정적으로 너무 연루되어 있기에 공정한 평가를 내릴 수 없다는 견해도 있지만 평가하는 이가 충분히 프로그램에 관련되어 있지 않으면 프로그램이 갖는 복잡성을 알 수 없기 때문이다. 또한 프로그램 개발자는 내용의 발표와 커리큘럼의 개발에 있어서 가능한 한 공정한 입장을 유지해야 한다. 그러나 완전한 공정을 주장하는 것은 하나의 신화에 불과하다. 왜냐하면 각각의 프로그램 개발자는 확실한 자기 편중적 경향을 가지고 있기에 프로그램 개발자가 그들을 명백히 인식하고 있지 않다고 해도 그러한 경향들은 이미 프로그래밍 과정에서 은연중에 나타나기 때문이다. 이러한 견해는

'감추어진 교육과정(hidden curriculum)'이라는 말로서 Apple 등에 의하여 설득력 있게 기술된 바 있다. 따라서 우리는 자신의 신념 및 가치체계로부터 완전히 벗어날 수 없기 때문에 그러한 경향들에 관하여 가능한 한 정직하고 개방적인 자세를 취하는 것이 옳다.

⑤ 지원

프로그램의 더 높은 질(質)을 위하여 유료 시스템이 필요하다고 주장하는 사람들이 있다. 일반적으로 교사와 학생들은 유료 프로그램 서비스에서 더 높은 질을 기대한다. 오래된 격언 중 '당신은 당신이 대가를 치른 것을 얻는다(You get what you pay for)'라는 말이 있다. 이 말은 우리 사회에서 여전히 설득력을 갖는다. 그리고 의학의 발달에 따른 새로운 교육의 필요성 때문에 프로그램에 참가한 의사가 그것 때문에 포기한 진료시간의 수익 계산을 요청한다면 그가 정말로 임무를 위해 스스로 얼마나 교육투자를 했는가를 묻지 않을 수 없다(Stern, 1983: 83). 이처럼 프로그램 개발에 중요한 철학적 가설로서 과정에 대한 신념은 개발과정에 영향을 미친다.

우리나라의 사회교육 프로그램은 구체적인 준거 틀이 부족하고 기관마다 프로그램 개발에 영향을 미치는 요인이 다양할 수밖에 없기 때문에 사회교육기관 유형에 따라 매우 다른 개발 방식을 보이고 있다(권양이, 1999; 이정아, 1988). 예를 들어 한국의 O시 청소년 수련관의 한 프로그램 개발자는 법(시 조례)과 제도에 의해 가장 영향을 받는다고 응답했다(권양이, 1999: 40). 김진화(1996)는 기관의 성격, 프로그램 유형, 집단 의사결정 과정들이 프로그램 개발에 중요한 요인으로 작용한다고 보았다.

사회교육은 체제 유지형이기보다는 변화 지향적 실천교육이기 때문에 프로그램 개발의 초기에 개발자 및 기관의 철학과 신념을 최대한 반영하여 프로그램 방향성 정립을 위한 기틀을 마련해야 한다. 궁극적으로 사회교육·평생교육 일환으로서의 청소년 프로그램의 개발은 이상 논의한 철학적 토대에 기초하여 청소년들의 건강한 성장과 발달을 포함하여 바람직한 계획된 변화를 얻어내기 위한 총체적인 시도가 되어야 한다.

이상과 같이 청소년 프로그램 개발에 대한 이해는 학교교육보다는 사회교육이라는 패러다임 틀 안에서 이해되어져야 하는데 왜냐하면 사회교육이란 일반적으로는 학교교육으로서 조직적으로 행해지고 있는 것을 제외한 모든 국민이 그 일상생활 속에서 행하는 각종의 자기충실활동(학습활동)을 원조하고 촉진하는 움직임의 총체로서 취급되고 있기 때문이다. 따라서 그 대상은 고령자와 부인을 포함한 성인일반과 재학자의 학교 외 활동을 포함하는 청소년 등 모든 학습활동이다(조용하, 1990: 143).

(4) 청소년 프로그램 개발

Boyle(1981)에 의하면 '프로그램 개발'이라는 개념은 프로그램에 관련하여 역동적인 여러 가지 중점사안들과 아울러 검토될 때 가장 효과적으로 파악될 수 있다. 그것은 사회의 경제적, 사회적, 환경적 그리고 문화적인 건강에 영향을 끼치는 일련의 노력이다. 특히 프로그램이 개발되기 위해서는 많은 이해당사자가 존재한다. 이러한 측면에서 볼 때 프로그램 개발이란 프로그램 개발자가 권력관계에 의해 구조화된 조직체적 상황 속에서 관련 당사자 간의 이해를 협상하는 사회적 활동으로 규정된다(Cervero & Wilson, 1994). 이렇듯 '프로그램 개발'이란 전문가 집단들과 같이 참여한 사회를 대표하는 사람들의 다양한 활동과 의사결정의 과정으로 사회와 사람들의 삶을 향상시키는 데 기여하는 교육적인 프로그램을 계획하는 일이다. 즉, '프로그램 개발'이란 학습자의 역동적인 '요구(문제)'를 분석하여 교육 목표를 수립하고 교수법을 기획, 교육 활동을 실시, 평가하는 단계로 이루어지는 유기적인 일련의 활동이라고 말할 수 있다(권양이, 1999: 14).

McLaughlin(2000)에 따르면 성공적인 '청소년 프로그램 개발'은 단지 청소년 지도자와 청소년들만을 포함하지 않는다. 청소년 프로그램을 둘러싼 정황들은 프로그램의 성공을 촉진할 수도 혹은 방해물을 만들 수도 있다. 예를 들어 청소년 기관에 지속적으로 자원을 공급해주는 지역사회는 청소년들의 자유시간과 연결되어 있어 그들의 위험행동을 방지하고 청소년들의 건강한 발달을 위한 기회들을 제공한다. 즉, 지역사회는 성공적이고 긍정적인 청소년 프로그램 개발을 위한 환경을 제공하고 있다.

Perkins와 Borden(2003)은 청소년 프로그램 개발 시 고려해야 될 중요 사안들을 다음과 같이 제시하였다.

첫째, 청소년 프로그램 개발에 있어 청소년들이 파트너가 되어야 한다는 것이다. 청소년들은 프로그램의 개발에 충분히 관여하고 있어야 한다. 청소년들은 무엇이 요구되고 있는지 그리고 프로그램의 견지에서 얻기를 원하는 것이 무엇인지를 파악하는 과정에 참여해야 한다. 또한 프로그램 구조설계와 운영에 청소년들의 목소리가 충분히 반영되어야 한다. 즉, 프로그램의 성공을 위해서 프로그램 설계, 개발, 평가에 청소년들을 충분히 참여시켜야 한다.

둘째, 청소년 프로그램 개발은 특정한 기술, 역량 그리고 자산(asset)의 개발을 강조하는 분명한 목표 하에 시작되어야 한다. 분명한 목표는 잠재적 참여자들의 파악된 요구와 강점으로부터 도출된다. 청소년들이 이러한 파악과정에 참여하는 것은 중요하다. 예를 들면 의사소통 기술은 모든 청소년들에 의해 요구될지도 모르지만 연극무대기술은 지역사회 내의 특정 그룹의 청소년들에게만 필요한 것이다.

셋째, 청소년 프로그램 개발은 청소년들의 학습 스타일을 반영할 수 있는 다양한 활동과 경험으로 구성되어야 한다. 예를 들어 리더십에 관해 가르칠 때 필답시험이 따르는 미니 강의를 통해서 내용을 전달할 수 있고 그룹으로부터 리더가 등장할 수 있도록 문제해결식 기법을 사용할 수도 있다.

넷째, 청소년 프로그램 개발은 성인과 또래 친구들과의 긍정적이고 지속적인 관계형성을 위한 기회들을 제공해주기 위해 프로그램 이외의 시간에도 그들의 관계가 지속될 수 있도록 활동 개발을 위한 전략적 사고가 필요하다(Villarruel *et al.*, 2003: 333).

유의사항으로는 첫째, 성인들의 지도는 청소년 발달에 중요한 요소지만 청소년 프로그램에 성인들의 과도한 안내와 지도가 부정적인 영향을 줄 수 있기 때문에 프로그램 개발 시 이 점을 유의해 개발해야 한다. 특히, 공식적인 프로그램의 경우에는 지나치게 프로그램을 조직화하기 때문에 청소년들이 의미 있는 방식으로 프로그램에 기여할 수 있는 기회가 상대적으로 주어지지 않을 수 있다. 청소년 프로그램 개발의 의사결정과정의 한 부분으로서 청소년들이 역할을 행사할 기회가 주어지지 않는다면 부정적인 결과를 낳게 될 것이다.

둘째, 청소년 프로그램은 우선 장기적으로 실시되어야 한다. Bronfenbrenner와 Moris(1998)는 레크리에이션, 여가 그리고 체육활동이 효과적이려면 우선은 정기적으로 그리고 장기적으로 실시되어야 한다고 강조한다.

셋째, 성인과의 관계형성은 매우 중요하다. 잘 훈련된 전문가, 파트타임 직원들 그리고 자원봉사자들의 청소년들에 대한 슈퍼비전은 매우 중요한 사안이다. 수행에 대한 피드백은 청소년들의 관심과 내재적 동기를 향상시킬 수 있고(Eccles, 1993) 프로그램 청소년 지도자와의 대화 내용과 형식은 청소년들이 그들의 후속 참여에 대한 의사결정을 내리는 데 영향을 미치기 때문이다. 기타 지역사회의 협조, 프로그램의 결과를 가시화하는 평가 작업 등도 프로그램 개발에서 고려해야 할 사항으로 포함된다(Villarruel *et al.*, 2003: 192).

청소년 프로그램은 청소년의 건전한 발달과 사회적응을 조력하기 위한 목적으로 실시되는 다양한 청소년지도활동이나 청소년이 참여하는 활동을 효과적, 효율적, 그리고 매력적으로 실현하기 위해 필요한 교육적 경험과 환경의 집합이라고 볼 수 있다(한국청소년개발원, 2011). 단순히 일회성의 청소년 활동 혹은 행사의 단순한 일정이나 계획을 청소년 프로그램이라고 말할 수는 없을 것이다. 청소년 프로그램은 청소년의 건전한 발달과 사회적응을 조력하기 위한 목적으로 실시되는 다양한 청소년 활동들을 보다 효율적으로 실현하기 위한 경험의 집합체로서 청소년 교육현장의 활동은 분명한 목표나 목적을 가지고 일정한 절차나 순서에 의해 이루어질 때 청소년 프로그램이라 불리울 수 있을 것이다. 따라서 청소년 프로그램은 청소년의 전인적 육성발달이라는 거시적 교육목표 아래 다양한 청소년들의 교육요구를 반영하여 체계적이고 과학적으로 설계·개발되어서 청소년들의 학습경험을 조직화할 수 있는 다양한 교육방법을 적용하여 실시되는 일련의 과정이 되어야 한다. 즉, 청소년 프로그램 개발이란 어느 한 단계나 과정이 아니라 프로그램의 계획, 실천, 평가의 절차 및 구조와 관련한 청소년 교육현장에서 적용할 프로그램을 개발하는 전 과정을 뜻한다.

CHAPTER 5

청소년 프로그램 개발의 이론

청소년 발달 분야는 기관적 전통과 시대의 공통적 관심사에 크게 의존한 측면이 있다. 즉, 이론적 기반이 없이 현장실천형식의 느슨한 체제 내에서 실행되는 방식으로 청소년에 대한 실제적 이해에 주로 기초를 두고 있었다(Walker *et al.*, 2005). 그러나 최근 들어 청소년 분야는 프로그램의 목표, 산출물, 그리고 프로그램 전략을 정의하기 위하여 가장 최선의 실천 경험뿐만 아니라 이론과 연구의 증거물들을 사용할 준비가 되어 있다(Eccles & Gootman, 2002).

Duerden과 Gillard(2011)에 의하면 청소년 프로그램 개발에 있어 이론적 틀을 통합하는 것은 현장 실천가들에게 성공적인 프로그램 원리와 주요 과정에 가치 있는 통찰력을 제공해준다고 한다. 새로운 프로그램을 개발하기 위해 혹은 현재 존재하고 있는 프로그램들의 기초를 다지기 위해 전통적으로 연구자들은 관련 이론의 지식 기반을 연구하곤 한다. 관련 이론의 지식 기반에 대한 이해를 바탕으로 프로그램 지도자와, 직원 그리고 평가자들은 청소년 발달을 촉진하기 위해 명시된 지식 기반과 주어진 프로그램이 제공하려고 의도한 것이 조화 또는 일치되는지를 파악해야 한다(Oden, 1995). 이와 같이 프로그램 실행자들은 효과적인 프로그램을 만들기 위해 무엇보다 청소년 발달을 이해해야 하며 프로그램 초석으로서의 이론적 개념틀인 이론모델을 설정하는 것이 중요하다(Shek & Wai, 2008).

청소년 연구와 실천 및 프로그램 개발의 토대가 되는 이론들의 특성을 살펴보면 이론들은 서로 중복되는 경향이 많이 있어 왔다(Kurtines & Silverman, 1999). 1980년대 후반 이후로 청소년 프로그램 분야에서는 두 가지의 기본적 모델이 영향력을 발휘해 왔다. 다중의 위험·예방 인자 모델(자주 예방 혹은 공공건강 모델로 불리움)과 긍정적 청소년 발달(positive youth development)모델이다. 지난 수십 년간 수많은 청소년 발달 프로그램들이 청소년들의 위험행동을 예방하고 그들의 건강한 발달을 도모하기 위해 개발되었다. 비행, 약물남용, 학교중도탈락, 초기성행위와 같은 외현화된 행동문제들에 초점을 맞춘 프로그램들이다. 1990년대 초 이후로 문제를 방지하는 것이 아닌 긍정적 발달 산출물을 촉진하기 위한 긍정적 청소년 발달 모델이 등장했다. 그러나 최근 학자들은 위험인자를 감소시키고 예방적 인자를 증진시키면 긍정적 발달로 이어짐에 동의한다(Olson & Goddard, 2012).

1. >>> 발달적 맥락주의

Ostrom과 그 외 심리학자들(Belsky, 1981; Bronfenbrenner, 1979; Lerner, 1991)은 생태학적 혹은 시스템적 접근법을 제안하였다. 이 접근법은 인간발달을 개인과 그들을 둘러싸고 있는 사회적 환경은 분리되어질 수 없는 관계라는 관점에서 보는 접근법이다. 이러한 맥락주의적 관점은 단지 한 개인, 인간 유기체내에서 단순히 일어나는 것으로서 발달을 다루는 견해에 대해 도전한다(Peterson, 1995: 472).

Ostrom, Lerner 그리고 Freel(1995)은 사회·경제적 문제때문에 다양한 위험요소들에 노출된 청소년들과 가정, 이러한 문제들을 공표하기 위하여 발달적 맥락주의(developmental contextualism)로서의 생태학적 시스템 접근법의 적용가능성, 그리고 청소년과 그들의 가정의 역량을 증진시키기 위한 의도로 기획된 발달맥락평가 모델(DICE Model: Development-In-Context Evaluation Model), 이러한 프로그램들을 기획하고 평가하기 위해 지역사회-대학 파트너십 형태를 제안하였다. 이 모델의 이론적 근거는 발달적 맥락주의로서 생태학적 시스템 견지에 기초하고 있다(Peterson, 1995: 470).

(1) DICE 모델(Development-In-Context Evaluation Model)

발달적 맥락주의라는 이론에 기초한 이 모델의 장점은 예방에 있어 통합적인 접근을 할 수 있도록 도와준다는 점이다(Peterson, 1995; Zeldin, 1995). 초기예방은 발달 면에서 민감하기 때문에 중요하다는 점, 청소년 문제의 본질과 원천은 여러 가지인 특성이 있고 상호관련성이 있다고 인식하는 점, 프로그램들은 생태학적 맥락의 여러 수준에서 제기된 통합적인 서비스를 제공해야 한다는 점, 이러한 서비스들은 상황맥락적인 청소년 문제의 체제적 상호관련성을 제기하기 위해 통합되어야 한다는 점, 프로그래밍은 발달을 따라 지속적이어야 한다는 점, 프로그램 성과에 따라 프로그램을 향상시키거나 폐기할 것인지 판단하기 위하여 평가의 다양한 방식을 고려해야 한다는 점, 프로그램의 기획과 평가에 대학과 지역사회의 협력체계를 구축해야 한다는 점, 프로그램의 설계, 요구분석, 실행, 성과 기준 설정, 평가에 지역사회의 철저한 감독이 있어야 한다는 점을 강조하는 이론이다(Peterson, 1995).

(2) DICE 모델의 다섯 가지 원리

Ostrom 등(1995)은 다음과 같이 DICE 모델을 안내하는 다섯 가지 원리를 설명하고 있다.

1) 통합적으로 혹은 상황적으로 생각하라

프로그램은 항상 특수한 지역사회에 존재하며 고유의 지역사회 주민, 기관, 조직, 가치 그리고 역사라는 맥락 하에 있다. 프로그램은 이러한 상황으로 독립적이거나 이들 중 어느 한 가지만 이해되고 평가될 수는 없다. 즉, 프로그램에 깃든 상황적 맥락을 이해한다는 것은 프로그램이 어떤 매력적인 요소를 가지고 있는가를 평가하는 것뿐만 아니라 프로그램의 상황이 프로그램을 실행하기에 적합한가를 판단하는 행위까지를 내포하고 있다.

2) 가능한 한 많은 의견과 이해관계자들을 포함시킨다

평가자는 프로그램에 참여한 다양한 이해관계자들의 문화적 다양성을 이해하는 한편 청소년, 가정의 인생주기의 다양성(예: 다른 발달 단계), 그리고 다른 지역사회 문화적 다양성을 이해해야만 한다. 프로그램 상황 체제의 문서화는 효과적인 프로그램을 재생산하는 시도에 있어 다른 지역사회를 도울 수 있다.

3) 효과적인 프로그램을 형성하기 위해 활동을 포함시킨다

평가는 프로그램이 어떻게 작동하고 있는가, 참여자들에게 어떤 영향을 미칠 수 있는가를 파악하기 위하여 행하는 프로그램 관련 자료의 체계적인 수집과 분석의 행위이다.

단순히 프로그램이 완료된 후에 프로그램 결과물을 확인하는 것보다는 프로그램이 효과적인 프로그램으로 형성되어지는가를 확인하는 프로그램의 과정에 대한 파악이 더욱 중요하다고 할 수 있다.

최종 산출물이 프로그램 개발에 있어 중요한 목표가 되었다고 할지라도, 프로그램이 특수한 산출물로 이어졌는가에 대한 판단여부, 방법, 이유에 대한 설명과 연결되어 있지 않으면 특정한 산출물에 대한 정보는 결코 유용하지 않다. 또한 프로그램 산출물에 대한 정보가 한 차례의 측정에 의해 얻어질 수 있다고 할지라도 프로그램 과정에 대한 정보는 반복되는 측정을 필요로 한다.

4) 실제는 복잡하고 사회적으로 구성된다(지역사회 상황 내에서 존재하는 견해에 기초함)

지역사회에 존재하는 가능한 한 많은 다양한 견해들을 포함하고 참고의 틀을 구성하여야 프로그램이 효과성을 거둘 수 있다. 즉, 오직 하나 혹은 몇몇의 변인들을 측정함에 의해서 그들의 정황이나 프로그램에 관해 파악할 수는 없는 것이다. 종단적 평가가 필요하다. 원인과 결과가 존재하는 상황이 있고 프로그램의 영향력은 시간을 두고 나타날 뿐만 아니라 프로그램의 발달 과정에 따라 변하기도 한다. 따라서 다양한 변인들과 종단적인 측정법으로 평가되어야 할 것이다.

5) 모든 프로그램에서 중심이 되고 기본적 요소가 되는 것은 평가이다

평가는 프로그램의 매일 매일 일상의 기능으로 자리 잡게 해야 한다.

2. >>> 발달 중재과학 이론

발달 그리고 중재과학에 있어 긍정적 발달을 촉진하는 것과 관련 있는 개념과 구성개념들의 결합으로 중재과학이 단순히 부정적 발달 결과를 방지하거나 문제행동을 다루는 그 이상의 것을 할 필요가 있다는 인식이 생겨났다(Kurtines *et al.*, 2008). 즉, 발달 중재과학 이론(developmental intervention science)의 핵심은 발달과학에 의거하여 청소년들의 문제를 단순히 관리하는 것보다는 청소년들을 자원으로서 표현하는 통합적인 개념이 형성되었다는 점이다(Kurtines *et al.*, 2008; Montgomery *et al.*, 2008). 매년 수백만 달러의 연방정부 세금이 청소년 문제를 감소시키거나 예방하기 위해 쓰여지지만 이에 반해 위험에 처한 청소년들의 긍정적 발달을 촉진하기 위한 중재 노력에 너무 적은 연구조사와 자원이 할당되고 있다(Lerner, 2005). 적극적 청소년 발달 운동의 출현은 발달과학이 개인들과 그들의 실제 환경의 생태학적 상황 사이의 관련성과 발달 시스템의 복잡한 기술적 모델들을 양산해내는 것, 그 이상의 것을 할 필요가 있다는 인식으로 귀결된다. 즉, 이러한 기술적 모델들은 지역사회에서 "일상적인 돌봄"의 실천으로서 실행되어질 수 있는 프로그램으로 전환될 필요가 있다(Kurtines *et al.*, 2008). 예를 들어, 발달 중재과학 이론에 기초한 문제청소년을 위한 청소년 발달 프로그램은 발달 그리고 중재과학 개념과 구성 개념의 집결체이다.

앞서 소개한 생태학적 이론과 아울러 인생 과정 이론은 사회학 그리고 심리학 등 다양한 학문분야로부터 발달되어 왔으나 공통적으로 생물학, 사회, 행동과학에 의해 영향을 받았다. 이러한 이론들은 최근 주목을 받기 시작했는데 생태학적 이론은 개인적, 유기적 조직체 특성과 관련되는 생태학적 영향력을 강조한 반면 인생 과정 이론은 출발점으로서 사회문화적 환경의 중요성을 강조했다. 이러한 이론적 틀에 근거하여 환경이 아동의 삶과 행동에 어떻게 영향을 미치는가에 대한 과정을 조사하는 것이다. 즉, 환경적 영향력을 강조하면서 인생 과정 연구는 인간 삶의 사회적 발달경로, 사건, 전환, 사회적 역할의 결과들에 주목한다

(Montgomery *et al.*, 2008). 인생전반의 경험과 사건들을 알지 못하면 인생후반의 삶과 그 삶의 질을 정확히 이해할 수 없다. 즉, 삶을 전체로 인식함으로써 인생 전체를 관통하는 경로가 그려진다. 인생 과정 이론의 중요 전제는 발달적 과정과 결과들이 그것이 좋건 나쁘건 간에 사람들이 따라야만 하는, 사회적으로 걸어온 삶의 궤적들에 의해 형성된다는 것이다. 또한 한 개인의 삶과 역사적 사건, 장소, 생태는 서로 상호작용하고 그 결과 역사적 변화들은 시기적 변수, 지역사회, 사회, 장소의 변수들로 인해 지역에 따라 다르게 나타난다(Moen *et al.*, 1995).

발달 중재과학 이론은 여러 이론으로부터 발달되었다. 심리사회적 발달적 인생 코스 접근은 심리사회적 발달 이론(Erikson, 1968)과 인생 과정 이론(Elder, 1998)으로부터 발달되었다. 심리사회적 발달 이론으로부터 정체성의 개념은 도출되었는데 인생 과정 이론으로부터의 인생 전환점과 인생 계기의 개념이 통합될 때 발달, 상황, 인간 사이의 연결고리가 형성된다. 이러한 개념들의 연합은 정체성의 역할을 한 개인의 인생 과정을 안내하는 조종 메커니즘으로서 파악하게 한다. 이러한 맥락 하에서 청소년들은 그들 자신들안이나 혹은 인생 과정에서 질적인 변화, 인생 변환점을 파악할 수 있다. 또한 인생 과정 이론은 개인이 변화하는 과정에 관해 이야기한다. 인생 과정 이론은 청소년 시기를 이전 생애 주기로부터 출발하는 혹은 급진적인 휴식이 증가할 수 있는 시기로 보는 인생전환의 관점을 제공한다. 청소년들의 성인으로의 전환에 목표를 맞춘 중재프로그램은 위험 요소나 문제행동을 감소시킬 뿐만 아니라 긍정적인 장기적 인생 과정변화를 위한 개인의 기대전망을 향상시킬 수 있다. 그 예로서 발달 중재과학 이론에 기초한 대표적 프로그램인 인생변화프로그램은 대안 고등학교에 재학 중인 문제 청소년들을 대상으로 하고 있다(Montgomery *et al.*, 2008).

이상과 같이 심리사회적 발달 이론으로부터 발달된 이 발달 중재과학 이론은 청소년 시기를 하나의 발달 시기로 간주하고 이 기간 동안에 — 청소년들은 처음으로 목표를 선택하고 역할을 선택하는 책임, 세상에 대한 믿음 — 이것은 인생 방향과 목적, 통합(예: 적극적인 자기정체감) 등 어려운 도전에 직면한다. 즉, 인생 과정 이론의 견지에서 이 발달적 중재과학 이론은 인간이 자신이 한 선택과 억압의 상황 속에서 취한 행동, 역사적 그리고 사회적 상황의 기회를 통해 자신의 인생 과정을 어떻게 구성해 나가느냐에 초점을 맞춘다(Montgomery *et al.*, 2008). 발달 중재과학접근 이론은 인생 주기 시스템 내의 변화에 관해 기술적인 그리고 설명적인 지식이 수반될 때 비로소 이해되고 적극적인 청소년 발달 프로그램 개발에 있어 없어서는 안 될 이론적 초석으로서 자리매김할 것이다(Montgomery *et al.*, 2008). Jensen 등(1999)은 이러한 발달 중재과학 이론의 토대 위에서 발달된 두 가지 모델을 소개하였다.

(1) 효능 연구 모델(efficacy research model)

이 효능 모델은 대학 클리닉이나 연구소 상황에서 수행된 기금 연구에 의해 개발된 중재 전략을 사용한 효능 개발에 초점을 맞추고 있다. 이렇듯 지원을 받아 수행된 많은 효능 연구들은 문제 혹은 위험행동 청소년들을 위한 폭넓은 예방 중재와 처치의 효능 증진을 위한 실질적인 지원체계가 되었다. 그러나 이 모델의 단점은 실제 상황에서 적용될 경우 중재의 효용성과 타당성의 한계 때문에 일상적으로 실행하는데는 적용하기 어렵다는 점이다. 그리고 너무 자주 효능 모델이 학교와 지역사회에 실행될 경우 지속적인 기금조성이 유지되기 어렵고(Adelman & Taylor, 2003) 연구 프로젝트에 의해 지원되기 때문에 중재의 제도화에 필요한 인프라 역량과 지역적 공유체제를 구축하는데 한계가 따른다(Lerner, 1995).

(2) 확장봉사 연구 모델(outreach research model)

이 모델은 중재 전략을 발달시키는 데 있어서 상명하달식(top-down) 접근방법보다는 상향식(bottom-up) 접근방법을 취한다. 지역사회에 뿌리를 두고 실제적인 지역사회 상황에서의 특정한 요구에 근거하고 있기 때문에 지역사회에서 발흥하는 지역문제 혹은 돌봄의 실천 상황에 기초하고 있다. 이러한 이유 때문에 중재 전략은 모델에 의거하여 지역적 그리고 특정한 요구에 부응하기 위해 발현되었고 실제적인 지역사회에서 실행되며 평가된다. 그러므로 이 모델은 프로그램의 전환, 보급, 실행의 문제에 대해 언급할 필요가 없으며 따라서 이러한 접근방식은 보급이 되어야만 하는 클리닉이나 연구소에서는 발견할 수 없다.

이 모델의 다른 장점은 지역사회에 장기간 기여한다는 특성 때문에 장기간의 그리고 연구에 기초하여 프로그램을 개발할 수 있다는 가능성을 내포하고 있다. 외적 타당성의 견지에서 발달 중재과학 프로그램의 효능측면뿐만 아니라 서비스 전달, 프로그램의 효과성 평가 면에서 장기적으로 기획하는 것이 유용하다고 할 수 있다. 종합해 볼 때, 확장봉사 모델이 효능 연구 모델을 대체하는 모델이라고 할 수는 없다. 확장봉사 연구 모델은 효능 연구 모델에 부수적으로 그리고 상황적으로 보충적인 측면에서 활용되어야 할 것이다(Kurtines *et al.*, 2008).

3. >>> 발달적 의도주의 이론[1]

발달적 의도주의 이론은 세 가지의 주요한 지침에 의거하여 발달되었다. 의도, 개입, 적합도이다. 이론에서 '의도'는 매우 주요한 개념이다. 청소년 발달을 위한 산출물을 극대화하기 위한 기회들을 형성하기 위해 주의 깊고, 전략적인 의사결정을 행사하는 일은 청소년 지도자와 청소년 기관의 주요한 책무 중의 하나이다. 청소년 지도자가 파악된 산출물을 성취하기 위해 목표를 세우고 계획하며 행동을 취할 때 그리고 청소년이 프로그램에 몰입할 수 있도록 하기 위해 그들이 영향력을 행사할 수 있을 때 혹은 프로그램의 실행을 조정할 때 그들은 의도적이게 된다. 청소년 발달 기회들이 개념, 기획, 설계 그리고 실행에 있어서 의도적이 될 때, 청소년 지도자와 청소년들은 청소년들의 모든 활동을 고무할 수 있고 목표를 명백히 하는 한편 목적을 공유한다는 공감대를 뚜렷하게 형성할 수 있을 것이다. 즉, 여기에서 '의도'란 경직, 완고를 의미하는 것이 아니고 심사 숙고적이고 반응적인 목적을 의미한다.

둘째, '개입'은 발달적 의도주의 이론의 중심적인 개념이다. '개입'이란 청소년들이 참여하는 활동에 흥분을 느끼고 집중하는 정도를 나타내는 것이다. 이것은 단순히 참여하는 것 이상을 의미하고 지속적인 상호 연관성 있는 경험들에 관여하게 되는 청소년들의 의도에 대한 넓은 의미를 나타내는 것이다. 즉, '개입'이

1 이하는 Mahoney 외(2005) Organized activities as contexts of development: Extracurricular activities, after-school and community programs의 18장 Designing youth development programs: toward a theory of developmental intentionality. pp. 399-407에서 발췌·요약한 것임.

란 정규과정이외의 시간에도 청소년들이 스스로 참여하고자 하는, 동기가 지속적으로 유발되며 학습기회들에 의해 도전을 받고, 소속감을 느끼고, 특정기간 동안 계속 참여하고 싶다는 청소년들의 의향이라고 정의할 수 있다.

셋째, 이 이론은 의도성이 청소년과 프로그램의 결합을 더욱 잘 일어날 수 있게 해준다고 주장한다. 더 잘 맞을수록 더 관여하게 된다. 결국, 개입은 청소년과 의도적으로 계획된 청소년 프로그램의 '적합도'가 높았을 때의 결과물이다. 개입의 정도가 클수록 희망하는 발달적 그리고 학습 결과를 성취할 가능성이 높아진다. 따라서 프로그램이 청소년들의 요구에 잘 부응하고 집단의 요구와 일치할 때 청소년들은 더 프로그램에 깊이 개입하게 될 것이다.

Walker 외(2005)에 따르면 발달적 의도주의(developmental intentionality)는 연구, 이론, 실천에 의해 제공된 이론적 틀 안에서 준비가 되어 있는 이론이다. 이 이론적 틀은 발달적 산출물, 청소년 참여, 그리고 철학에서의 의도, 기획, 프로그램 실행 사이에서 벌어지는 역동적인 관계성을 포착할 수 있게끔 해준다. 또한 발달적 의도주의 이론(theory of developmental intentionality)은 청소년들을 위한 효과적 학습 기회의 일일 실행과 기획에 초점을 맞추고 있다.

첫째, 효과적인 프로그램을 개발하기 위하여 프로그램의 모든 국면을 통하여 청소년들을 위한 장기적인 발달적 산출물을 주목할 필요가 있다. 청소년 지도자들이 청소년들과의 상호작용을 안내하는 기본 철학과 학습활동을 기획할 때 이러한 계획적인 의도성은 기본바탕이 되어야 한다.

둘째, 이론의 두 번째 기본 전제는 청소년들은 그들 자신의 학습과 발달에 활동적으로 참여할 때 의도한 발달적 산출물을 성취할 수 있는 것이다.

셋째, 이 이론은 청소년 참여에 있어서 그들이 참여하는 학습기회들과 청소년들이 잘 어우러질 때 청소년 참여와 몰입이 극대화될 수 있음을 보여주고 있다. 따라서 프로그램 개발자가 청소년 프로그램의 철학과 기획을 할 때 이러한 적합성을 형성하기 위해 특별한 주의를 기울일 필요가 있다.

이러한 세 가지 가르침들은 청소년 지도자가 우리가 건강한 청소년 발달이라고 부를 수 있는 전문적 실천현장에 닻을 내리고 있을 때, 그리고 그들이 계획적이고 정보력 있는 방법으로 학습기회들을 형성하기 위해 이러한 정신들을 사용할 때 더욱 명백해질 수 있을 것이다.

(1) 발달적 의도주의 이론의 여섯 가지 원리

1) 학습기회들은 청소년들을 유인하고 참여시키기 위해 청소년들의 기본적인 발달적 욕구를 명시하고 있어야 한다

청소년들의 기본적 발달 요구에 부합하기 위하여 프로그램은 그들의 비전에 입각하여 개념적으로 그리고 실제적으로 그들에게 맞출 필요가 있다. 예를 들어 멤버십, 소속, 자기가치의 발달, 또래 친구와 성인들과의 관계 형성, 상충되는 가치에 대한 토론, 역량 자신감 등은 건강한 성장과 발달에 필요한 요소들이다(Konopka, 1973; Resnick, 2000).

2) 청소년들이 학습과 발달에 있어 그들의 의견을 반영하여 중요한 방법들을 제공할 수 있게 선택과 유연성을 가지고 있어야 한다

청소년들은 그들의 학습과 발달에 있어서 목소리를 내고 싶어 한다. 정규과정 이외의 학교 프로그램들은 자발적으로 참여하는 프로그램들이기 때문에 청소년들에게 많은 선택권을 행사할 수 있게 해준다. 프로그램 선택권과 유연성은 멤버십, 소유권, 리더십을 형성하게 해줄 뿐만 아니라 인간 발달의 도전에 필요한 에너지를 제공해준다.

3) 학습과 발달은 청소년들이 성인들 및 다른 청소년들과 활동적으로 공동-창의 활동에 참여할 때 일어날 수 있다

청소년들과 성인들은 자원이다. 격리된 청소년들을 연결하여 그들로 하여금 프로그램에서 청소년 발달을 위한 공동 창조자 역할을 하게 하는 것이 중요하다. 공동 제작, 공유된 리더십 그리고 성인-청소년 파트너십은 중요한 사항이지만 청소년 실천현장에서는 지속적으로 잘 일어나지 않는 경향이 있다. 청소년들을 참여시켜야만 하는가 하는 의문점이 제기되는 곳, 프로그램 목표가 불분명하고 시간적 여유가 없고 성인들 위주로 기관운영이 이루어지는 곳에서는 공동-창의 활동이 일어나기 어렵다.

4) 청소년들은 그들의 일상적인 생활에 발달과 학습을 위한 기회들이 자리하고 있을 때 이익을 얻을 수 있다

John Dewey(1938)와 다른 진보주의 교육학자들은 학습과 인간발달이 단순히 미래를 위한 준비가 아니라 삶의 과정이 될 때 청소년들의 실제 세계의 경험은 귀중한 자원으로서 그 의미를 가진다고 보았다. 이러한 맥락에서 삶과 학습은 결코 분리될 수 없는 것이며 서로 영향을 주고받는 삶의 경험적인 차원들이다. 프로그램은 지역사회에 근거하여 구성원의 삶에 반응하고 지역사회의 가치, 전통 그리고 문화를 존중할 때 그들의 발달에 영향력을 행사할 수 있는 힘을 갖게 된다. 한 예로서 봉사학습(service-learning)은 학습기회(청소년들을 세상에 기여하도록 연결해주는)를 제공하기 위한 일반적인 전략이다.

5) 청소년들은 그들의 학습기회들이 일련의 단편적인 사건들과 활동들로부터 구성되어질 때보다 통합적인 전체로서 인식될 때 프로그램으로부터 이익을 얻을 수 있다

청소년들의 긍정적인 발달을 위한 프로그램 기획은 특정한 청소년 그룹이나 특정한 부정적인 행동만을 목표로 하지 않는다. 청소년 기관들과 지역사회 프로그램들은 목표로 하는 프로그램 결과물을 산출해내고 연속적으로 통합된 학습기회들을 효과적으로 제공하기 위해 유연성 있는 방식으로 개발되어야 한다. 또한 연구자들(McLaughlin, Irby, & Langman, 1994; Vandell & Shumow, 1999)은 지역사회 프로그램들과 기회들이 청소년들의 발달 욕구에 부합할 때 효과적이라고 주장한다. 왜냐하면 이러한 프로그램들은 주어진 지역사회 상황 안에서 청소년들의 요구와 힘, 변화하는 상황에 유연하게 대처하기 위해서 빠르게 변환되고, 수정되며 전환될 수 있기 때문이다.

6) 청소년들은 구조화된 지원(structured supports)들과 기회들이 자산기반의 접근(asset-based approach)에 의해 안내될 때 프로그램으로부터 많은 혜택을 받을 수 있다

사람들과 프로그램은 자산을 형성하기 위해 기획되어질 때 특출나고 다르게 보인다. 가치체계와 사고과정이 주입된 프로그램들과 직원들은 모든 청소년들이 그들의 학습과 발달에 기여할 가능성과 잠재성을 가지고 있다는 믿음을 가지고 자산을 형성하는 일에 전념한다. 긍정적인 청소년 개발자들은 청소년들의 잘못된 점에 집중하기보다는 청소년들에게 흔히 나타날 수 있는 징후가 무엇인가를 파악하고자 한다. 그들은 청소년들을 위한 기회를 창조하고 지원을 하며 건강한 발달의 징후에 보상을 하는 한편 힘을 기르는 데 집중한다.

결론적으로 발달적 의도주의 이론에 따르면 학습기회들은 계획적인 의도 하에 기획되어야 하며 상호관계형성도 우발적이거나 무분별해선 안 된다. 예를 들어 성인 지도자들이 비평적이거나 통제경향이 심하거나 냉소적, 판단적이거나 편견에 치우쳐 있다면 이들은 청소년들에게 해를 끼칠 수 있는 사람들이다. 이들이 리더십을 갖출 수 있도록 선발, 교육, 지속적인 지원을 아끼지 말아야 할 것이다. 커리큘럼과 활동 구성면에 있어서도 성인 지도자와 청소년들이 참가하여 쌍방 협상 하에 결정해야 학습과 발달에 향상이 있을 것이다(Walker *et al.*, 2005).

발달적 의도주의 이론은 실제로 많은 적용가능성을 가지고 있는 이론이다. 이 이론은 학문적 영역과 실천현장에서 청소년 지도자 사이에 공감대를 형성할 수 있게 하는 한편 궁금증의 유발, 세대 고무, 청소년 발달 분야를 강화할 증거를 제공한다는 점에서 중요한 의미를 갖는다. 아울러, 청소년 프로그램과 발달적 산출물 사이의 연관성에 관련한 프로그램 평가와 연구에 이론적 틀을 제공한다(Walker *et al.*, 2005).

4. >>> 변화 이론

변화 이론(theory of change)(Weiss, 1995)에 기초한 청소년 프로그램은 적어도 세 가지 중요한 요소인 지속적인 성인과의 참여, 인생 기술을 형성하는 활동들 그리고 가치 있는 지역사회 활동에의 참여 및 리더십의 발휘를 포함하고 있어야 한다(Balsano *et al.*, 2009). 청소년 프로그램에서 청소년과 성인과의 상호작용은 중요하다. Thornberry 외(1991)에 따르면 코치와 교사에 대한 애정과 존경은 청소년

그림 5-1 Gambone(1997)의 변화 이론

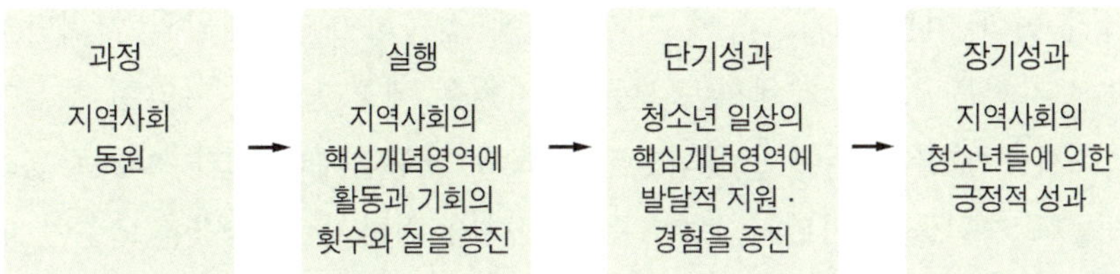

출처: Eccles & Gootman(2002). p. 140.

들이 전통적인 사회 질서를 준수하도록 작용하는 한편 범죄와 반사회적 행동에 가담하는 것을 억제시킨다(Guest & McRee, 2009). 많은 청소년 프로그램들이 이론에 기초하지 않은 단순한 활동으로 구성된다(Balsano *et al.*, 2009). Eccles와 Gootman(2002)은 청소년 프로그램에 있어 환경이 구조적 혹은 혼돈상태인지의 여부는 청소년 발달에 있어 매우 중요한 요인들 중의 하나라고 주장한다. 구조화된 스포츠, 아트, 4−H, Boys & Girls Clubs과 같은 청소년 조직, 그리고 지역사회 수준에서의 자원봉사 기회들은 구조화된 활동으로 분류될 수 있다. 청소년들은 구조화되지 않은 활동들, 예를 들어 또래 집단들과 차를 몰며 다니는 것에 많은 시간을 소요하게 된다면 문제행동에 참여할 소지가 높다. 체제 구조가 없는 지역사회 프로그램에 참여하는 것은 현재 그리고 향후 20년 동안 문제행동에 연루될 가능성을 높인다(Osgood *et al.*, 1996).

청소년 발달을 위한 청소년 프로그램은 오직 하나의 프로그램 노력만으로는 되지 않으며 지역사회 전체가 합심적인 노력을 기울일 때 가능해진다. 지역사회에 기초한 청소년 프로그램은 가정, 학교, 그리고 더 넓은 차원의 지역사회의 구성원들을 통합하는 데 필요한 많은 기회들을 제공한다는 점에서 많은 이점이 있다. 대부분의 청소년들은 가정에서 성장하지만 대부분의 시간을 학교 그리고 지역사회 안에서 보내게 되기 때문에 청소년을 둘러싼 지역사회 환경은 매우 중요한 요소라고 할 수 있다(Eccles & Gootman, 2002).

Eccles와 Gootman(2002)에 따르면 변화 이론에 기초한 청소년 발달을 위한 지역사회 변화는 세 개의 지역사회를 선정하여 공적·사적 사업에 의해 시작되었다. 선정된 세 개의 지역과 협력하여 12세부터 20세 연령의 청소년들을 위한 통합적 활동들을 개발하고 실행하였다. 공적·사적 사업은 [그림 5-1]과 같은 분명하게 명시된 변화 이론에 기초하여 지역사회에 접근하였고 6개월의 기획단계에서는 기술적 지원을 실행단계에서는 부분적 지원을 제공하였다. 파악된 핵심개념은 견고한 조사에 기반을 두어 도출되었고 기획과 실행단계의 초기 조사는 청소년들에게 가능한 기회들의 범위를 보다 폭넓게 하기 위하여 지역사회 모두가 하나가 되었다는 것을 보여준다(Eccles & Gootman, 2002).

청소년들의 건강한 발달과 성장이라는 최종 목표에 이르도록 하기 위하여 프로그램에는 시종일관 변화라는 키워드가 자리 잡고 있어야 하고 그러한 핵심 개념이 프로그램 전체를 관통하고 있어야 하겠다. 그렇다면 건강한 발달에 이르게 하는 위한 상황적 요소들은 무엇일까? Eccles와 Gootman(2002)은 청소년들의 긍정적이면서 건강한 발달을 도모하기 위해 필요한 요소들을 다음과 같이 제시하고 있다.

표 5-1 청소년 발달을 위한 요소

	긍정적 상황	부정적 상황
신체적·심리적 안전	• 안전하고 건강증진을 위한 시설, 또래집단과의 상호작용 증가와 위험하거나 대립적 또래친구와의 상호작용을 감소시킴	• 신체적 건강 위험, 공포, 불안전, 성적·신체적 학대, 언어적 학대
적절한 구조 체제	• 분명하고 지속적인 규칙과 기대 • 일관성, 예측가능성 • 분명한 기준	• 혼돈, 방임, 독재
지원적인 관계	• 따뜻함, 친밀감, 연대감, 의사소통, 돌봄, 지원, 안내, 애착관계, 민감성	• 차가움, 거리감, 모호한 지원, 불신, 승패관계, 무반응, 무뚝뚝함, 거절, 과도한 통제
참여기회	• 성, 민족, 성적 취향, 장애를 구분하지 않는 의미 있는 참여기회 • 사회적 참여, 사회적 통합 • 사회문화적 자아정체감 형성을 위한 기회 • 문화적, 다문화적 역량	• 배제, 주변화, 집단갈등
적극적 사회규범	• 행동규범, 기대, 행동방식, 가치와 사기, 서비스 의무	무규범, 아노미, 방임적 행위, 반사회적·반도덕적 규범, 폭력을 부추기는 규범, 무모한 행동, 소비주의, 나쁜 건강 습관, 복종

자기효능감을 위한 지원	• 청소년 기반의 자율성을 부여하는 임파워먼트 실천 행위 • 의미 있는 도전, 가능성, 책임성 부여를 포함하는 실천 행위 • 현재 수행수준이 아닌 향상에 초점을 맞춘 실천 행위	• 절대적임 • 과도한 통제 • 권한박탈 • 무기력화함 • 향상보다는 현재의 상대적 수행수준에 초점을 두고 동기와 학습의욕을 침해하는 행위
기술 형성을 위한 기회	• 신체적, 지적, 심리적, 정서적, 사회적 기술을 학습하기 위한 기회 • 계획된 학습 경험에 노출 • 문화적 교양을 학습하기 위한 기회 • 미디어 교육 • 의사소통 기술	• 학교와 학습을 방해하는 습관 • 나쁜 행동습관
가정, 학교, 지역사회 노력의 통합	• 일치, 조화, 가정, 학교, 지역사회의 시너지	• 불협화음, 의사소통의 부족과 갈등

출처: Eccles & Gootman(2002). pp. 90-91.

(1) 변화이론모델

Chaskin(2009)은 변화이론모델을 다음과 같이 설명하고 있다.

특별히 청소년 프로그램을 개발할 때 추정되어지는 다른 연결고리가 더 분명해보일지라도 변화이론에 기초해서 관련성을 살펴보면 다음 [그림 5-2]와 같이 투입, 과정 그리고 산출물 기대가 관련되어 있다.

첫째로 변화이론모델의 첫 단계에서는 청소년들을 위한 기회를 창조한다. 그들이 다양한 삶의 유형을 펼칠 가능성을 증진시킬 수 있는 공식적 프로그램, 시민적 참여, 조직적 거버넌스와 같은 기회가 제공되어야 한다. 왜냐하면 이러한 기회들은 참여하는 다른 청소년들과, 청소년들이 의지하고 지원을 제공하는 가정 안에서, 더 넓게는 청소년들에게 영향을 미치는 정책과 그들과 작용하는 기관을 포함한 지역사회 안에서와 같은 서로 다른 차원들 사이에서 변화를 촉진할 수 있기 때문이다. 특정한 산출물을 기대하기 위해 특정한 투입을 하는 것은 중요하다. 예를 들면, 캠페인을 조직화하는 일과 관련된 특별한 과제에 청소년들을 참여시키는 것은 그들이 특정한 어려운 기술들을 발달시킬 수 있는 기회가 된다(예: 모집하는 방법, 만남을 진행하는 방법, 미디어와 작업하는 방법). 이것은 중간과정 목표로서

그림 5-2 예비적 변화이론모델

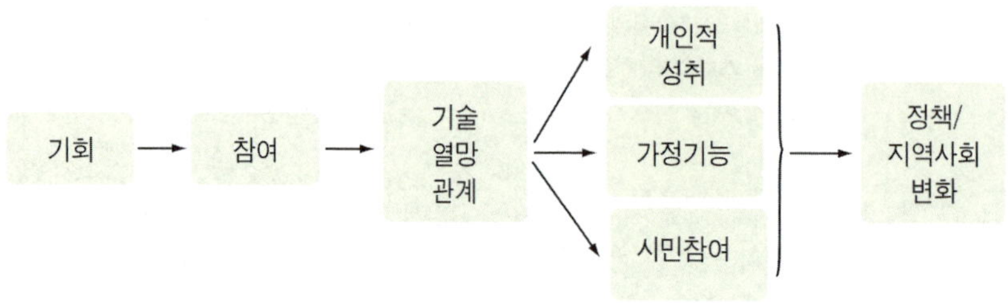

출처: Chaskin(2009). p. 1133.

전환되며 사회변화에 가까운 것이 된다(예: 학교 강령 정책의 수정). 종국에는 미래 변화 촉진을 위해 참여한 청소년들의 영속적인 역량(예: 다른 상황과 이슈에 학습한 기술을 전이)이 된다. 효과의 이러한 궤적은 효과적이고 참여적인 시민의 뼈대가 되고 그리하여 그들이 살고 있고 건강한 민주적 시스템을 지원하는 지역사회를 강하게 만든다.

5. >>> 사회발달모델 및 자기결정이론

사회발달모델(social developmental model)은 인간행동에 영향을 미치는 관계성과 사회화의 영향력을 이해하는 데 이론적으로 접근하는 것을 가능하게 해준다. 이 모델은 개인들이 참여기회를 가질 때, 참여에 필요한 사회기술들을 보유하고 있을 때, 그리고 참여에 대한 긍정적인 피드백을 받을 때 개인들은 집단과 조직에 대한 유대감을 발달시키게 된다는 것을 설명한다. 이러한 유대감으로 인하여 개개인들은 집단의 규범과 기대를 수용하게 된다. 사회발달모델은 다양한 상황에서 유효함이 입증되었고 다양한 상황에서 예측력을 가지는 모델이다. 사회발달모델은 사회발달 프로그래밍 모델의 중심부로서 청소년들이 프로그램에서 경험하는 것들과 목표로 하고 있는 활동과 믿음 사이에 분명하고 유효한 경로를 제공해준다. 사회발달모델은 관계성과 사회화의 중요성을 강조하며 그러한 과정에 의하여 긍정적인 변화가 일어난다(Duerden & Gillard, 2011: 41).

자기결정이론(self-determination theory)이란 Deci와 Ryan이 제시한 이론으로서 자기결정이란 자신의 행동과 운명을 자율적으로 선택할 수 있다는 믿음을 말한다(권양이, 2012: 36). 자기결정이론은 동기 부여적 과정과 심리적 요구에 관련하여 추가적인 통찰의 기회를 제공한다. 자기결정이론은 사회적 상황에서 일어나는 심리적 과정을 검사하고 이러한 과정들이 어떻게 개개인의 행동을 유발하는데 있어서 그들의 이유나 동기에 영향을 미치는가를 검사한다. 자기결정이론에 따르면 사람들은 자기 결정력을 가질 때 자신에게 무엇이 재미있고, 중요하고 그리고 기운을 북돋우는지 파악하고 그것을 자유롭게 행한다. 또한 자기결정력을 가질 때 사람들은 외재적 동기보다 내재적 동기를 따르게 되어 있다. 내재적으로 동기화된 행동의 발달은 인간 발달에 매우 중요하다. 내재적으로 동기화된 활동들은 청소년들에게 자기표현, 자기주도, 그리고 동기 부여적 참여를 발달시키는 과제를 부여함으로써 성인기를 준비하게 한다(Duerden & Gillard, 2011: 42).

이상의 두 가지 이론의 결합은 사회발달 프로그래밍 모델의 발달에 기여하였다.

(1) 사회발달 프로그래밍 모델

Duerden과 Gillard(2011)에 의하면 사회발달 프로그래밍 모델(social development programming model)은 행동의 사회화와 관계성의 영향력을 이해하는데 이론적 틀을 제공해준다. 특히 사회발달 프로그래밍 모델에 사회발달이론을 통합·조정함으로써 연대감으로 귀결될 수 있는 잠재적 기회들에 대한 안내가 보다 용이해진다. 이들은 청소년 프로그램은 참여자의 자율, 역량 그리고 연관성을 증진하기 위해 의도적으로 기획될 필요가 있다(Duerden & Gillard, 2011: 43)고 주장한다.

1) 참여의 기회

단지 활동이 긍정적 관계형성과 연합을 증진시키는 것은 아니다. 청소년들은 그들의 의견이 존중되어진다고 느낄 때 프로그램에서 무엇이 일어나고 있는지 선택할 때 더욱 주도성을 보이는 경향이 있으며 프로그램에 더욱 깊이 참여하게 된다.

그림 5-3 사회발달 프로그래밍 모델

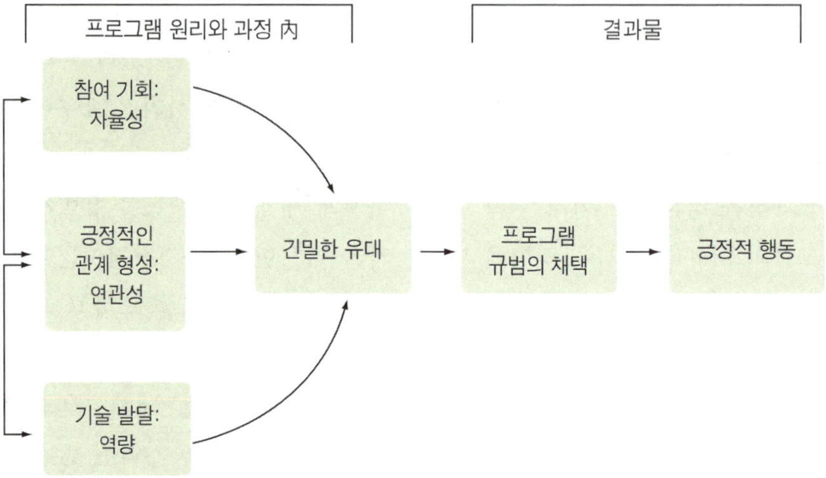

출처: Duerden & Gillard(2011). p. 44.

2) 긍정적인 관계 형성

청소년과 성인 지도자 사이의 관계형성은 청소년 프로그램의 중요한 구성요인이다. 따라서 대부분의 청소년 프로그램에서 주안점을 두는 것은 이들 사이의 긍정적인 관계 형성측면이다. 대개의 경우 성인지도자들은 자주 프로그램의 진행에 너무 몰두한 나머지 충분한 시간이 없거나 관계를 형성하기 위한 에너지를 남겨두지 못하는 경우가 많다. 그러나 중요한 것은 프로그램의 활동이 아니라 프로그램의 전반적인 분위기가 프로그램의 성공을 결정한다는 점이다(Duerden & Gillard, 2011). 사회발달 프로그래밍 모델을 성공적으로 적용한다면 긍정적인 관계 형성촉진을 도모할 수 있다. 청소년과 성인지도자들은 수직적 상호작용보다 수평적 상호작용을 하는 것이 좋다. 의미 있는 관계형성은 사회적으로 평등한 경험을 공유할 때 활발히 일어나게 되기 때문이다(Duerden & Gillard, 2011).

3) 기술 발달

의도적인 프로그래밍은 청소년들이 청소년 시기를 성공적으로 항해하기 위하여 습득하여야만 하는 주요 기술과 자산이 무엇인지 파악하고 그것에 의거하여 이루어져야 한다. 예를 들면 학습 몰입, 긍정적 가치관, 사회적 역량 개발, 긍정적 자기정체성, 지원, 임파워먼트, 기대, 시간의 건설적 사용, 기대 등이다. 청소년들이 프로그램을 통해 이러한 기술들을 발달시킨다면 그들이 다른 상황에 직면했을 때 습득된 기술들은 유용하게 사용되어질 수 있다.

4) 긴밀한 유대

청소년들은 자율성, 연관성 그리고 역량에 대한 그들의 욕구를 충족시켜주는 활동에 참여할 기회가 있을 때, 참여에 필요한 기술들을 보유하고 응용할 때, 그리고 그렇게 하는 것에 대해 긍정적인 피드백을 받을 때 프로그램과 강하게 연결된다. 긴밀한 유대는 조직의 믿음과 규범의 수용으로 이어지기 때문에 강력하다. 긴밀한 유대의 효과성은 학교 상황에서 찾아볼 수 있다. 증가하는 긴밀한 유대는 향상된 학업 성적과 학교 행동으로 이어진다.

5) 프로그램 규범의 채택

청소년들이 프로그램에 긴밀하게 결합되는 과정에서 기관의 믿음과 규범에 대한 명확한 아이디어를 가질 필요가 있다. 조직의 믿음(가치)에 대한 명확한 진술은 지속적인 강화를 제공하기 위해 프로그램의 모든 국면에 구체적으로 나타나야 한다. 성인지도자들은 청소년들과의 상호작용시 그러한 규범들을 가르칠 필요가 있고 이에 청소년들은 규범에 준수하는 마음을 갖게 될 것이다.

6) 긍정적 행동

긍정적 행동은 사회발달 프로그래밍 모델의 마지막 구성요인이다. 특정한 산출물로서의 행동은 조직의 가치와 규범에 따라 프로그램마다 다양하게 나타날 수 있다. 사회발달 프로그래밍 모델이 기준이 되어 개발된 프로그램의 첫 번째 단계는 프로그램 산출물을 파악하는 일이다. 규범과 가치들은 산출물에 명확하게 연결되어 있어야 하고 모든 활동들은 결과물이 실제적으로 산출될 수 있도록 기획되어야 한다. 사회발달 프로그래밍 모델은 의도된 결과에 이를 수 있도록 의도적으로 고안된 경로를 제공하지만 이러한 산출물들은 청소년 지도자들이 그들이 행하는 모든 것에 분명한 최종 목표를 가질 수 있도록 명확하게 그들에게 전달되어야 한다.

6. >>> 상호작용 이론

상호작용 이론은 다른 이론과 달리 프로그램을 개발하는 절차나 순서를 강조하지 않는다. 대체로 표준화된 개발절차를 논하지 않고 상황에 따른 개발자의 판단을 중시하는 편이다. Brookfield, Knox, Houle, Pennington과 Green, Caffarella의 이론이 상호작용 이론에 해당한다(기영화, 2008). 이처럼 이 이론과 모델들은 성인교육에 그 뿌리를 두고 있으나 상호작용 이론에서는 프로그램 개발자가 표준화된 순서대로 수행해 나가는 것이 아니라 자신의 상황과 판단에 따라 여러 가지 요소들을 동시에 수행할 수도 있다는 점 때문에 역동성과 변화의 정도가 심한 청소년 현장 상황에 적용 가능성이 높다. 따라서 청소년들을 위한 프로그램 개발에 응용하여도 별 무리가 없을 것 같아 소개하는 것이므로 실천현장에서 사용 시에는 청소년 활동현장을 적절히 고려하는 전환 작업이 필요할 것이다.

(1) Houle의 모델

앞서 설명한대로 Houle(1972)은 프로그램 개발 단계를 Tyler의 5단계에서 진보한 7단계 형식을 취하고 있으나 거의 유사하다(Apps, 1979: 115). Houle은 개인이나 기관 혹은 대중들을 대상으로 모두 사용할 수 있는 역동성을 지닌 프로그램 모델을 제시하였는데(기영화, 2008: 41) 이 모델에서 특이한 점은 학습자의 삶의 경험을 중요한 학습과정으로 고려했다는 점이다. 특히 다섯 번째 설계 단계는 학습을 학습자 개인의 폭넓은 삶의 양식 속으로 끼워 넣음으로써 학습활동과 학습자의 삶의 개별영역을 세부적으로 연결시켜주고 있다(기영화, 2008: 42). 다음은 Houle이 제시하는 프로그램 개발 모델이다.

(2) Caffarella의 상호작용모델

Caffarella의 프로그램 개발 모델은 구체적인 실천을 전제로 하고 있다는 사실이다. 프로그램 개발자가 실제적으로 체험하고 적용할 수 있도록 프로그램 개발의 각 단계에서 행해지는 과업과 절차들이 구체적으로 명시되어 있을 뿐만 아니라 프로그램 개발과 관련된 체제를 기관, 성인교육자, 지원집단, 학습자 등으로 광의적으로 인식하고 이들 간의 통합적인 상호작용을 강조한다는 점이 이 모델의 특징이다. 따라서 그녀의 모델을 상호작용 모델(interactive model) 혹은 역동적 모델(dynamic model)이라 하기도 한다(김진화, 2012: 149).

그림 5-4 Houle의 모델

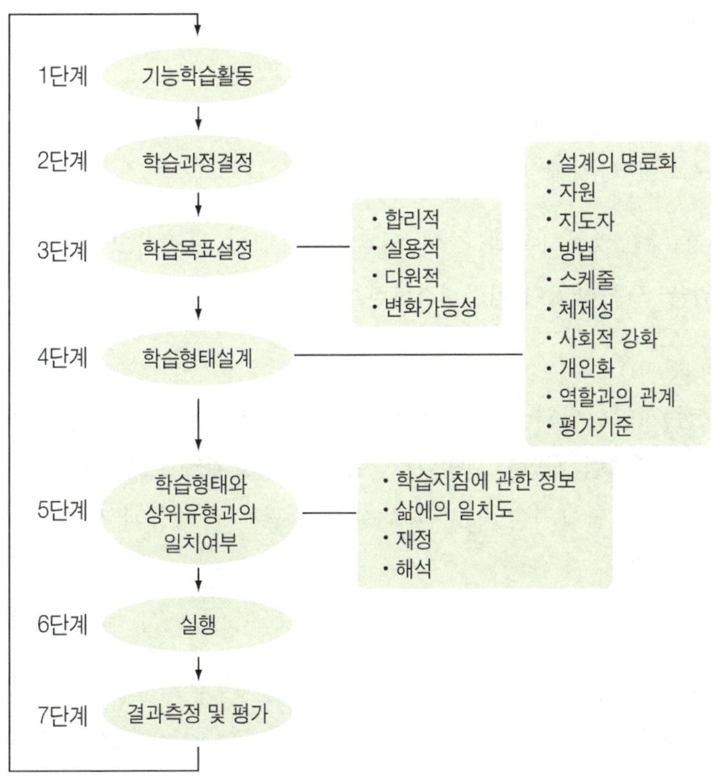

출처: Houle(1972). p. 47.

Caffarella(2002)는 프로그램 개발과정에서 개발자의 상황에 따른 유연한 대처능력을 중시하고 있다. 그리고 다음과 같이 프로그램 개발의 요소를 제안하였다.

Caffarella의 프로그램 개발

① 프로그램 기획과정의 기초 확립
② 프로그램 아이디어 파악
③ 프로그램 아이디어 정리 및 우선순위 결정
④ 프로그램 목표개발
⑤ 학습준비
⑥ 평가계획수립
⑦ 수업형태 스케줄
⑧ 예산 및 마케팅
⑨ 수업계획 고안
⑩ 시설 및 현장점검
⑪ 프로그램 가치에 대한 의견교환

Caffarella(2002)는 다음과 같이 상호작용모델이 상정하고 있는 12개 요소별 구체적 과업을 제시하였다(한국청소년정책연구원, 2010: 193 재인용).

1) 상황 분석

프로그램 개발상황과 관련된 인적자원, 기관적, 환경 맥락적 조건이나 상황을 분석하고 프로그램 개발과 관련된 역동적인 상호관련성 및 역학구조를 이해하는 과정이다. 또한 협상기술을 익히고 실천과 관련된 행동과 믿음이 윤리적이어야 함을 의미한다.

2) 사회적 지지확보

프로그램과 관련된 이해집단이나 주요 기관들로부터 적극적인 지지를 확보하고 이들 기관으로부터 지속적으로 지원을 받을 수 있는 구조적인 과정을 만드는 과정은 프로그램 개발에서 매우 중요한 사항이다. 동시에 조직 내에서 구성원들이 다양한 학습을 가치 있게 인식하는 조직문화를 형성하고 주변의 여러 단체들이나 기관들과 협동적인 파트너십을 구축할 수 있도록 도모한다.

3) 프로그램 아이디어 확인

프로그램 아이디어의 근원을 확인하고 다양한 기법을 통해 프로그램과 관련된 아이디어를 창출하는 과정이다. 특히 상황에 적합한 요구분석 방법을 사용함으로써 구성원들로부터 프로그램 개발에 대한 다양한 아이디어를 추출해 낸다. 전통적으로 강조되어 온 학습자의 요구분석을 프로그램 아이디어와 프로그램 요구라는 개념으로 대체하여 보다 포괄적으로 접근하고 있는 것도 이 모델의 특징이다(김진화, 2012: 149). 이렇듯 Caffarella(2002)의 모델에서는 구조화된 요구분석 방법만이 유일한 아이디어 확보 방법은 아니라는 것을 깨달아야 하며 대부분 프로그램 개발 과정에서 추출된 아이디어 모두가 사용되어질 수 없다는 것도 인식해야 한다.

4) 프로그램 아이디어의 분류와 우선순위

앞에서 추출된 프로그램 아이디어들을 어떻게 범주화하고 어떠한 방식으로 우선순위를 결정할 것인지를 결정해야 한다. 그리고 아이디어의 우선순위 결정에 참여할 사람들을 선정하는 게 중요한 사항인데 잠재적 고객(프로그램 참여자), 지역사회의 영향력 있는 지도자, 프로그램 실시기관의 관리자, 경영자 등을 중심으로 결정한다. 이처럼 프로그램 아이디어의 우선순위 결정을 정식 프로그램 개발 모델에 포함시켰다는 것이 이 모델의 특징이라고 할 수 있다(김진화, 2012).

5) 프로그램 목표개발

참여자들이 프로그램을 통하여 무엇을 학습하게 될 것이며 학습으로부터 어떤 변화를 겪게 되며 그리고 프로그램 실행 등에서 프로그램의 구체적이고 분명한 목표를 설정하는 단계이다. 프로그램 목표는 측정 가능한 산출물과 측정 불가능한 산출물 모두를 포함시키는 노력이 수반되어야 하며 관련 당사자들이 충분히 이해할 수 있을 만큼 분명하게 작성되어야 한다.

6) 지도안 설계

명료한 지도계획을 작성하기 위해 지도단위별로 구체적인 학습목표, 학습내용, 학습방법 등을 선택하되 참여자들과 프로그램 지도자들의 능력과 수준에 적합해야 한다. 또한 참여자들의 학습노력을 증진하는 다양한 지도 자료를 개발하여야 하며 지도 및 프로그램 평가를 위한 형성평가와 총괄평가에서 지도평가 자료를 활용한다.

7) 학습전이계획 수립

학습전이에 영향을 미치는 주요 요인들을 밝혀내고 다양한 학습전이 전략 가운데 잠재적인 고객들(프로그램 참여자)에게 유용하고도 필요한 학습전이를 위한 효과적인 전략을 수립한다. 아울러 전이될 내용, 지식, 기술을 파악, 협의하고 검토하는 과정이 필요하다.

8) 평가계획 수립

큰 그림에서는 체계적인 프로그램 평가 절차를 수립한 후에 세부적으로는 평가방법, 평가시기, 평가자료 수집 방법, 평가자료 분석법 등을 결정한다.

9) 시사점 도출과 공유

프로그램 성공이나 실패 사례를 조사하고 이를 통해 프로그램 개발에 주는 시사점을 도출해낸다. 사례분석을 통해 도출된 시사점을 프로그램 개발과 관련된 사람들과 공유할 방식을 결정한다.

10) 프로그램 형식, 일정, 스태프 요구 선택

프로그램 활동 방식, 프로그램 형식, 일정, 스태프들의 요구사항, 프로그램 실행에 필요한 내·외부 강사운영진, 프로그램 담당자들을 계획하고 결정한다.

11) 예산·마케팅 설계

프로그램 개발 전 과정에 소요되는 예산 추정, 예산 조달 방식, 예산 기록 방법 등을 수립한다. 아울러 실제 프로그램 실행에서 계획했던 소요예산 추정 금액보다 커질 경우 어떻게 해결할 것인지에 대해서도 대책마련을 수립한다. 프로그램 홍보와 관련해서는 우선 잠재적인 고객 집단의 특성을 분석하고 이에 기초하여 프로그램의 성공 가능성을 높일 수 있는 구체적인 홍보전략을 마련한다. 이와 같이 Caffarella의 모델에서는 프로그램 마케팅을 정식 프로그램 개발 모델에 포함시켰다는 점이 특징이라고 할 수 있다(김진화, 2012).

그림 5-5 Caffarella(2002)의 상호작용모델

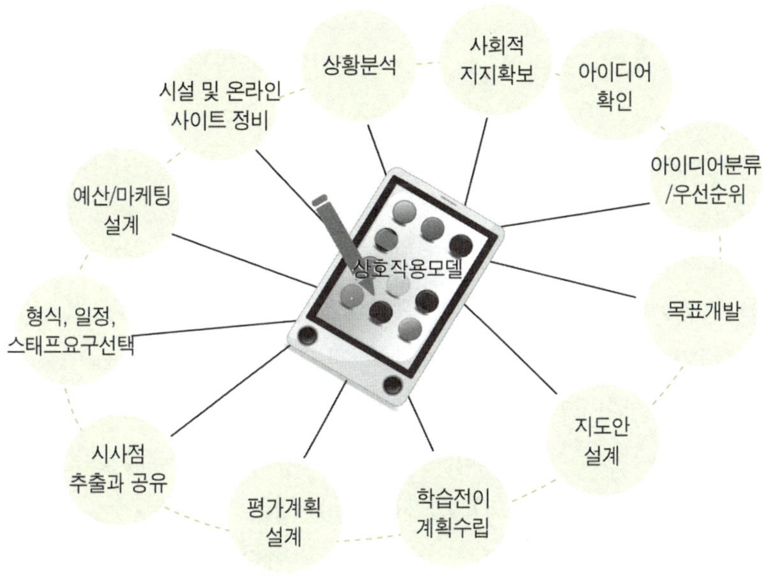

12) 각종 시설과 온라인 사이트 정비

프로그램 운영에 필요한 편안하고 적합한 각종 시설 및 온라인 사이트를 정비하는 과정이다. 시설 확보 및 각종 학습 자료와 장비를 정비하고 프로그램의 모든 과정을 온라인상에서 확인하고 참여할 수 있도록 한다.

청소년 발달을 위한 프로그램과 관련하여 많은 이론들이 존재하지만 현장 실천가들에게는 자주 접근하기 어려운 상태이다(Duerden & Gillard, 2011). 또한 앞서 제시한 이론모델들은 서로 많은 연관성을 가지고 있기 때문에 어느 한 가지로 명백히 분류되기는 어렵다. 따라서 어느 하나의 이론에 매이지 말고 지역사회와 청소년기관이 처한 특수성과 상황을 고려하여 적합한 프로그램을 개발할 수 있도록 이론적 개념을 올바르게 이해하고 개념에 기초하여 발달된 다양한 프로그램의 모델의 장단점을 파악할 수 있어야 하겠다.

7. >>> 청소년 프로그램 개발을 위한 체제적 접근 모형

Hawkins 등(2002)에 따르면 청소년 프로그램 개발자들은 하나의 견고한 이론적 그리고 경험적 토대 위에 프로그램을 개발할 것을 강조해왔다(Olson & Goddard, 2012: 3, 재인용).

현대의 청소년 중심 프로그램들은 프로그램의 설계(design), 실행(implementation), 평가(evaluation)에 있어 체제적 접근(systematic approach)이 많이 시도됨으로써 그 효과성이 크게 제고되었다(Olson & Goddard, 2012).

Reigeluth(1986, 1991)에 따르면 청소년뿐만 아니라 그 밖의 모든 활동에 있어서 프로그램 개발은 분석(analysis), 설계(design), 개발(development), 실행(implementation), 평가(evaluation)의 다섯 가지 영역을 포함한다. 청소년 프로그램에 있어서 다섯 가지 영역 각각은 상호작용하지만 독립적인 영역을 가지고 있는 전문적인 활동이라고 할 수 있다(한상철, 2009: 313, 재인용).

다음은 대표적인 체제적 접근 모형들이다.

(1) 글레이저(Glaser)의 모형

이 모형은 체제접근이론에 기초한 모형으로 다양한 수업설계모형의 기초가 되었다(백영균 외, 2010: 165). 즉, 글레이저의 모형은 1세대 모형에 가까운 모형으로 다른 모형에 비해 매우 단순하게 이루어진 것을 알 수 있다. 사전(진단)평가 및 사후평가가 있는 것이 이 모형의 특징이다.

1) 절차

Glaser(1962)는 교수–학습과정의 요소를 다음과 같이 네 가지로 나누었다.

그림 5-6 글레이저(Glaser)의 교수-학습과정의 요소

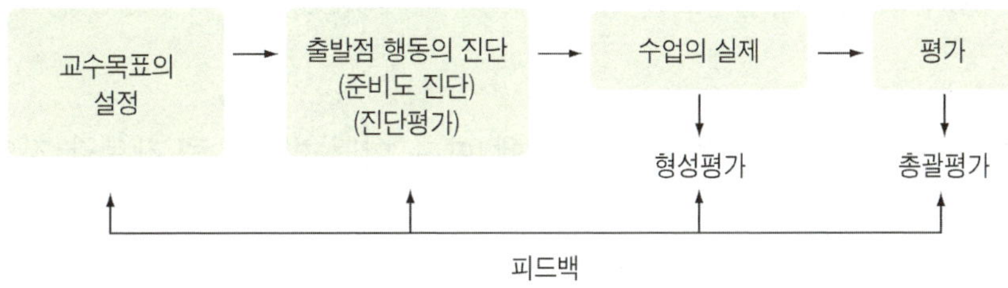

2) 수업모형의 특징

① 개별화 원리 적용

② 학습자 스스로 알맞게 조정 가능

③ 자발성의 원리

④ 수업목표 내용 사실을 구체적 세분 조직화

⑤ 네 가지 과정이 상호작용할 때 큰 학습성취효과 습득 가능

3) 수업단계의 특징

① 수업목표 설정(specification of learning outcomes)

교수-학습과정을 통해 학습자가 달성해야 할 것을 구체적으로 세분해놓은 것으로, 수업목표는 도착점 행동(terminal behavior)과 같다.

- 교사가 설정
- 학생수준에 알맞게
- 수업을 통해서 변화된 학생의 행동특성 상태
- 구체적으로 명확히 설정

② 출발점 행동(entry behavior)

학습에 임하는 학습자의 현재 상태로, 학습자의 지능·적성·흥미·이전 학습에서 어느 정도를 성취했는가, 지금 배울 내용에 대해서는 얼마나 아는가에 대한 것이다.

- 학습의 경향성, 준비성 고려

- 선수학습의 성취상태파악
- 학습 성취의 가능성, 자신, 흥미감, 동기유발촉진
- 학습의 장애나 결손요인 파악, 적절한 제거나 보충

③ 수업의 실제(instructional alternatives)

수업목표를 학습자에게 어떤 순서에 따라 어떤 방법으로 가르칠 것인가의 문제를 다룬다.

- 구체적 수업목표 달성을 위해 구체적 교수활동 전개
- 학생에게 적극적 학습동기 유발 촉진
- 완전학습 위해 가장 중요한 단계
- 형성평가: 수업전개 과정의 일부로서 교육목표 달성도를 파악하는 것

④ 평가(evaluation)

교수-학습이 바르게 진행되었는가를 확인하는 것으로, 수업이 끝난 후 설정된 수업목표에 근거하여 학습 성과를 평가하며, 평가결과는 다음 단위의 수업과정 설계의 시초자료로 이용되어 계속적인 피드백이 이루어진다.

(2) ADDIE 모형

1) 모형의 특징

실제 교수체제 설계를 위해 쓰이는 가장 대표적이고 일반적인 모형으로 3세대 모형에 해당한다. 1980년대부터 현재까지 활용되는 모형이다(권대봉, 2003). ADDIE 모형은 분석(Analysis), 설계(Design), 개발(Development), 실행(Implementation), 평가(Evaluation)의 앞 글자를 따서 만든 것으로 요구에 입각하여

그림 5-7 ADDIE 모형에 의한 교수설계 절차

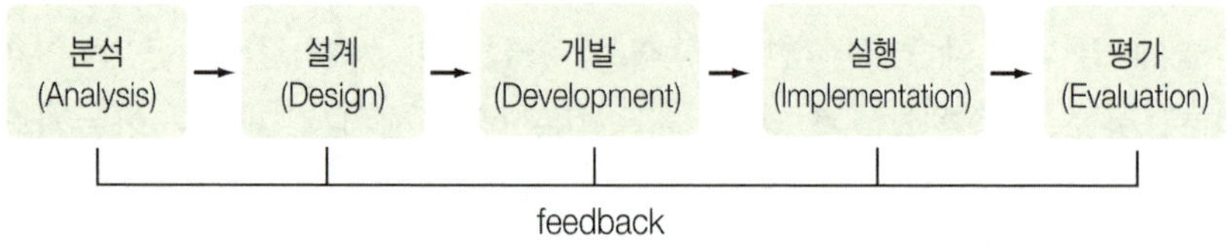

투입의 최소화와 성과의 최대화를 모색하는 절차적 모형이다(권양이, 2012).

① 분석(Analysis) 설계를 위한 조직적인 계획을 결정해야 하는 단계로 요구분석, 교육을 통해 문제해결 가능여부 분석, 학습자 분석, 환경 분석(교수-학습 상황과 조건, 가용자원 등), 직무 및 과제 분석(교수내용에 관한 정보를 제공해주기 위해 가르쳐야 할 모든 종류의 지식이나 기능을 분석하는 과정 — 가네의 분석: 언어정보, 지적기능, 인지전략, 태도, 운동기능-위계, 군집, 통합분석)을 하는 단계이다. 첫째, 요구분석은 청소년들의 요구와 특성을 분석하는 것에서 시작하여 기관 및 시설의 요구, 사회의 요구, 부모의 요구 등을 종합적으로 분석하고 이를 반영하는 것을 말한다(한상철, 2009). 이와 같이 청소년 프로그램에서 요구분석이 무엇보다 중요한 이유는 청소년 프로그램이 청소년 중심이어야 한다(Larson & Walker, 2010)는 기본 원리 하에 청소년들의 요구를 적극적으로 반영하는 것이 프로그램의 성패와 직결되어 있기 때문이다.

② 설계(Design) 효과적이고 효율적인 교육훈련 프로그램을 개발하기 위하여 분석 과정에서 나온 산출물을 창조적으로 종합하는 일. 이 단계에서는 수행 목표의 명세화, 평가 도구의 개발, 계열화, 교수전략과 매체의 선정을 통하여 교육 훈련의 전체 모습, 즉 청사진 또는 설계 명세서를 만들어낸다.

③ 개발(Development) 분석과 설계 단계에서 만들어진 청사진에 따라 수업에 사용될 교수자료를 실제로 개발하고 제작 및 수정한다.

④ 실행(Implementation) 설계되고 개발된 교육 프로그램을 실제 현장에 사용하고, 이를 교육 과정에 반영하며 계속 유지, 관리하는 활동이다.

⑤ 평가(Evaluation) 가치나 유용성을 평가함. 평가방법은 주로 준거지향 검사, 학생 설문지, 학생 면접 등을 이용하여 교수설계 과정의 효율성을 평가하고 교수 내용이 효과적으로 전달되었는가를 평가한다(권양이, 2012: 55).

ADDIE 모형과 같이 ISD(Instructional System Design/Development)는 체제적 접근을 통해 설계되거나 개발된 교수모형을 말한다. ISD모형이 학교교육과 기업교육에서 그 효과성과 효율성을 크게 인정받고 있음에도 불구하고 전문 인력 및 개발비 부족으로 청소년 수련기관에서 거의 개발되고 있지 못하는 실정이다. 이것은 이들 각 단체 또는 기관 내에 ISD모형개발에 필요한 전문 인력이나 개발비

표 5-2 프로그램 개발 모형의 하위과제

1. 교육요구 검토	1-1. 지도활동이 적절한 해결방안인가를 결정함
	1-2. 지도환경을 확인함
	1-3. 지도목적을 진술함
2. 조사/분석	2-1. 지도의 필요점을 조사함
	2-2. 필요점 조사 보고서를 작성함
	2-3. 청소년의 특성을 분석함
	2-4. 과제/내용을 분석함
3. 목표 진술 및 평가전략 수립	3-1. 목표를 진술함
	3-2. 평가계획과 준거를 설정함
4. 프로그램 설계 (골격) (세부)	4-1. 내용을 선정하고 계열화함
	4-2. 지도방법을 결정함
	4-3. 보조자료 및 매체를 결정함
	4-4. 지도전략을 구체화함
	4-5. 프로그램 설계 명세서를 작성함
	4-6. 요구분석과의 적합성을 검토함
	4-7. 개발/구입 여부를 결정함
5. 프로그램 개발	5-1. 프로그램/지도자 매뉴얼/교수자료를 작성한다
6. 현장검증	6-1. 현장 검증을 실시함
	6-2. 실시결과 보고서를 작성함
	6-3. 과정을 수정·보완함
7. 프로그램 제작	7-1. 교재/도구를 제작함
	7-2. 제작물을 검토함
8. 실행	8-1. 필요시 강사를 양성함
	8-2. 본 과정을 운영함
9. 평가	9-1. 평가(총괄평가)문항을 개발함
	9-2. 평가를 실시·수집·분석함
	9-3. 필요 시 과정개발을 수정·보완함
	9-4. 과정평가 보고서를 작성함

출처: 한상철(2009). p. 318.

가 절대 부족하고 각종 매체와 자료가 확보되어 있지 못하기 때문이다(한상철, 2009: 316). 이에 한상철(2009)은 이상의 ADDIE 모형의 5단계를 확장·개발하였고 [표 5-2]는 청소년지도 프로그램 개발 모형의 하위과제들이다.

모든 교육 프로그램과 마찬가지로 청소년 프로그램도 이상 제시한 모형과 유사하게 몇 개의 단계를 거쳐 개발되고 운영된다.

다음 [표 5-3]에서 요약되어 있듯이 청소년 프로그램의 개발단계는 이제까지 다양하게 분류되어 왔지만 각 분류들이 프로그램의 목표를 정하고 내용을 선정하는 계획·설계의 단계로부터 시작하여 실행한 프로그램을 평가함으로써 전 개발단계를 마친다는 점에서는 큰 차이가 없다(한상철 외, 2001: 181).

표 5-3 기존의 청소년 프로그램 개발 단계

연 구 자	프로그램 개발 단계
한국청소년개발원(1993)	설계, 운영, 평가
김성수·권일남(1994)	계획, 전개, 작성, 평가
한국청소년개발원(1994)	계획, 설계, 실행, 평가
남정걸·권이종(1995)	계획, 조직, 시행, 평가
한상철(1997)	분석, 설계, 개발, 실행, 평가
한상철(1998)	설계, 개발, 전개, 관리, 평가
한상철(2009)	요구검토, 조사·분석, 목표 진술 및 평가전략 수립, 설계, 개발, 현장검증, 제작, 실행, 평가
김진화·정지웅(2000)	기획, 요구분석, 목적·목표설정, 설계, 마케팅, 실행관리, 평가

출처: 한상철 외(2001). p. 181. 수정·보완.

체제적 접근을 취하여 본서의 5장에서 제시한 청소년 프로그램 개발의 이론에 근거하여 발달된 청소년 프로그램 이론 모델을 기초로 하여 상황에 맞는 프로그램을 개발한다면 청소년 실천현장에 부합할 뿐만 아니라 청소년의 전인적 성장을 도모하는 데 크게 기여할 수 있을 것이다.

CHAPTER 6

청소년 프로그램 개발의 접근법

청소년 프로그램 개발의 접근법이란 고정된 것이 아니라 상황, 조건, 환경에 의해 다양하게 선택될 수 있는 것이다. 따라서 청소년 프로그램 개발자는 프로그램에 대한 이론적 지식 및 모델과 프로그램 개발에 대한 기초적 지식과 경험을 축적하여 상황에 맞는 융통성 있는 접근을 시도할 수 있어야 한다.

1. >>> 선형적 접근

프로그램 개발을 위한 접근 방법 중 가장 일반적으로 사용되는 것은 선형 모형(linear model)으로서 청소년 지도 현장에서 주로 사용되었던 전통적인 기법이라고 할 수 있다. 대표적으로 Tyler(1974)의 프로그램 개발 접근은 학습자의 요구로부터 시작하여 요구는 학습목표를 도출하는 기초가 되고 학습목표는 학습자의 학습경험을 조직화하는 순으로 선형적 접근 방식을 취하고 있다. 청소년 지도 현장에서 선형적 접근이 가장 많이 활용되는 이유는 단계마다의 과업이 명확하고 단순하여 안정감을 가지고 있기 때문이다.

그림 6-1 프로그램 개발의 선형적 접근법

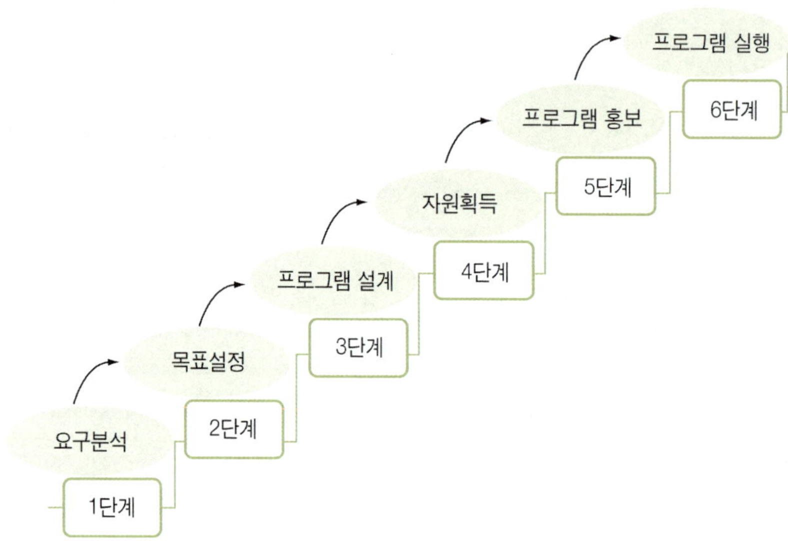

2. >>> 비선형적 접근

비선형적 접근(nonlinear approaches)은 선형 접근이 각 단계에 하나의 절차만이 수행되는 것에 비해 같은 시간에 몇 개의 절차가 동시에 이루어져 시간상의 제약을 받지 않으며 각 단계가 계속적으로 순환되는 특징을 가지고 있다. 이러한 접근 방법은 시간과 자원할당에 의해 융통성을 보다 많이 부여받게 되며 [그림 6-1]에서 보는 바와 같이 프로그램 평가가 이 접근의 중심핵이 되어 각 단계 마다 적절한 평가가 되풀이되고 피드백된다. 이러한 이유 때문에 선형 접근에 비해 훨씬 더 어렵고 더 많은 자원을 필요로 하며 기획에 상당한 능력과 전문성을 부가적으로 요구하게 된다.

그림 6-2 프로그램 개발의 비선형적 접근법

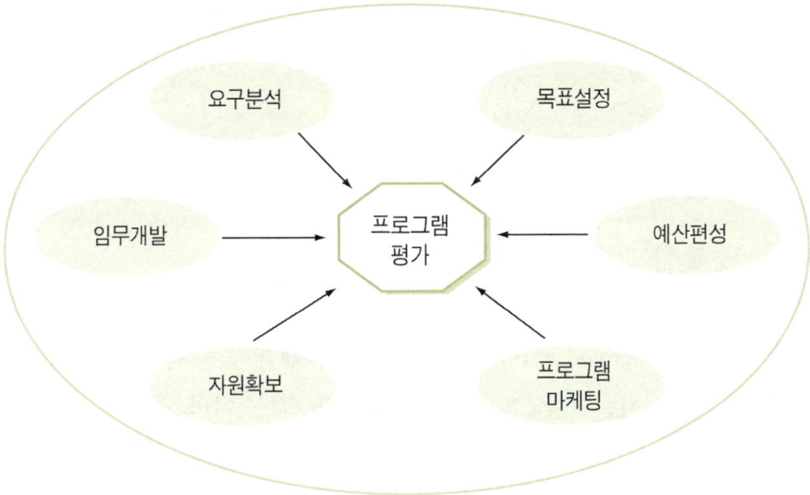

3. 비통합적 접근

비통합적 접근(nonintegrated approaches)은 프로그램의 참여가 예상되는 잠재적 고객, 즉 청소년의 참여를 고려하지 않고 청소년단체나 기관, 그리고 청소년 지도사가 독자적으로 프로그램 개발을 전개하는 방식을 말한다. 이러한 이유에서 이 접근방식의 뚜렷한 특징 중에 하나는 고립성(isolation)을 가지고 있다는 사실이다. 다시 말해, 이 접근은 잠재적 고객의 참여(participation)와 집중(focus)을 제한시키는 형태로 프로그램 개발의 전개과정이 진행된다. 뿐만 아니라 참여고객인 청소년의 요구(need)와 가치(value)를 반영시키려는 의식적인 노력을 기울이지 않는다. 이 접근에 의하면 프로그램 개발자가 프로그램 개발 과정에서 기존에 어딘가에 존재하는 다른 프로그램을 차용하여 모방하는 방식을 선호하는 경향이 있다. 결과적으로 비통합적 접근을 통한 프로그램 개발은 단시간 내에 일방적으로 이루어지는 정책적인 행위와 같으며 미비한 계획을 쉽게 개정하거나 수정할 수 있다는 장점을 가지고 있는 반면에 청소년단체나 청소년기관이 청소년과의 연계 체제를 마련하지 않음으로써 청소년의 흥미와 필요를 왜곡하거나 부정할 수 있다는 문제점을 발생시킬 소지가 있다는 한계를 가지고 있다(한국청소년개발원, 2005).

4. 통합적 접근

통합적 접근(integrated approaches)은 프로그램개발에 영향을 미치는 요인들을 종합적으로 고려하는 방식으로 '체제 분석적 접근'이라 하기도 한다. 이러한

그림 6-3 프로그램 개발의 통합적 접근법

통합적 접근방식은 전개방식이 총체적(holistic)이고 분석적이기 때문에 프로그램 개발의 전 과정이 복잡하고 프로그램개발자의 전문적인 능력을 필요로 하지만 여타 접근 방법에 비해 오차(planning errors)를 최소화시킬 수 있다는 장점이 있다.

또한 Cacioppe(1998)는 통합적인 접근법에 의한 7단계의 리더십 개발(An intergrated approach to planning leadership development) 프로그램 모델을 소개하고 있다. 첫째, 조직의 성공과 번영을 위해서 필요한 주요 전략 목표를 결정하는 단계를 포함한다. 이 단계는 조직의 성패를 좌우하는 내·외부 요인들과 조직의 비전과 전략을 포함하고 있다. 둘째, 리더십 교육프로그램 개발의 목표와 목적을 설정하는 일이다. 프로그램 종료와 동시에 습득해야 할 지식과 기술도 함께 설정하는 일이 중요하다. 교육 훈련에 대한 요구분석도 이루어져야 할 단계이다. 셋째, 프로그램에 적합한 교수방법 및 매체를 파악해야 한다. 넷째, 프로그램을 디자인하고 보급할 공급자 즉 대학, 연구소 등을 조사한다. 조직의 목표에 따라 프로그램의 내용이 변경될 수도 있다. 다섯째, 프로그램의 효과성을 평가한다. 여섯째, 인적자원 시스템과 관리를 통합한다. 성과관리, 보상, 책임은 프로그램의 전략과 맞아야 한다. 일곱째, 프로그램의 가치, 목적, 프로그램 철학을 평가한다. 이 단계에서는 과정 전체를 바라보아야 한다. 이 통합적이고 포괄적인 접근법은 인적자원개발 전문가들과 관리책임자들에게 조직 내에서 리더십 개발 프로그램을 기획·개발하는데 통합적인 틀을 제공한다(Cacioppe, 1998).

03부

청소년 프로그램 개발의 과정

CHAPTER 7

청소년 프로그램 요구분석

1. 요구분석

(1) 요구

교육에는 '요구'라는 말이 빈번히 등장한다. '요구'의 개념은 1930년 미국의 Douglas Waples가 쓴 ≪성인들은 무엇을 배우기를 원하는가?≫의 연구 이후 활발히 논의되기 시작했다(Houle, 1976).

교육요구분석은 교육적인 요구가 있는 어느 곳에서나 발생할 수 있다. 이상적으로는 학교교육에서도 학습자의 요구를 충족시키고, 교육과정의 타당성을 타진하는 데 요구분석이 활용되어야 하지만 학교교육은 교육과정이 고정되어 있어 요구분석이 적용될 여지가 적은 반면 특정한 교육과정이 고정되어 있지 않은 기업이나 어떠한 형태의 평생교육기관에서도 요구분석은 교육과정 개발을 위해 중요한 수단이 될 수 있다(최정임, 2002: 20). 김도수(1994)에 의하면, 요구분석은 현재의 상황에 터 하여 바람직한 목표 사이의 차이를 결정하고 이러한 차이를 우선순위에 따라 정한 다음 사회 교육적 결정에 있어서 가장 중요한 것부터 선정하는 하나의 조작적 공식 과정이다.

교육프로그램을 개발할 때 가장 중요한 것은 학습자의 교육 요구이고, 다음은 교육담당자와 교육관련 전문가들의 프로그램에 대한 의견이다. 이들이 제시하고 있는 교육 요구에 기준하여 교육프로그램이 개발되어야 함은 주지의 사실이다(한국여성개발원, 1995).

Monette(1977: 117－118)는 다음과 같이 네 가지로 학습자의 교육 요구를 분류했다.

1) 기본적인 인간 욕구

Maslow는 인간의 욕구를 다섯 가지의 위계적인 단계로 구분하여 설명하고 있다. 인간은 충족되지 못한 욕구 때문에 항상 동기화되어 있으며 이 욕구는 충족되어야 할 순서에 따라 위계화되어 있다고 하였다. 이와 같이 위계적으로 이루어져 있어 선행욕구가 충족이 되어야 다음 욕구의 강도가 높아진다. 이렇듯 생리적 욕구에서 출발하여 자아실현의 요구로 이전하여 간다. 생리적 욕구는 인간이 생존을 위해 필수불가결한 식욕, 성욕, 수면욕 등에 관한 욕구이다. 이러한 기본적인 욕구가 충족되지 않는 한 다른 욕구는 동기화되지 않는다. 생리적 욕구가 만족되면 다음 단계인 안전의 욕구의 강도가 높아진다. 이것이 만족되면 사회적 욕구

그림 7-1 매슬로우(Maslow)의 욕구위계

인 애정·소속의 욕구가 강해지고 이러한 순서대로 요구충족을 이루게 된다. 충족 욕구의 위계는 결핍욕구와 성장욕구로 나누며 상위욕구가 단순한 생리적 욕구의 충족이 아니라 성장을 지향하는 자아실현이라는 점이다. 자아실현 욕구는 지적욕구와 심미적 욕구, 자아실현 욕구로 나뉜다. 그러나 이 욕구의 개념은 다분히 논란거리가 되기 쉽다. 개인과 사회에 따라 차이가 있기 때문이다.

2) 감지되고 표현된 요구

감지되고 표현된 요구(felt and expressed needs)는 개인에 의해 더 필요한 것이라고 간주된다. 학습자는 필요한 교육이 무엇인지 인식하지 못할 수도 있다. 이렇듯 감지된 요구는 학습자가 인식하고 있을 뿐 행동으로 표현되지는 않은 요구를 말한다. 청소년지도자는 그러한 것을 느끼도록 청소년학습자를 도와줄 필요가 있다. 요구가 표현되었을때, 감지된 요구는 충족되지 못한 요구의 정도로서 간주될 수 있다. 감지된 요구를 표현된 요구로 전환시키도록 도와주는 수단이 바로 요구분석이다.

3) 규범적인 요구

개인이나 집단의 어떤 수준이 표준(기본)에 비교하여 그것에 미치지 못할 때 그들은 요구상태에 있다. 이러한 요구를 규범적인 욕구(normative needs)라고 한다. 규범적인 요구는 즉, 잠재적 학습자의 현재 상태와 바람직하다고 여겨지는 상태 간의 차이 혹은 그 부족분을 의미한다. 잠재적인 학습들이 미래에 마땅히 성취해야 할 기준과 실질적으로 존재하는 현재의 상태 사이의 결핍(deficiency)이 요구이며 이는 학습자가 교육이나 학습 활동을 통해서 도달하여야 할 규범적인 기준으로서 사회의 가치체계의 지식과 변화·발달에 따라 변한다.

4) 비교적인 요구

교육적 서비스를 제공받은 그룹과 제공받지 못한 그룹을 비교할 때 나오는 차이에서 오는 요구이다. 청소년들이 유행 및 패션에 민감하여 다른 또래 친구들처럼 유행하는 옷을 사달라고 부모에게 조르는 것도 하나의 예다. 이와 같이 비교적인 요구(comparative needs)는 타인과의 관계에서 나오는 상대적인 요구로서 그 자체가 실제요구를 반영한 적절한 측정이라고 할 수는 없다.

(2) 요구분석의 역사

1) Tyler & Knowles의 요구분석

학자들의 정의를 살펴보면 Tyler(1971)는 '요구(need)'란 '개인의 현재 상태와 확인 가능한 학습자 집단 및 사회적 규준 사이에 존재하는 차이점'이라고 규정하고 있다. 즉 학습자가 사회적 규준과 관련하여 나타내 보이는 '차이(gap)'가 바로 '요구'라는 것이다. Knowles(1973)에 의하면, 교육적 요구는 학습자가 학습자, 조직, 사회의 이익을 위하여 학습해야만 하는 것이다. 그것은 학습자, 조직, 사회에 의해 파악된 더 높은 수준의 요구와 현재 수준 사이의 차이인 것이다(Knowles, 1978: 116). Boyle(1981)은 '요구(need)'란 현재 상태(what is)와 앞으로 되어져야 할 것 사이(what should be)에 존재하는 혹은 현재 상태와, 바람직하다고 여겨지는 것 사이의 차이에서 출발한다고 정의한다. 요구는 불균형의 상태를 일으킨다. 현재 상태와 변화된 새로운 상태의 차이는 더 발전해야만 한다는 의미를 함축하고 있다. 따라서 요구는 항상 차이를 의미한다.

교육 요구조사는 요구분석 결과 구성원들이 직무를 성공적으로 수행해내기 위해 현재의 상태와 바람직한 상태와의 차이를 찾아냄으로써 학습해야 하는 것을 찾아내는 것이다. 예를 들면 노사분규를 담당하는 공무원의 경우 효과적인 분규 조정을 하기 위해 알아야 할 지식과 스킬들을 교육 요구분석을 통해 찾아내는 것이다.

Kaufman(1972, 1982)은 어떤 해결을 하기 전에 이 격차를 규명하는 것의 중요성을 강조하였다. 최적-실제=수행상의 격차(요구) 즉, 빼기 공식을 수행하여 최적과 실제의 격차에 관한 정보를 얻게 되고 이 정보는 곧 문제가 무엇인지 자세히 보여준다. 요구는 'What ought to be'와 'What is' 간의 차이이다. 그러나 문제의 성격에 대

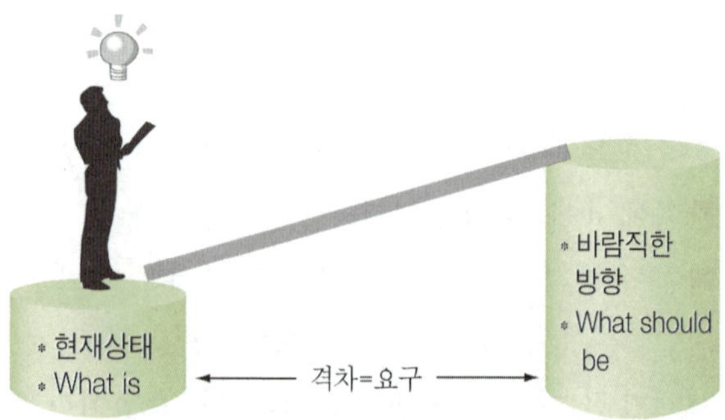

한 정보만으로는 문제해결이 충분하지 않다. 문제와 관련된 수행상의 원인, 느낌, 해결 등의 목적들을 만족시켜야 한다.

2) Nowack의 요구분석

이와 같이 범주설정과 순위를 측정한 후 차이를 분석하는 방법이 가장 널리 쓰이지만 그 타당성은 낮다고 비판한다. 첫째, 측정목표의 차원이 다른 두 항목 간을 뺀다는 것은 논리적인 오류이다. 둘째, 두 항목 간에는 뺄 수 없으며 목표자체의 상대적 비교가 고려되지 못하기에 그 값으로부터 우선순위를 정하는 것은 문제이다. 셋째, 높게 평가되는 목표는 그 차이가 적어 실제로 활용되는데 의미가 적을 수 있다(Witkin, 1984: 214). Nowack(1991: 69-73)은 느낀 요구가 아닌 실제 요구의 우선순위 산정방식으로 각 지식기술에 역산한 수치를 곱하는 방식을 제시하였다(김정일, 1997: 114, 재인용).

3) Borich의 요구분석

Borich(1980)는 두 상태의 단순한 차이를 교육요구분석으로 보는 것 보다 발전된 공식을 개발하였는데 그것은 다음 표와 같다. Borich는 현재수준과 필요수준의 차를 모두 합한 값에 필요수준의 평균을 곱한 값을 전체 사례수로 나눈 값을 통하여 요구에 대한 우선순위를 부여한다. 보리치의 요구도 계산 공식은 다음과 같다(권양이, 2008).

$$요구도 = \frac{\{\Sigma(RL-PL)\}\times\overline{RL}}{N}$$

RL: 필요수준 PL: 현재수준 $\overline{RL}$: 필요수준의 평균 N: 사례수

* 필요수준=중요도, 현재수준=숙달도

위에서 RL(Require Level)은 필요수준으로 조직의 구성원들이 교육의 필요성에 대한 인식 정도로 미래에 성취되어야 할 중요한 교육내용 즉, 중요도로 해석할 수 있다. PL(Present Level)은 현재 진행되고 있는 능력 현재수준 즉, 숙달도로 해석할 수 있다. N은 전체사례수로서 필요수준과 현재수준의 차를 모두 합한 값

(Σ(RL－PL))에 필요수준의 평균($\overline{RL}$)을 곱한 값을 전체 사례 수(N)로 나눈 값으로 교육요구에 대한 우선순위를 부여한다. 중요도는 도달해야 할 필요수준, 숙달도는 현재의 수준을 의미하는 것이기 때문에 경우에 따라서 필요수준과 현재수준으로 명시하고 요구도를 파악해도 무방하다.

4) Hershkowitz의 요구분석

요구분석은 단순히 자료의 수집을 통한 현재 상태와 바람직한 상태 간 차이를 규명하는데 그치지 않는다. 수집된 정보의 분석을 바탕으로 우선순위를 결정하는 과정을 포함한다(조대연, 2006: 94). 이처럼 우선순위를 결정하는 방법에는 허쉬코비츠(Hershkowitz)의 임계 함수(criticality function)를 이용하는 방법이 있다. 이 방법은 필요수준의 평균값과 현재수준의 평균값을 기준으로 네 개의 분면으로 구분한 후 세부 요소별로 조사된 수치들을 좌표로 점을 찍어 각각 'HH＝현재수준과 필요수준이 모두 높은 분면', 'HL＝현재수준은 높지만 필요수준은 낮은 분면', 'LL＝현재수준과 필요수준이 모두 낮은 분면', 'LH＝현재수준은 낮지만 필요수준은 높은 분면'으로 제시한다.

McCaslin 외(1995)에 따르면 필요정도는 높지만 현재수준은 낮은 LH에 있는

그림 7-2 허쉬코비츠(Hershkowitz)의 임계함수

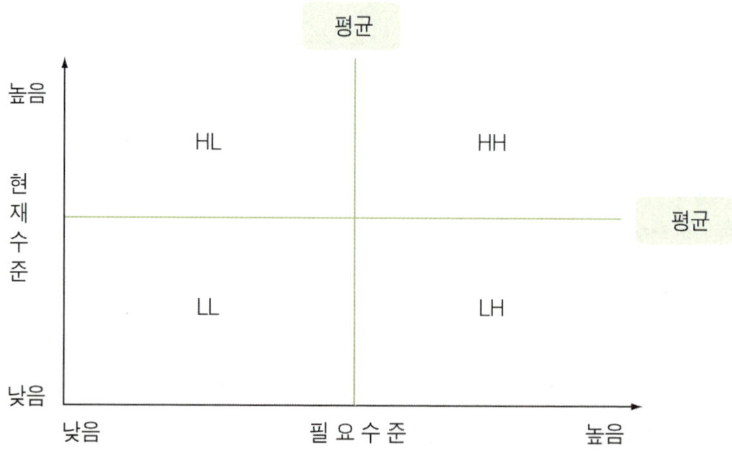

출처: 권양이(2008). p. 134.

표 7-1 요구분석의 역사

<table>
<tr><th>학자</th><th>요구분석의 의미</th><th>요구분석 기법</th></tr>
<tr><td>Tyler(1971)</td><td>‘요구(need)’란 ‘개인의 현재 상태와 확인 가능한 학습자 집단 및 사회적 규준 사이에 존재하는 차이점’이라고 규정함.</td><td rowspan="3">빼기공식
예: 필요수준(5)-현재수준(2)=요구(3)</td></tr>
<tr><td>Knowles(1978)</td><td rowspan="2">‘요구(need)’란 현재 상태(what is)와 앞으로 되어져야 할 것 사이(what should be)에 존재하는 혹은 현재 상태와, 바람직하다고 여겨지는 것 사이의 차이에서 출발한다고 정의함. 요구는 항상 차이를 의미함.</td></tr>
<tr><td>Kaufman(1972, 1982)</td></tr>
<tr><td>Witkin(1984)</td><td>측정목표의 차원이 다른 두 항목 간을 뺀다는 것은 논리적인 오류라 주장함.</td><td>-</td></tr>
<tr><td>Nowack(1991)</td><td>느낀 요구가 아닌 실제요구의 우선순위 산정방식으로 각 지식 기술에 역산한 수치를 곱하는 방식을 제시함.</td><td>역산수치 곱하기공식
예: 필요수준(3) 현재수준(2)
1 → 5, 2 → 4, 3 → 3, 4 → 2, 5 → 1 식으로 역산해서 곱함.
필요수준(3) X 현재수준(4) = 요구(12)</td></tr>
<tr><td>Borich(1980)</td><td>두 상태의 단순한 차이를 교육요구분석으로 보는 것보다 발전된 공식을 개발함.</td><td>Borich는 현재수준과 필요수준의 차를 모두 합한 값에 필요수준의 평균을 곱한 값을 전체 사례수로 나눈 값을 통하여 요구에 대한 우선순위를 부여함.</td></tr>
<tr><td>Hershkowitz(1973)</td><td>수집된 정보의 분석을 바탕으로 우선순위를 결정하는 과정을 포함함.</td><td>필요수준의 평균값과 현재수준의 평균값을 기준으로 네 개의 분면으로 구분한 후 세부 요소별로 조사된 수치들을 좌표로 점을 찍어 제시할 수 있음.</td></tr>
</table>

하위요소들에 우선순위를 두어 프로그램을 개발해야 할 것이고 필요정도와 현재수준이 모두 낮은 LL에 있는 요소들이 그 다음 우선순위가 되어야 한다. 또한 필요정도도 높고 현재수준도 높은 HH에 위치한 하위요소들은 현재의 높은 능력수준을 지속할 수 있도록 해야 하며 필요정도는 낮고 현재수준은 높은 HL에 있는 하위요소들은 신장할 필요가 있는지에 대해 지속적인 확인의 필요가 있는 요소들이다. 따라서 우선순위는 4사분면(LH), 3사분면(LL), 1사분면(HH), 2사분면(HL) 순으로 결정한다(나승일 외, 2001: 9, 재인용).

이상의 요구분석에 대한 학자들의 입장과 요구를 도출해내는 기법을 역사적으로 정리해보면 [표 7-1]과 같다.

(3) 상황분석

요구분석의 첫 번째 단계는 상황분석이다. 요구분석이 필요한 상황을 이해하고 요구분석에 필요한 정보를 분석하는 일이다. 요구분석을 통하여 어떤 목적을 달성할 것인지, 어떤 정보를 얻을 것인지를 결정하기 위해서는 요구분석이 필요한 상황에 대한 정확한 이해가 있어야 한다. 왜 요구분석을 실시해야 하는가? 요구분석을 통해 어떤 결과를 얻기를 원하는가? 요구분석 시 어떤 사항들을 고려해야 하는가? 등의 정보를 확인할 수 있어야 한다. 또한 이 단계에서는 누가 문제해결에 관심이 있는지, 누구로부터 정보를 얻을 수 있는지, 시간이나 자원의 제약은 어떤 것이 있는지에 대한 정보도 파악되어야 한다. 이러한 정보들은 이후에 요구분석을 실시하는 데 있어서 중요한 자료가 되기 때문이다(오인경·최정임, 2009: 38).

상황분석은 한 개인이 존재하는 상황 하에서 개인적인 요소와 환경적인 요소를 포함하는 모든 것을 말한다. 프로그래머가 효과적인 교육적 프로그램을 개발할 때, 프로그래머는 개인적 요구뿐만 아니라 환경이 포함하고 있는 상황과 조건들을 모두 고려해야 한다. Boyle(1981)에 따르면 '요구(need)'는 개인 중심적인 반면 '문제(problem)'는 더 사회-상황중심적이다.

프로그램 상황분석은 프로그램이 개발되기 위한 기초 작업이다. 또한 프로그램이 개발되는 것은 이미 어떤 상황에서 그것이 요구되기 때문이다. 프로그램 개발자가 그 상황을 어떻게 인지하느냐에 따라 개발하게 될 프로그램의 유형이 달라진다. 따라서 프로그램의 상황을 분석하는 것은 프로그램의 전체적인 밑그림을 그리는 작업이 된다. 청소년 프로그램의 궁극적인 목적은 청소년들에게 유익한 것을 성취하도록 도움을 주는 일이다. 프로그램 개발에서 중요한 문제는 변화나 개선을 필요로 하는 문제, 논점, 상황, 관심 등을 확인하는 것이다. 청소년 프로그램 개발의 개념으로서 상황분석은 학습대상자와 지역사회에 대한 연구, 분석, 해석, 판단을 강조한다.

프로그램 개발은 종종 아주 모호한 상태에서 시작된다. 프로그램을 시작할 때 구체적으로 확인된 요구가 아닐 수도 있다. 그 요구가 확인되었다 하더라도 실제 문제가 아닐 수도 있고 그 문제에 대해 윤곽을 그리고 선택하고 가용자원이나 능력에 따라 영역을 지어야 할 필요성이 있을 수 있다. 상황분석을 통해 프로그래머는 프로그램을 시작하기 전에 상황을 완전히 이해해야 한다. 상황분석이 목표 달성을 위해 자원을 점검하여 상황을 아는 데 초점을 맞추기보다는 더 기본적인 수준에서 시작해야 한다(한국청소년학회, 2000).

또한 청소년 프로그램 개발은 프로그램의 청소년 참여자만이 아니라, 프로그램에 영향을 미치는 환경, 지역사회와 조직의 문화적, 정치적, 사회적, 경제적 여건에 영향을 받는다. 예를 들어 하나의 프로그램을 개발하여 서울에서도 운영하

그림 7-3 상황분석

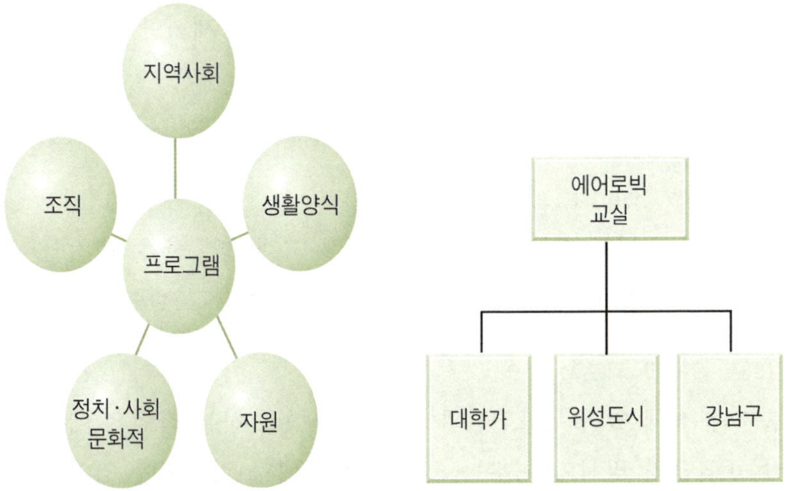

고 제주도에서도 운영한다면 그 프로그램은 참여 청소년들에게 만족감을 주지 못할 것이다. 서울이라는 지역사회 환경과 제주도라는 지역사회 환경은 차이가 있기 때문이다. 서울에 거주하는 청소년들과 제주도에 거주하는 청소년들의 생각과 특성은 다를 수 있다. 그러므로 분석을 통하여 서울에 거주하는 청소년들을 대상으로 한 프로그램과 제주도 청소년들을 대상으로 한 프로그램은 다르게 개발되어야 한다(이복희 외, 2008).

(4) 학습자 분석

학습자 분석은 요구분석의 하위분석 개념이다(DeSimon *et al.*, 2002). 즉, 학습자 분석은 앞서 제시한 상황분석과 아울러 요구분석을 구성하는 하나의 분석으로 보면 된다. Tyler(1971)에 의하면 프로그램 개발은 학습자의 인지된 '요구(need)'로부터 출발한다. 인지된 요구란 가장 일반적으로 사용되는 개념으로서 학습자가 느낀 요구이다. 인지된 요구는 학습목표를 도출하는 기반으로 작용하고 학습목표는 학습자의 학습 경험을 조직하게 된다(Apps, 1979: 114). 프로그램을 개발할 때 가장 중요한 것은 학습자의 교육 요구이다. 대부분의 교육학자들은 커리큘럼과 교육방법들이 교육목표와 학습자 욕구를 동시에 충족시켜야 한다고 말한다(Kidd, 1975). 프로그램 개발자는 학습자의 이러한 교육적 요구를 간파해서 프로그램에 반영시킬 수 있어야 한다. 또한 Tyler(1974)는 요구를 파악하고 교육목표를 설정하는데 필요한 세 가지 유용한 정보의 자원을 제시한다. 잠재적 학습자, 동시대의 사회, 주제 전문가이다. 이상의 세 가지들은 모두 학습자 분석과 관련이 있다.

1) 학습자(잠재적인 고객)에 대한 분석과 참여

프로그램에 참여할 가능성이 있는 잠재적 고객들의 신념, 멤버십, 상호작용 유형, 가치, 믿음, 정서, 리더십, 사회문화적 기원 등을 분석한다.

2) 목표 집단과 지도자 규명

학습자 분석에 있어 목표집단과 지도자 규명을 하는 작업은 매우 중요하다. 분명한 목표집단의 명시화 여부는 프로그램 성패와 직결되어 있기 때문이다.

그림 7-4 학습자 분석

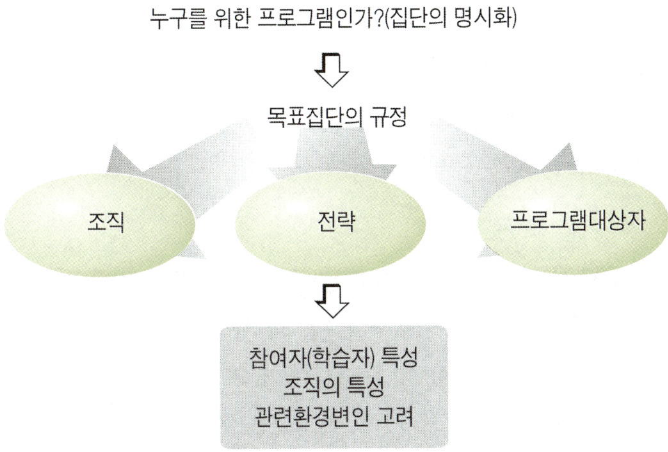

3) 학습자 분석의 기법

많은 경우에 학습자 분석은 교육적인 프로그램을 통하여 충족시킬 수 없었던 요구를 인식하도록 돕는다. 그것은 조사, 여론측정, 질문지, 인터뷰를 통해 이루어진다.

요구를 진단하기 위한 정보는 매우 다양한 방법을 통해서 진행된다. 목표 집단 지도자와의 대화, 교류, 의견청취, 서베이, 지역사회 문헌자료 분석 및 연구, 질문지, 면담 등이 있고 요구분석 기법은 프로그램 대상이나 조직의 특성과 상황에 맞게 적절한 방법을 선택하기 위하여 프로그램 개발자가 충분한 경험과 지식을 통해 노하우를 축적하는 것이 필요하다 하겠다.

2. 요구분석의 유형과 기법

(1) 요구분석의 유형

1) 기술적-주관적 요구분석

학습자의 주관적인 요구분석(예: 자기주도학습)이다. 기술적-주관적 요구진단은 주로 개인의 주관적 진술이나 판단이 그 자료로 활용된다. 자기주도학습은 기술적-주관적 요구진단의 대표적인 형태이다. 또한 청소년들이 "청소년 수련활동이나 스키 캠프에 참여하고 싶다" 등이 대표적인 기술적-주관적 요구분석의 예라고 할 수 있다. 기술적-주관적 요구진단은 일반적으로 다음의 과정을 거쳐 요구가 결정된다(기영화, 2008).

첫째, 학습자는 광범위한 목표나 교육활동을 정한다.

둘째, 학습목표를 정한다.

셋째, 학습자가 실행하고 자원을 규정한다.

2) 기술적-객관적 요구분석

기술적-객관적 요구분석은 청소년에 의해 그 요구가 결정된다. 이때 프로그램 개발자는 청소년의 프로그램 요구를 제대로 파악하고 구체화할 수 있도록 도와줄 필요가 있다. 예를 들어 우울, 스트레스 대처 프로그램의 경우 기술적-객관적 요구진단은 청소년과 프로그램 개발자 양자에 의해서 진행된다. 특히 청소년의 요구가 명확하지 않을 때는 요구진단표를 활용한다. 최초의 요구진단은 서로 신뢰할 수 있는 분위기에서 인터뷰 방법이나 간단히 1부터 7까지의(1: 가장 낮은 점수, 7: 가장 높은 점수) 척도로 그 날의 기분이 어떠한지 점수를 매기도록 한다. 청소년들이 실제적으로 어떻게 느끼는지 인식하는데 매우 효과적인 방식이다(Hayes & Morgan, 2005). 이렇게 1차의 요구진단표를 만든 후, 우울감을 진단하는 신뢰성 있는 질문지 조사로 2차의 요구진단표를 작성할 수도 있다. 이와 같이 청소년의 주관이나 직관이 아니라 전문가나 청소년 지도사를 포함한 프로그램 개발자가 체계적이고 과학적인 방법으로 청소년들의 지속적이고 일관된 요구를 과학적으로 추출해내어 객관적 자료로 만드는 것이다.

3) 규범적-주관적 요구분석

규범적 – 주관적 요구분석은 학습자가 아닌 전문가에 의해 그 요구가 판단되며 요구판단의 근거는 전문가의 주관적 진단이다. 전문가의 주관적인 요구분석(예: 청소년 지도자 연수 프로그램) 유형으로서 전문가인 프로그램 개발자가 참여 집단의 다양한 특성을 고려하여 주관적으로 어떤 학습이 필요한지를 결정하는 분석 기법이다. 예를 들어 청소년 멘토 훈련프로그램을 제공하고자 할 때 전문가는 멘토 교육 담당자를 대상으로 청소년 멘토 직무분석과 프로그램 개발 전문가 워크숍 과정을 거쳐 얻어진 결과를 토대로 요구를 도출하는 경우가 여기에 해당된다.

4) 규범적-객관적 요구분석

규범적 – 객관적 요구분석은 전문가에 의해 그 요구가 파악되나 근거 자료는 학습자들에 대한 객관적인 데이터로부터 나온다. 일반적으로 가장 공식적이고 체계적인 프로그램 개발과정에서 수행하는 요구분석 기법이다. 전문가의 객관적인 요구분석(예: 자격증/수료증이 주어지는 프로그램), 예를 들어 글로벌 리더 수료증이 제공되는 청소년 글로벌 리더십 프로그램을 제공하고자 할 때 프로그램 개발자 및 전문가는 청소년들을 대상으로 하여 그들의 글로벌 리더십 능력의 현재수준과 필요수준을 파악한 후 청소년들이 글로벌 리더가 되기 위해 필요한 리더십 능력 요구도를 도출해내는 경우이다.

(2) 요구분석의 기법

1) 문헌자료 분석

문헌자료 분석 즉, 신문이나 각종통계자료, 영상 자료, 소설, 뉴스레터 등의 면밀한 내용 분석을 통해 면접, 질문지, 관찰 등으로 획득될 수 없는 유용한 자료를 얻을 수 있다. 예를 들어 청소년 자살률이 증가하고 있다는 통계는 자살방지 예방 프로그램이 시급하다는 것을 보여주는 단적인 예이다. 이러한 문헌자료 분석의 장점은 보존·축적되어 있는 기록을 연구대상으로 삼기 때문에 예를 들어 청소년 집단 따돌림 문제가 시대를 통하여 어떻게 발달되어 왔는가를 분석할 수 있다. 시간·비용 면에서 경제적이고 많은 양의 데이터를 범주화할 수 있다는 장점이 있으나 기록된 자료와 내용만을 가지고 분석하기 때문에 유실되거나 데이터가 손상된 경우에는 분석에 한계가 따른다.

2) 서베이

서베이 기법은 학습자가 표현한 요구를 확인할 때 가장 널리 사용되는 요구분석 기법이다. 이 기법은 주로 잠재적 학습자 집단이 비교적 많고 널리 분포되어 있는 경우에 요구와 관련된 정보를 수집하기 위하여 사용되고 있다. 프로그램 개발자는 서베이 기법을 통해 잠재적 청소년 참가자들로부터 비슷한 요구정보를 통합적으로 획득할 수 있을 뿐만 아니라 비교적 쉽고 체계적인 방법으로 정보를 얻을 수 있다는 장점을 가지고 있다.

서베이를 실시하는 방법에는 질문조사법과 면접법이 있다.

① 질문지

질문지는 요구를 수집하는 가장 보편적인 방법으로 우편으로도 가능한 것이 특징이다. 질문조사는 조사방식에 따라서 자기기입식 질문조사, 면접조사, 전화조사 등으로 구분된다. 최근에는 인터넷을 활용한 조사가 활발하게 이루어지고 있다. 자기기입식 질문조사는 응답자가 직접 질문지에 답을 하는 방식이며 집단조사와 우편조사로 구분되어 실시된다.

질문지를 작성할 때 유의사항은 다음과 같다(김진규, 2004: 176).

- 조사목적과는 직접 관계없는 질문이 설문지에 포함되는 수가 있는데 질문지를 작성하기 전에 무엇을 측정하려고 하는가를 분명하게 확인해야 한다.
- 어휘선택과 표현이 간단명료해야 한다.
- 보통, 일반적으로, 가끔 등과 같이 애매모호한 표현이 포함되지 않도록 유의해야 한다.
- 선택형 질문지의 경우 선택지의 내용이나 범위가 중복되지 않도록 해야 한다.

○ 잘못된 예문: 선생님의 교직경력은 총 몇 년입니까?

1) 10년 미만　　2) 10년~20년

3) 20~30년　　4) 30년 이상

○ 바른 예문: 선생님의 교직경력은 총 몇 년입니까?

1) 10년 미만　　2) 10년 이상 20년 미만

3) 20년 이상 30년 미만　　4) 30년 이상

- 모든 응답자들이 똑같은 반응을 할 것이라고 예상되는 문항은 제외시키고 응답자들의 반응에서 변산도가 있을 것이라고 생각하는 문항을 구성해야 한다.
- 응답자가 필요한 정보를 알고 있으며 또한 그 정보를 기꺼이 제공하려고 하는가를 충분히 검토해서 응답자가 답할 수 있는 물음만 선정해야 한다.
- 응답자의 연령과 능력에 적절한 형식을 사용해야 한다.
- 특정 응답이 보다 바람직함을 시사하는 유도질문을 포함하지 말아야 한다.
- 설문지에는 응답자가 솔직하게 반응하지 않거나 난처해서 아예 반응 자체를 회피할 가능성이 있는 직접적인 질문을 하지 않도록 해야 한다.
- 응답시간을 감안해서 질문지에 포함되는 문항 수를 적절하게 조절해야 한다.
- 한 개의 문항에는 한 개의 내용만 포함되어야 하며 여러 개의 내용이 포함되지 않도록 유의해야 한다.

② 면접

면접조사는 자기기입식 질문조사와는 달리 면접자가 응답자와 대면하여 직접 응답 내용을 기록하는 방식이다. 전화조사는 전화를 이용하여 응답자를 면접하고 자료를 수집하는 기법이며 인터넷 조사는 유무선 인터넷 통신 네트워크를 통하여 이루어지는 조사이다(한국청소년정책연구원, 2007). 면접법은 응답자와 직접 대면하는 대면면접과 전화를 통해 질문에 응한 사람들과 질의응답의 형식으로 이루어지는 전화면접이 있다.

가. 공식성에 따른 면접 유형

공식적인 면접은 면접 대상자와 일정을 잡아 수행하는 공식적인 것으로 면접에 대한 허가를 구하고 시간, 장소를 정하여 면담하는 방식을 취한다. 비공식적 면접은 자연 상태의 대화와 비슷하게 전개되나 연구 목적을 염두에 둔 대화라는 점에서 일상의 대화와는 다르다.

나. 구조화의 정도에 따른 면접유형

구조화의 정도에 따른 면접유형으로는 구조화된 면접, 반구조화된 면접, 비구조화된 면접이 있다.

㉠ 구조화된 면접(structured interview) 구조화된 면접은 극히 간단하고 짧은 답을 요구하는 제한적인 질문을 하고 질문내용, 질문의 순서, 용어의 사용 등이 엄격하게 정해져 있어서 면접과정에서 면접자가 거의 아무런 융통성을 발휘할 수 없는 면접형태이고 흔히 표준화된 면접(standardized interview)이라고도 한다.

㉡ 반구조화된 면접(semi-structured interview) 반구조화된 면접은 구조화된 면접에서와 같이 미리 만들어진 면담지를 사용하지만 질문 방식에서 보다 융통성을 갖는다. 제보자의 특성이나 면담 진행 상황에 따라 질문의 순서가 바뀔 수 있으며 제보자의 입장, 의견, 느낌 등이 보다 풍부하게 반영될 수 있다. 또한 같은 질문에 대하여 제보자에 따라 보다 심화된 질문을 할 수 있으며 보충 질문을 할 수도 있다

㉢ 비구조화된 면담(unstructured interview) 비구조화된 면접은 피면접자로 하여금 자신의 생각, 느낌, 의견 등을 자유롭게 답할 수 있도록 개방적 질문을 하고 질문의 형태와 내용을 면접자의 재량에 따라 결정할 수 있는 면접형식을 뜻한다. 제보자의 답변에 따라 관련된 다른 질문을 추가해 가면서 일상적인 대화에 가까운 방식으로 진행한다.

다. 면접 대상자 수에 따른 면접 유형

㉠ 개별면접 개별면접은 질문자와 응답자의 1대 1 상호작용의 영향을 많이 받는다. 1대 1로서 면접자와 피면접자가 각각 한 사람씩 대좌하는 형식의 면접으로 개별면접(individual interview), 단독면접, 또는 단독-개별면접이라고 한다.

㉡ 집단면접 면접자와 피면접자 중의 어느 한쪽이 2명 이상이거나 양쪽이 모두 2명 이상으로 구성되어 한 자리에서 동시에 수행하는 면접을 집단면접(group interview)이라고 한다. 집단면접은 보통 연구자가 연구대상자들의 상황을 잘 모르는 초기에 해당 집단을 모아놓고 집단 구성원들 간의 대화가 진행되는 것을 살펴봄으로써 추후의 면담 방향을 결정하는 도움을 얻는데 활용된다. 집단면접은

1명의 면접자가 2명 이상의 피면접자를 동시에 면접하는 단독-집단면접, 2명 이상의 면접자가 1명의 피면접자를 공동으로 면접하는 집단-개별면접, 2명 이상의 면접자가 2명 이상의 피면접자를 한 자리에서 동시에 면접하는 공동-집단면접으로 나뉘어진다(변창진 외, 2001).

3) 벤치마킹[1]

벤치마킹이란 어느 특정 분야에서 우수한 상대를 표적으로 삼아 자기 기업과의 성과차이를 비교하고, 이를 극복하기 위해 그들의 뛰어난 운영과정을 배우면서 부단히 자기혁신을 추구하는 경영기법이다. 즉, 뛰어난 상대에게서 배울 것을 찾아 배우는 것이다. 벤치마킹은 원래 토목분야에서 사용되던 말이었다. 강물 등의 높낮이를 측정하기 위해 설치된 기준점을 벤치마크라고 부르는데, 그것을 세우거나 활용하는 일을 벤치마킹이라고 불렀다.

그 후 컴퓨터 분야에서 각 분야의 성능을 비교하는 용어로 사용되다가 기업경영에 도입되었다. 벤치마킹 기법을 활용한 경영혁신의 추진은 일반적으로

- 벤치마킹 적용분야의 선정
- 벤치마킹 상대의 결정
- 정보수집
- 성과와 차이의 확인 및 분석
- 벤치마킹 결과의 전파 및 회사 내 공감대 형성
- 혁신계획의 수립
- 실행 및 평가의 순으로 진행된다. 벤치마킹을 성공적으로 활용하기 위해서는 벤치마킹의 적용분야, 상대, 성과측정지표, 운영과정이라는 벤치마킹의 네 가지 구성요소에 대한 명확한 이해가 필요하다.

청소년 프로그램 요구분석에서 벤치마킹을 사용하는 것도 매우 유용하다. 즉, 다른 청소년기관에서 어떠한 프로그램이 진행되고 있는가를 분석하고 이를 응용·개발하는 것이다. 우수 청소년 수련관으로 선정된 곳이나 우수 프로그램을 표적으로 삼아 기관의 철학, 이념, 특성에 맞게 맞춤형 프로그램으로 개발해보는 것도 권장할 만한 요구분석 기법이라고 할 수 있다. 그러나 이때 주의할 점으로는

1 네이버 지식백과에서 참조함.

표 7-2 유사 프로그램 분석을 위한 워크시트

검토항목	분석결과
프로그램의 주제	
프로그램이 필요하다고 느끼게 된 이유	
프로그램의 최종목적	
기존의 유사 프로그램 존재 여부	• ○○기관의 □□□□프로그램 • ◇◇기관의 △△△△프로그램
유사 프로그램의 특성	• 프로그램 대상: • 프로그램 내용구성: • 프로그램 진행시간: • 프로그램 진행방법: • 강사: • 수강료: • 홍보방법: • 문제점: • 보완점:
유사 프로그램을 통한 문제해결의 가능성 검토, 수정과 보완의 필요성 탐색	• 프로그램 실시시기 및 시간: • 전문 강사 섭외: • 프로그램 중도 탈락자 관리: • 수강료 수준: • 홍보방법: • 활용 가능한 인적 자원: • 활용 가능한 물적 자원:
예상되는 장애요인	• 프로그램 개발에 대한 기관의 입장: • 재정적 자원: • 외부 재정지원자들의 프로그램 우선순위에 대한 입장: • 프로그램에 대한 고객 및 지역사회의 관심: • 프로그램 우선순위에 대한 기관 내 행정가들의 입장: • 프로그램 우선순위에 대한 프로그래머의 시각:

출처: 이화정 외(2008). p. 74.

기관 고유의 독창성을 잃지 않는 프로그램이 되어야 한다는 점이다.

이화정 외(2008)도 새로운 프로그램을 개발하기 위해서는 실시하고자 하는 프로그램의 주제와 필요성, 목적을 명료화시키고 이와 유사한 프로그램이 타 기관에서 현재 어떤 형태로 진행되고 있는지 그 특성을 분석하는 작업이 필요하다고 보았다. 기존의 프로그램을 개선하고자 할 때는 기존 프로그램의 문제점과 특성 등을 분석하고 개선이 필요한 이유, 그리고 개선 시 비교준거가 될 타 기관과의 유사 프로그램에 대한 분석을 실시하도록 한다. 이때 유사 프로그램 분석 사례 및 워크시트를 활용하면 효과적이다([표 7-2] 참조). 이러한 작업이 필요한 이유는 새로운 프로그램 개발이나 개선의 필요성에 대한 타당성을 검증할 수 있으며 더불어 타 기관에서 이루어지고 있는 유사 프로그램의 차별성을 찾고 프로그램 진행 시 예상될 수 있는 장애요소들을 미리 찾아서 극복하고자 하는 데 있다.

기존 프로그램에 대한 분석항목으로는 실시대상 및 홍보방법, 시간, 교육비, 강사의 특성, 프로그램의 실시상의 문제점과 보완점 등이 포함된다. 이 외에도 교육내용 구성과 홍보방법, 시간, 교육비, 강사의 특성과 문제점 역시 기존 프로그램의 성공과 실패에 대해 어떤 영향을 끼쳤는지를 분석하고 이를 기반으로 현재 계획 중인 프로그램 개발에 반영하도록 한다. 기존 프로그램에 대한 분석은 일반적으로 두세 가지 사례를 조사하는 것이 바람직하다. 그러나 간혹 이제까지 개발된 적이 없는 완전히 새로운 형식의 프로그램을 개발할 경우에는 기존 프로그램에 대한 분석이 어려울 것이다. 이러한 경우에는 지금까지 왜 이러한 형식의 프로그램이 개발되지 못했는지에 대한 원인 분석과 아울러 개발하고자 하는 프로그램 개발의 필요성을 입증해 줄 수 있는 사전조사 작업이 보다 구체적으로 이루어져야 한다(이화정 외, 2008: 71).

4) 관찰법

관찰법은 관찰자가 현장에 직접 참여하여 조사 대상의 개인, 사회집단, 또는 지역사회의 행동이나 사회현상을 현장에서 직접 보거나 들어서 필요한 정보나 상황을 정확히 알아내려는 방법이다. 따라서 관찰은 융통성이 있고 직접 보거나 듣기 때문에 현장에서 발생하는 실상의 문제와 요구를 이해하는 데 있어서 더욱 자세한 정보를 얻을 수 있다는 장점이 있다.

5) 결정적 사태 분석

결정적 사태 분석(critical incident analysis)이란 면담이나 회의, 설문조사를 통해 개인적 경험의 풍부함과 다양한 세부적인 이야기를 끌어내는 기법이다. 즉, 다양한 실제 사례를 체계적으로 끌어내는 기법이다. 이러한 목적을 달성하기 위해서는 필요한 자료를 얻어내기 위해 가장 적절한 위치에 있는 사람들로부터 특정한 행동에 대한 구체적인 행동 기록을 얻어내는 것이다.

6) 데이컴법

데이컴(DACUM)이란 Developing a curriculum을 줄인 말로서 교육과정을 개발하는 데 활용되어온 직무분석의 한 기법이다. 이 방법은 교육이나 훈련을 목적으로 교육목표와 교육내용을 비교적 단시간 내에 추출하는 데 효과적인 방법으로 미국과 캐나다의 직업교육 분야에서 많이 활용되고 있다. 데이컴은 핵심단계로서 워크숍과 설문조사를 연이어 실시한다. 워크숍은 진행자와 패널로 구성된다. 패널의 선정은 매우 엄격하여 전문성과 경험을 가지고 있어야 한다. 또한 사회성도 매우 중요한 요소이다. 즉, 자기가 알고 있는 것을 남에게 정확하게 전달할 수 있는 사람 그리고 처음 만난 사람과 조화롭게 협력해서 결과를 도출할 수 있는 사람을 선발한다. 데이컴 워크숍에 참석하는 모든 참석자들은 원활한 의사소통을 위해서 다음 사항을 준수해야 한다(오인경·최정임, 2002).

- 모든 참석자는 동등하게 참여한다.
- 아이디어를 자유롭게 나눈다.
- 다른 참석자의 아이디어에 편승할 수 있다.
- 어떤 종류의 참고자료도 사용하지 않는다.
- 모든 과제들을 신중하게 진술한다.
- 모든 과제 진술문은 행위동사로 시작되어야 한다.
- 모든 과제 진술문은 관찰 가능한 업무수행을 반영해야 한다.
- 관찰자들은 참여할 수 없다.

데이컴 워크숍 장소의 좌석배치는 모든 사람들이 얼굴을 보고 대화할 수 있도록 촉진자를 중심으로 참석자들은 한 책상에 3~4명씩 앉고 촉진자를 중심으로

그림 7-5 DACUM 진행을 위한 워크숍 배치

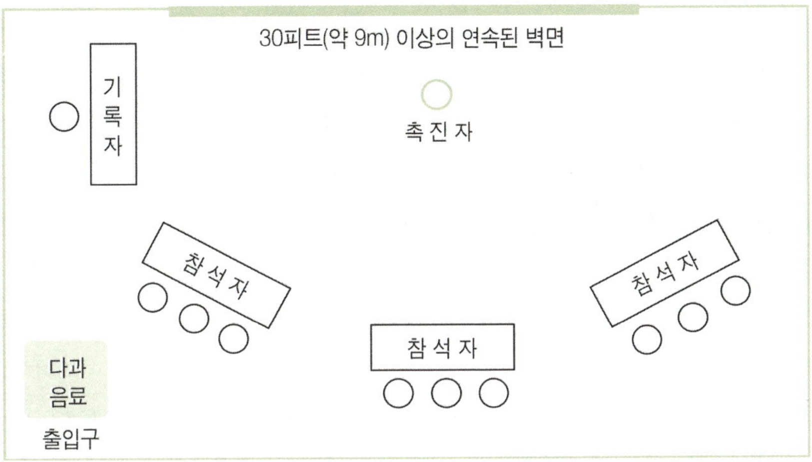

모아지도록 책상을 약간 돌려 놓는다. 이때 사회를 보는 촉진자가 참석자들의 의견을 개진하여 한 가지로 결정해서 불러주면 받아 적어 건네주는 기록자가 필요하다. 데이컴 워크숍 장소의 한 쪽 벽면은 깨끗하게 비어 있어야 한다. 실내에서 어디서나 금방 알아볼 수 있도록 굵은 글씨로 써서 촉진자에게 주면 촉진자는 이를 모든 사람이 볼 수 있도록 전면의 벽에 붙인다. 붙인 종이는 수시로 떼어서 이동할 수 있어야 한다. 이렇게 반복하여 모든 임무 혹은 과제영역을 열거하고 다시 순서를 고려하여 재배열하고 작업명칭을 열거해나간다. 모든 작업이 끝나면 번호를 정해 데이컴 차트를 완성한다. 출입구, 관찰자, 다과음료용 테이블은 방의 뒤쪽으로 배치한다.

워크숍을 통해 임무와 과제가 도출이 되었다면 워크숍에 이은 또 하나의 중요한 단계는 설문조사이다. 설문조사는 워크숍 분석 결과로 도출된 과제들에 대한 타당성을 조사하기 위한 목적으로 실시한다. 데이컴 워크숍은 소수(7명 내외)의 패널을 대상으로 분석을 하였으나 설문조사에서는 다수의 대상자를 통해 검증을 하므로 데이터의 객관성과 신뢰도를 높이는 데 중요한 역할을 한다. 설문의 각 항목은 워크숍에서 밝혔던 과제가 된다. [표 7-3]에서 보면 직무는 '교육 프로그램 기획 및 개발 평가'이고 이를 수행하는 데 필요한 과제는 '학생들과 학부형들의 관심을 조사한다' 등이다. 설문지에서는 각 과제에 대해 중요도 및 필요도를 조사한다. 설문 응답 결과에 따라 중요도 및 필요도가 높은 항목부터 우선순위를 배정한다.

데이컴을 통해서 얻어지는 장점은 효과성, 신속성, 저비용이다. 즉, 최고의 업무수행자에서 얻어 낸 정보들은 보통 수행자 또는 이 업무를 실제로 수행하지 않는 내용 전문가에게서 얻은 정보보다 훨씬 신뢰도가 높고 효과적일뿐만 아니라 일대일 면접법이나 관찰조사보다 훨씬 신속하게 결과를 도출할 수 있다(오인경·최정임, 2002). 데이컴법은 교사, 청소년 지도사, 방과 후 활동 교사, 상담센터 상담원, 지역사회 유력인사 등 청소년과 밀접한 관련이 있는 사람들이 패널로 구성되어 워크숍을 진행할 경우 더욱 심도 있는 청소년 대상의 과제나 업무 분석이 이루어질 수 있을 것으로 기대된다. 청소년 프로그램 기획, 개발이라는 직무가 주어졌을 경우 이를 수행하는 데 요구되는 사항들이 효과적으로 분석되어질 수 있다.

표 7-3 과제의 타당성 검증을 위한 설문지의 예

직무: 프로그램 기획, 개발 평가	중요도	필요도
1. 학생들과 학부형들의 관심을 조사한다.	5-4-3-2-1-0	5-4-3-2-1-0
2. 인력수급평가 데이터를 수집하고 평가한다.	5-4-3-2-1-0	5-4-3-2-1-0
3. 커리큘럼 개발에 사용하기 위해 직무과제분석을 주도한다.	5-4-3-2-1-0	5-4-3-2-1-0
4. 직무에 필요한 초급 수준의 필수사항들에 대한 확인을 지시한다.	5-4-3-2-1-0	5-4-3-2-1-0
5. 프로그램 기획과 개발에 지역사회대표들을 참여시킨다.	5-4-3-2-1-0	5-4-3-2-1-0
6. 프로그램 개발을 위해 지역기관으로부터 지원을 얻는다.	5-4-3-2-1-0	5-4-3-2-1-0
7. 직업교육 프로그램 개발과 실행 시 지역사회기관들과 협력한다.	5-4-3-2-1-0	5-4-3-2-1-0
8. 연간 프로그램 계획안을 준비한다.	5-4-3-2-1-0	5-4-3-2-1-0
9. 장기적인 프로그램 계획안을 준비하고 최신화한다.	5-4-3-2-1-0	5-4-3-2-1-0
10. 전반적인 직업교육 프로그램의 목표를 설정한다.	5-4-3-2-1-0	5-4-3-2-1-0

출처: 오인경·최정임(2002). p. 76.

7) 개별이력

요구를 개인적으로 결정하고 기록하는 데 이용하는 방법이다. 많은 다른 분석 자료들이 여러 전문직에 이용될 수 있고 여러 가지 주제와 내용에서 다양한 분석 자료들을 얻을 수 있다. 이것은 과업분석이나 직무분석과 유사한 것이라 할 수 있다(김진화, 2012: 217).

8) 비형식적 기법

① 비공식적 대화

프로그램 개발자는 프로그램이 진정으로 필요한가를 면밀히 분석해야 하는데 이를 위해선 각 원인이 발생하게 된 구체적인 이유 및 출처를 밝혀내야 한다. 비공식적인 대화는 일상 생활 속에서 동료와의 대화를 통해 일상 생활 속에서 접촉을 통한 정보수집기법으로서 아이디어를 끌어내는 것이다. 프로그램 개발자는 어떤 문제를 해결하기 위해 끌어낸 아이디어가 구체적인 프로그램으로 개발되기 전에 이와 같은 방법을 통해 프로그램 아이디어의 효과성을 확인하는 과정이 필요하다.

② 비활동적 측정

과거의 행동을 조사하는 물리적 흔적, 보관된 기록문서, 관찰이 여기에 해당된다.

3. >>> 프로그램 요구의 우선순위 설정

(1) 우선순위 결정의 의미

앞서 살펴보았듯이 다양한 요구가 드러난 경우 프로그램 개발자는 모든 요구들을 가지고 모든 프로그램을 개발할 수는 없다. 따라서 프로그램 개발자는 어느 요구가 프로그램으로 전환될 것인가를 결정해야 한다. 예를 들어 요구는 조직의 상황과 교육목적, 철학과 맞는지 혹은 실현가능성이 있는지를 면밀히 조사해야 하는 한편 지나치게 비싼 장비를 필요로 하는 요구나 주어진 상황이나 기간 내에 학습할 수 없는 내용이거나 잠정적인 학습자의 참여 가능성이 희박한 경우는 제외한다(기영화, 2008).

즉, 우선순위 결정이란 요구분석을 통해서 얻게 된 수많은 요구(아이디어)들 중에서 실시기관(조직)의 이념 및 철학, 한정된 자원, 기타 제반 여건을 고려하여 일정한 기준에 따라 그 순위를 결정하는 것을 의미한다. 다양한 요구를 동시에 만족시키는 프로그램을 개발하기란 불가능하기 때문에 프로그램 개발자는 현재 그들이 속해 있는 조직의 인력, 상황, 비용, 학습자들의 관심, 프로그램 개발자 자신의 역량 등을 고려해야 한다.

첫째, 인력은 프로그램 실행에 관련된 다양한 역할을 수행할 수 있는 인력으로 교수자와 스태프 혹은 프로그램 관리자 등이 포함된다. 이러한 역할들을 수행할 사람들이 구체적으로 어떠한 능력을 보유하고 있는지도 살펴봐야 하겠고 부족할 경우에는 어떤 방법으로 충원이 가능한지도 고려해봐야 한다.

둘째, 조직의 상황이란 일반적으로 물리적 환경, 시설과 각종 설비, 조직의 프로그램에 대한 기대와 가치, 조직의 의사소통체계 등을 의미한다. 프로그램 개발자가 요구분석을 통해 분석한 요구 가운데 이를 실시할 수 있는 조직의 물리적 시설 설비가 갖추어져 있지 않거나 이를 맡아 처리할 직책이 없는 경우 프로그램으로 개발된다고 할지라도 그 효과성은 보장할 수 없다.

셋째, 비용은 가장 직접적인 프로그램 선택요인으로서 매우 중요하다. 아무리 중요하고 시급한 프로그램이라고 하더라도 이것을 지원해줄 수 있는 비용이 없다면 프로그램 개발은 불가능하기 때문이다. 이와 관련하여 프로그램 개발 시 재정적인 지원을 해주는 담당자와 신념상의 문제로 갈등이 생기기도 한다. 이것은 프로그램 개발의 여부를 결정하는 중요한 요인으로 작용하기도 한다. 따라서 프로그램 개발자는 학습자들의 학습요구를 프로그램으로 전환할 경우 어느 정도의 비용이 소요될 것인가에 대한 예산서를 가지고 있어야 한다. 이처럼 각각의 요인에 대한 분석을 통하여 실시기관의 활용자원과 역량, 예산이 어떤 수준인지를 밝히고 이를 토대로 수많은 아이디어 중에서 우선적으로 개발하여야 할 것을 위계화시켜서 순차적으로 결정해나가는 작업이 이루어지게 된다(이화정 외, 2008).

(2) 우선순위 결정 접근방법

우선순위 결정 접근방법은 여러 가지가 있으나 가장 일반적으로 손쉽게 할 수 있는 방법은 카파렐라(Caffarella)의 우선순위 결정 접근방법이다.

우선순위 결정 접근

- 카파렐라(Caffarella, 1994) 우선순위 결정 접근
- 〈단계적 우선순위 결정과정 전략〉

단계	내용
1단계	우선순위 결정에 참여할 사람을 결정한다.
2단계	우선순위 결정을 위한 평가 준거를 개발한다.
3단계	평가 준거에 따라 아이디어를 기록한다.
4단계	아이디어의 우선순위 점수를 합산하여 순위를 정한다.

1) 1단계

1단계에서는 우선순위 결정에 참여할 사람이 누구인가를 결정하는 단계이다. 잠재적 고객(프로그램 참여자), 지역사회의 영향력 있는 지도자, 프로그램 실시기관의 관리자, 경영자, 청소년 지도자 등을 중심으로 결정한다.

1단계

우선순위에 결정에 참여할 사람을 결정

- 잠재적 고객(프로그램 참여자)
- 지역사회의 영향력 있는 지도자
- 프로그램 실시기관의 관리자
- 경영자
- 청소년 지도자

2) 2단계

2단계에서는 우선순위 결정을 위한 평가준거를 개발하고 결정하는 단계이다. 평가준거의 예로서 다음과 같이 관심을 가지는 사람, 인력, 목표달성, 즉시성, 파급효과, 요구의 정도, 자원 지원 등과 같은 범주들로 구성이 될 수 있다.

2단계

우선순위 결정을 위한 평가준거의 개발

- 관심을 가지는 사람(주체기관)
- 인력
- 목표달성
- 즉시성
- 파급효과
- 요구의 정도
- 자원지원

3) 3단계

요구분석결과로 나온 아이디어(요구)를 범주화시켜서 5~6개 정도로 정리한다. 범주화된 아이디어를 우선순위 차트에 적어 넣는다.

3단계

평가준거에 따라 아이디어 기록

- 분석된 요구의 나열화
- 요구충족을 위한 아이디어의 나열화
- 준거의 틀에 맞게 아이디어의 입력

4) 4단계

각각의 아이디어에 대한 우선순위의 점수를 합산하여 그 중에서 가장 높은 점수대의 아이디어를 채택하게 된다.

각 평가자에게 우선순위 차트가 배부되고 평가자는 요구별 점수를 매긴다. 최소의 요구는 '1'점, 최소의 요구보다 좀 더 중요한 요구는 '2'점, 보통인 요구는 '3'점, 중요한 요구는 '4'점, 가장 중요한 요구는 '5'점 값을 매기도록 한다.

4단계

아이디어 가격치의 입력 및 우선순위 점수합산

- 준거의 틀에 맞게 아이디어 가격치의 입력
- 우선순위 점수합산

각각의 평가가 끝나면 각 우선순위의 차트를 수합하여 각 항목의 점수의 평균값을 구한다. 각 항목별 평균값이 구해지면 그 평균의 합산을 구하여 총점으로 제시한다. 합산된 점수에 따라서 순위가 매겨지고 조직의 자원과 상황이 허락하는 범위 내에서 각각의 요구는 프로그램으로 개발된다.

(3) 우선순위 결정 접근의 실제

조사된 요구 가운데 프로그램으로 전환될 요구의 우선순위를 결정하는 기준으로서 관심을 가지는 사람, 인력, 목표달성, 즉시성, 파급효과, 요구의 정도, 자원지원의 기준 등에 의해 제시되었다.

표 7-4 요구의 우선순위 결정기준의 예

주요기준	고려요소
관심을 가지는 사람(주체기관)	프로그램에 관심을 가지는 사람이 얼마나 되나?
인력	특정요구와 관련하여 지식이나 기술을 제공할 사람은 있는가?
목표달성	특정요구가 조직의 목표에 기여하는가?
즉시성	특정한 요구는 즉각적으로 실행되어야 하는가?
파급효과	다른 요구의 실현에도 영향을 미치는가?
요구의 정도	현재 상태와 이상상태 간의 요구격차가 얼마나 큰가?
자원 지원	물리적 편의시설이 제공될 수 있는가? 또한 프로그램 수행을 위해 필요한 인적, 물적 자원과 재정적 지원의 가능성 정도를 말함.

실제 요구는 매우 다양하게 나올 수 있으나 이를 모두 프로그램화하기는 사실상 불가능하다. 따라서 이상 [표 7-4]에서 제시되었듯이 우선순위 결정기준을 정하고 점수를 매긴다.

예를 들어 청소년 기관이 청소년들을 대상으로 요구분석을 실시하여 청소년 프로그램에 대한 요구분석을 실시하였다. 청소년들은 효과적인 의사소통, 성교육, 리더십, 봉사학습에 대한 요구가 있었다. 프로그램 개발자는 청소년 운영위원회 대표, 지역사회의 유력인사, 청소년기관 경영자 및 관리자, 청소년 지도자들에게 다음 [표 7-5]와 같은 우선순위 선정 차트를 돌리고 각 요구별로 우선순위를 매기도록 하였다. 청소년 지도사 및 자원봉사자 혹은 기타 프로그램에 관련된 인력들에게 우선순위 선정 차트를 배포하고 값을 매기게 한다. 최소의 요구(매우 그렇지 않다)는 '1', 약간 중요한 요구(그렇지 않다)는 '2', 보통이다는 '3', 중요한 요구는 '4', 반드시 실현되어야 할 요구(매우 그렇다)에 '5' 값을 매기도록 한다. 관심을 가지는 사람은 응답한 사람 수의 평균값을 구하면 된다.

결과적으로 각 우선순위 차트가 수합되고 각 항목의 점수는 평균값을 매긴다. 각 항목별 평균값은 다음과 같이 주어졌고 그 평균의 합산이 총점으로 제시되었다. 합산된 점수는 그 순위가 매겨지고 조직의 자원이 허락하는 범위 내에서 각 요구가 프로그램으로 개발된다. 이와 같이 이 방법은 여러 사람이 함께 요구의 순위를 결정할 때 유용하게 사용될 수 있다(기영화, 2008).

아래 표에 나타난 것과 같이 청소년들의 리더십에 대한 요구가 가장 우선적으로 개발되어야 할 프로그램으로 나타났다. 그 다음으로 개발되어야 할 프로그램은 효과적인 의사소통 프로그램이다. 그러나 이 경우 반드시 요구순위 차트에 의해서만 우선순위가 결정되는 것은 아니다. 상황적인 맥락, 기관의 분위기, 자원 허용범위와 그와 유사한 할 프로그램이 다른 청소년 교육기관에서 이미 많이 실시되고 있지는 않은지 중복성 등을 점검해야 한다. 유사하더라도 특화된 다른 프로그램으로 전환될 수 있을지 등을 면밀히 살펴봐야 하겠다.

표 7-5 우선순위 선정 차트

프로그램 아이디어	관심을 가지는 사람(주체/기관)	인력	목표 달성	즉시성	파급 효과	요구의 정도	자원 지원	총점
효과적인 의사소통	4(평균값)	4	4	4	4	3	4	27
성교육	4	4	4	2	4	4	3	25
리더십	5	4	3	5	4	4	3	28
봉사학습	2	5	1	1	2	2	5	18

다음 [표 7-6]은 서로 다른 가중치(무게값)을 적용하여 계산한 경우이다. 왜냐하면 각 기준들이 동일한 정도로 간주될 수 없기 때문이다. 즉, 일곱 가지의 기준이 중요도에 있어서 동일하다는 가정을 하게 되면 위와 같이 해도 무리가 없지만 조직의 신념이나 철학, 운영방침에 비추어 어느 하나의 기준이 다른 기준에 비하여 중요성을 더 많이 내포한다면 그 기준에 가중치(무게값)를 부여하여 계산하는 것이 바람직할 것이다.

표 7-6 가중치를 활용한 우선순위 선정 차트

프로그램 아이디어	관심을 가지는 사람(주체/기관) 무게값=2	인력 무게값 =2	목표 달성 무게값=7	즉시성 무게값=5	파급효과 무게값=3	요구의 정도 무게값=2	자원지원 무게값=2	총점
효과적인 의사소통	(4)-8	(4)-8	(4)-28	(4)-20	(4)-12	(3)-6	(4)-8	90
성교육	(4)-8	(4)-8	(4)-28	(2)-10	(4)-12	(4)-8	(3)-6	80
리더십	(5)-10	(4)-8	(3)-21	(5)-25	(4)-12	(4)-8	(3)-6	90
봉사학습	(2)-10	(5)-10	(1)-7	(1)-5	(2)-6	(2)-4	(5)-10	52

따라서 우선순위 선정에 있어서 각 기준들 간에 동일 값을 적용한 경우와 다른 가중치를 적용한 경우 최종 요구의 순위는 변동이 없으나 요구값의 격차는 모두 크게 벌어졌다. 이때 서로 다른 가중치의 값을 설정하는 일은 조직의 특성이나 자원 혹은 프로그램의 실행 시기나 상황에 따라 달리 적용될 수 있다.

CHAPTER 8

청소년 프로그램 목적 및 목표설정

1. >>> 프로그램 목적

청소년 프로그램의 목적은 청소년 기관의 이념, 방향, 철학, 사명 등을 아우르는 한편 궁극적으로는 프로그램에 참여하는 참가자들의 도착점 행동이 되어야 한다. 따라서 프로그램 개발자 및 청소년 지도자가 청소년 프로그램의 목적을 수립하기 위해서는 프로그램이 궁극적으로 지향하는 바가 무엇인가를 명백히 인식할 필요가 있다. 프로그램의 목적을 수립하기 위해서는 다음과 같은 설정 기준에 유의할 필요가 있다.

첫째, 프로그램의 목적은 국가, 지방자치단체, 지역사회, 청소년 기관이 지향하는 이념을 파악하는 것이 필요하다.

둘째, 청소년 프로그램에 인적·물적 자원 및 재정적인 지원을 제공하는 정부나 민간단체, 지방 유력인사 등 이해관계자들의 결정이 프로그램의 개발에 영향을 미칠 수 있다는 것을 이해하고 경우에 따라서는 프로그램 목적의 설정에 그들의 의견을 수렴할 필요가 있다.

셋째, 청소년 기관을 둘러싸고 있는 제반 속성과 사회적 변화 및 동향에 의해 프로그램의 목적이 설정될 수 있다. 청소년 기관은 학교와 비교하여 상대적으로 급격하게 그리고 예측불가능하게 지속적으로 변화되는 제반 환경에 효과적으로 적응하고 대처해 나가야 한다. 청소년 기관은 프로그램을 통해 청소년들이 변화하는 사회에 적절히 대응해 나아가게끔 준비시킬 의무가 있고 궁극적으로는 변화하는 미래에 청소년들이 바람직한 사회변화창출의 주체가 될 수 있도록 적극적인 대안을 제시해야 할 책무가 있다.

넷째, 청소년 기관의 설립 취지와 이념은 프로그램 목적을 설정하는데 중요한 토대가 된다. 대부분의 청소년 기관이 청소년의 요구와 흥미를 토대로 프로그램을 개발하기도 하지만 다양한 각각의 청소년 기관이 고유하게 가지고 있는 기관 특수성때문에 기관마다 나름대로 지향하는 가치와 이념을 반영할 수 밖에 없다. 이와 같이 청소년의 요구, 지역사회 및 기관과 국가적 청소년 정책 기관과 국가적 청소년 정책이 지향하는 가치를 반영하여 청소년 프로그램을 개발한다.

다섯째, 청소년의 성장, 발달, 요구, 문제, 필요 등은 프로그램 목적을 설정하는데 중요한 근거가 된다. 청소년 프로그램은 학교교육처럼 교육과정이 고정되어 있는 것이 아니기 때문에 철저한 요구분석에 근거하여 이에 관련해 프로그램 목적을 설정하여야 할 것이다.

(1) 프로그램 목적 진술방법

청소년 기관 및 현장에서 프로그램의 목적을 진술하는 작업은 매우 필요한 사항이다. 청소년 캠프를 포함하여 프로그램을 참가자에게 알리기 위해 홀더나 소책자 및 전단지를 발송할 때에도 프로그램의 목적을 진술하는 것이 효과적이다.

프로그램 목적의 진술은 다음 제시된 바와 같이 상황, 대상, 내용, 직접적 결과, 기대효과 등 다섯 개의 요소를 포함시키면 된다. “상황”은 학습자가 처해있는 상황이나 학습자의 현재 상태를 명시하며 “대상”은 프로그램의 참여자를 제시하고 “내용”은 참여자가 경험하게 될 프로그램의 포괄적인 내용을 명시한다. 그리고 직접적 결과는 프로그램의 결과로 즉시적으로 변화된 특성을 명시한다. 또한 프로그램 종료 후 프로그램에 참여한 학습자의 변화될 궁극적인 기대효과를 명시한다(김진화, 2012: 280).

프로그램 목적 진술 사례

청소년 자신감 증진 프로그램 "벽을 넘어서"

■ 프로그램 목적

입시위주의 획일화된 공교육체제 아래에서 많은 실패와 경험을 반복하는 청소년들에게 자아 존중감을 형성하고 자신감을 높일 수 있는 프로그램을 개발하여 운영함으로써 청소년들이 실패를 두려워하지 않고 새로운 도전을 즐길 수 있는 마인드를 갖게 하는 것을 목적으로 한다.

①(상황) ②(대상) ③(내용: 프로그램) ④(직접적 결과) ⑤(기대효과)

2. 프로그램 목표

목적은 국가 혹은 사회적인 차원에서 가장 포괄적인 의미의 목적을 지칭하며 목표는 가장 최소한의 단위의 목적을 지칭할 때 사용된다. 듀이(Dewey)에 따르면 목표는 예견된 목적이며 바로 활동으로 연결된다. 크레크(Krech)는 목표를 도달하고자 하는 목적과 피해야 할 목적에 따라 최종적으로 얻게 되는 것으로 정의한다. 목표는 최종 행동의 기대결과 혹은 이루고자 하는 상태나 얻고자 하는 지위이다. 그래서 목표는 변하고 변해야 되고 개선되어야 할 상황에서 제시된다(기영화, 2004: 144).

첫째, 프로그램 목표는 프로그램이 지향하여 가는 구체적인 교육결과이다. 앞서 실시한 청소년과 사회의 요구를 분석하여 프로그램 목표로 전환할 수 있어야 한다(Tyler, 1974). 흔히 프로그램 목표는 목적과 혼용되고 있다. 목적과 목표는 결과를 얻기 위한 행동지침이다. 프로그램 개발과정에서 목표는 그 기능에 따라 일반목적, 프로그램 목표, 학습목표로 구별된다. 일반목적은 청소년 기관에서 실현하고자 하는 포괄적인 수준의 목표이다. 프로그램의 일반목적은 프로그램이 시작될 때 형성되어 장기적인 조직의 교육방향과 지침을 제공한다. 프로그램 목표(program objective)는 일정한 시기에 조직의 프로그램이 지향하는 교육적 결과이다. 학습목표는 참여자 개인의 특별한 학습활동을 위한 세부적인 행동결과이다. 학습목표는 행동목표와 같은 의미로 교수-학습과정 설계시 논의된다. 학습목표는 학습자에게 초점을 맞춘 구체적인 진술이다.

둘째, 프로그램 목표는 학습자의 개발행동의 범위와 수준을 표현한다. 프로그램 목표는 학습자들의 어떤 활동을 개발할 것인가에 초점을 두고 있다. 프로그램 목표는 프로그램 개발을 지도, 안내하고 전체 프로그램의 목적과 다양한 활동 간에 균형을 이룬다.

셋째, 전체 프로그램 목표는 프로그램의 목적과 개별의 다양한 활동과의 관계와 균형을 촉진한다. 즉, 전체 프로그램의 목적, 프로그램이 직접적으로 의도하는 바가 무엇인지를 체계적으로 명시하는 것이다. 이것은 프로그램 참여자에게 기대감을 갖게 하고 프로그램 홍보에도 기여한다. 개별활동목표는 전체 프로그램의 목적과 조화를 이루어야 한다. 이러한 개별활동목표는 과연 의도된 학습결과에 도달했는가에 대한 것이다. 학습경험의 범위 지정, 교육의 내용·방법, 방향 규정, 수련활동의 활성화, 평가의 방향·내용·결과 해석의 규준 결정의 기능을 한다.

넷째, 프로그램 목표는 프로그램의 종료 시의 평가기준을 제시한다. 이와 같이 청소년 프로그램 목표는 프로그램이 실시된 후 프로그램 결과를 가시화하고 평가기준을 제시해야 하나 프로그램 목표가 너무 광범위하고 모호하게 진술되어 있는 경우 프로그램 산출물을 측정하는 것을 어렵게 만들 수 있다(Cato, 2007). 즉, 프로그램의 결과 기대되는 활동이 목표로 기술되며 그 목표가 분명하고 정교할 때 효과적인 결과를 얻을 수 있고 평가 측정이 용이해지기 때문에 이 점을 유의해야 한다.

(1) 프로그램 목표진술 방법

목표 진술은 대체로 두 가지 수준에서 이루어진다. 하나는 과정 종료 후 청소년이 달성하기를 기대하는 도착점 목표이며 다른 하나는 이 도착점 목표를 달성해 나가는데 필요한 수단적인 중간목표로써 도착점 목표의 하위목표라고 할 수 있는 수행목표(enabling objectives)이다(한국청소년개발원, 2005). 도착점 목표 진술

후 각 도착점 목표 아래에 수행목표를 순서에 따라 진술한다.

프로그램 목표가 의미 있게 진술되려면

첫째, 목표를 획득하려는 참여자들의 유형을 구체화한다.

둘째, 목표를 달성할 것으로 기대되는 학습자의 비율이나 최소인원을 나타낸다.

셋째, 참여자들이 프로그램을 통해 얻고자 하는 것을 구체적으로 기록한다.

넷째, 장래 고객에게 중요하고 가치 있는 것을 다룬다.

다섯째, 진술된 문제와 명백한 관계를 보여준다. 목표획득은 사실상 문제나 요구를 해결하는 것이기 때문이다.

여섯째, 프로그램에 투입할 수 있는 노력과 자원의 양 및 실현가능성을 나타낸다.

일곱째, 주어진 시간 내에 획득될 수 있어야 한다.

여덟째, 목표의 성취 여부를 평가 가능하도록 가시적이고 구체적으로 정의해야 한다.

마지막으로 프로그램의 핵심부분에 초점을 맞춰 목표가 진술되어야 한다.

청소년 프로그램 활동영역은 크게 인지적 영역, 정의적 영역, 신체·운동적 영역으로 나눌 수 있다. 더 자세하게 분류한 학자로서 가네는 인간 학습의 영역을 다섯 가지 영역인 언어정보 및 인지방략 영역, 태도, 운동기능 영역, 지적기능 영역으로 구분·소개하였다. 가네의 다섯 가지 학습 성과 영역 중 언어정보 영역과 지적기능 영역은 다시 세 가지와 다섯 가지로 각각 세분화되어 총 열한 가지 학습 성과 각 영역에 해당되는 학습목표를 진술할 때 사용하기를 권장하는 표준 능력 동사, 즉 학습을 통하여 새롭게 성취할 수 있기를 기대하는 행동들과 그 표준 동사를 지원해 주는 행위동사, 즉 별도의 학습을 하지 않고서도 이미 할 수 있는 행위를 의미하는 동사를 각각 제안하고 있다(성태제 외, 2012). 목표의 진술에 있어 어떠한 행위동사를 사용할 것인가를 결정하는 것은 매우 중요한 사안이다.

목표 진술시에는 관찰 가능한 행동동사를 사용할 것이며 청소년 입장에서 진술하되 다른 목표와 조화를 이루어야 한다. 또한 학습 후 기대되는 행동 진술로 기술되어야 한다.

또한 프로그램 개발자는 조사된 요구를 프로그램 목표로 전환할 때 조직의

표 8-1 영역별 목표 진술예시

영역/하위영역		표준 능력동사	대표적인 행위동사	목표 진술 예시
언어정보 (verbal information)	축어적 학습	열거하다(list) 암송하다(recite)	구두로, 글로 써서	구구단을 구두로 암송할 수 있다.
	사실 학습	진술하다(state)		3.1운동의 주요 요인을 구두로 진술할 수 있다.
	요지 학습	요약하다 (summarie)		독립선언서의 내용을 글로 써서 요약할 수 있다.
지적 기능 (intellectual skills)	대상, 위치, 또는 대상의 속성 간의 감각적 변별	변별하다 (discriminate)	지적하여, 분류하여, 밑줄을 그어, 짝지어서	같은 모양의 도형을 짝지어서 변별할 수 있다.
	구체적 개념	확인하다 (identify)	분류하여, 지적하여, 밑줄을 그어, 대상을 짝지어서	저항기와 축전기를 확인할 수 있다.
	정의된 개념	분류하다 (classify)	정의를 활용하여 정확한 예와 부정확한 예를 분류하여	포함된 원소에 따라 유기물과 무기물을 분류할 수 있다.
	원리 (원리활용)	시범 보이다, 실증하다 (demonstrate)	구두로, 글로 써서, 실제로 원리를 적용하여 수행함으로써	최소공배수를 활용하여 두 개의 분수를 합하는 방법을 시범보일 수 있다.
	고차원리 (문제해결)	산출하다 (generate)	몇몇 원리의 활용을 요하는 결과를 구두로 또는 글로 써서	수질오염방지를 위한 해결안을 구두로 산출할 수 있다.
인지방략 (cognitive strategy)		창안하다(originate) 채택하다(adopt)	새로운 문제해결을 말로, 글로 써서 또는 직접 고안함으로써	작가와 작품을 기억하는 새로운 방법을 채택할 수 있다.
태도 (attitude)		선택하다 (choose)	자발적으로 행동에 참여함으로써	자신의 취미에 맞는 특별활동을 자발적으로 채택할 수 있다.
운동기능 (motor skills)		실행하다 (execute)	새로운 운동계열을 실제로 수행함으로써	이단 넘기를 실제로 수행하며 실행할 수 있다.

출처: 성태제 외(2012). p. 255.

가용자원과 외부로부터 조달할 수 있는 자원을 충분히 고려한다. 아무리 훌륭한 프로그램 목표가 수립되었다고 하더라도 자원이 부족할 경우에 결국 프로그램의 성공은 보장될 수 없기 때문이다. 프로그램 목표는 실천 가능한 것이라야 하며 가시적인 것과 비가시적인 것으로 구분되어 진술되는 것이 바람직하다(기영화, 2004: 147).

CHAPTER 9

청소년 프로그램 설계 및 개발

1. >>> 프로그램 설계

청소년 프로그램 설계는 프로그램의 특성상 청소년의 특성에 알맞은 프로그램이 설계되어야 한다. 프로그램 참가자의 다양한 측면을 파악하는 것은 프로그램 설계에 있어 매우 중요한 요소이다. 프로그램 설계란 본 서의 앞장에서 간략히 다루었듯이 프로그램 요구분석을 통하여 확인된 요구에 의거하여 프로그램 내용과 방법을 선정하고 조직화하는 일련의 과정을 말한다. 즉, 프로그램 설계는 청소년 지도의 방법 및 전략을 이해하고 개선하며 적용하기 위한 것이다. 지도효과를 극대화하기 위하여 청소년의 특성과 학습내용에 적합한 지도방법을 고안하는 일련의 활동을 말하며 이와 관련된 원리, 이론, 모형 등을 의미하기도 한다. 따라서 프로그램 설계자들의 역할은 특정 청소년 집단에게 특정한 경험을 제공하기 위하여 가장 적절한 지도방법, 즉 처방전을 산출해내는 일이며 이와 더불어 처방적인 지도전략을 산출해내는 일이다.

(1) 프로그램 내용과 교육방법의 설정

도출된 요구들이 우선순위 결정을 통해서 프로그램의 목표가 정해지면 프로그램 목표를 실행하기 위한 학습의 내용과 교육방법을 설정한다. 교수설계에서 가장 핵심적인 사항은 학습내용을 어떻게 가르치고 배울 것인지 교수－학습 방법을 결정하는 것이다. 즉, 학습목표를 효과적으로 달성하기 위한 교수－학습 전략을 선택해야 하는 것이다. 같은 내용이라고 할지라도 어떤 교수－학습 방법을 선택하느냐에 따라서 교육효과가 달라질 수 있기 때문에 적절한 교수－학습 전략의 선택은 매우 중요하다. 최고의 교육방법은 존재하지 않으나 최적의 교육방법은 존재한다. 경험적으로 볼 때 교육방법 선정에 대한 의사결정은 학습자 특성, 학습자 수, 학습내용, 시간과 장소, 시설을 포함한 기관 환경 등 실제적인 제약을 복합적으로 고려하여 내리게 된다(권양이, 2012).

1) 프로그램 내용

① 학습내용은 프로그램 목적 및 기관후원자의 정책을 고려해야 한다

학습내용은 다양한 방법들로 조직된다. 기관의 직원 혹은 내용전문가로부터 학습참여자가 직접 선정하는 등 다양하다. 그러나 무엇보다 중요한 것은 내용이 프로그램의 목표를 충실하게 반영하고 있어야 한다.

첫째, 학습내용은 프로그램 목적을 고려한다. 학습목적은 직원의 능력, 강의실 수, 학습자의 요구, 재정적 능력과 경험에 기초하여 설정된다. 그러므로 학습내용을 조직할 때 프로그램 목적을 검토하는 것에서 시작하는 것이 바람직하다. 또한 모든 프로그램은 각 분석된 요구에 따라 핵심적으로 조직하되 동시에 새로운 요구를 드러낼 가능성이 있는 학습내용도 실험적으로 개설하도록 한다.

둘째, 학습내용은 청소년 프로그램을 후원하는 기관후원자의 결정이나 정책을 고려하여 선정한다. 그러나, 학습내용 개발자는 기관후원자를 포함한 이해관계자들의 요청을 무분별하게 수용하게 되는 위험을 방지하기 위하여 판별할 준거를 가지고 있어야 한다.

② 학습내용이 인근 다른 기관과의 내용과 중복되지 않도록 한다

학습내용이 중복될 경우 독창성이 떨어져 장기적으로 프로그램의 성패에 결정적인 영향을 미치게 된다. 앞서 소개한 유사 프로그램 분석을 위한 워크시트를 참고하여 프로그램 진행 시 예상될 수 있는 장애요소들을 미리 찾아서 미연에 방지하는 것이 필요하다.

③ 개설될 내용이 제한된 시간에 실행될 수 있도록 고려한다

개설된 학습내용이 주어진 시간 안에 이루어지지 않고 마무리된다면 참가자에게 좋지 않은 인상을 심어줄 수 있게 된다. 本治(1992: 31)에 따르면 프로그램의 학습내용은 '소량화의 원칙'에 유념해야 한다. 학습의 전개단계에서는 예상 외로 많은 시간이 필요한 경우가 많다. 따라서 학습내용의 종류와 분량을 소량화하는 것이다(이화정 외, 2008: 128, 재인용).

④ 학습내용은 계절, 현재 관심사, 개설강좌 이름을 고려한다

학습내용은 개설강좌 이름을 고려하여 조직하는 것이 효율적이다. 즉, 현대사회에서 필요한 문제나 즉각적인 요구를 충족시켜줄 수 있는 혹은 다른 곳에서 충족될 수 없었던 것을 명시하는 것이 좋다. 예를 들면 '밀레니엄 세대 청소년의 인간관계 오픈'이라는 명칭은 딱딱하게 느껴지는 '인간관계법'보다 많은 관심과 친근감이 느껴진다.

⑤ 다양한 방법을 사용한다

청소년 프로그램은 청소년이 중심이 되어야 하는(Larson & Walker, 2010) 자기주도성의 원리와 활동성(Roth & Brooks-Gunn, 2003)의 원리에 토대를 두고 기획되어야 한다. 보다 활동적인 교육방법을 사용하여 청소년들의 자기주도성을 강조할 필요가 있다. '조사활동', '참여조사' 등의 학습방법을 선택하여 관련 자료를 수집하는 것은 학습자가 스스로 사고하고 행동하는 학습결과를 얻어내는 것이다. 이는 단순히 강의를 들어서 이해하는 것과는 차원이 다른 것이다. 특히 N세대, 밀레니엄 세대라고 특징지어지는 청소년들은 아날로그 세대와 다르게 공부, 일로부터 시작하여 오락과 의사소통에 이르기까지 거의 모든 일상 활동에서 컴퓨터, 모바일 폰, 아이패드 등 이러한 기기와 더불어 성장한 세대들이다. 따라서 최신 교육매체와 방법을 사용하는 것이 필수불가결하게 되었다. 또한 활동을 자연스럽게 유도하기 위하여 지역사회 조사, 견학, 체험학습, 캠프, 학습 여행 등의 유비쿼터스 러닝적인 자원기반 학습방법으로 바뀔 필요가 있고 특히 지역사회의 견지에

서는 청소년 자신의 관심과 생활문제를 자신들의 지역사회 생활 속에서 조사하여 지역사회문제를 해결해보게도 하고 최근 이슈가 되고 있는 환경문제를 비롯하여 생태체험캠프에 참여하게 하여 학습과 체험의 과정을 동시에 경험해보게 하는 것도 바람직하다.

2) 프로그램 교육방법

프로그램 교육방법에 대한 의사결정은 프로그램 내용, 참여자 특성, 참여자 수, 시간과 장소, 시설을 포함한 기관 환경 등 실제적인 제약을 복합적으로 고려하여 내리게 된다.

표 9-1 교육방법 선정에 대한 의사결정

구분	교육방법	특성	활용방법	교수-학습 상황
지식·기법 습득	강의형 (일반 강의, 팀티칭)	· 단시간 내 다수에게 대량의 정보제공 · 교육효과 저조 · 강사자질에 좌우	기본지식, 공통 개념, 정보 제공	· 학습 집단의 인원은 50명 이상임 · 교실(학습 공간)이 전통적임 · 교육내용이 개념과 원리 학습임 · 새로운 지식 습득에 초점을 둠
	강의형 시범, 동료교수 (peer teaching)	· 실제 실물을 보거나 직접 조작함 · 비용과다	기기사용법/ 조작법 교육	· 학습 집단의 인원은 30~40명임 · 학습공간이 융통성이 있음 · 교육내용이 운동 기능적 영역임 · 새로운 지식 습득 및 숙달에 초점을 둠
태도 변용	집단중심형 (사례 연구)	· 사례개발에 시간, 노력 소모 · 판단기준 내면화 가능 · 행동으로 전이 용이 · 편협한 사고 → 유연한 사고	상황분석력이나 문제해결능력개발	· 학습 집단 인원은 30~40명이나 소집단 구성이 가능함 · 학습공간이 융통성이 있음
	집단중심형 (토론법)	· 흥미끄는 정도 강력 · 경험, 정보 교류 · 동료의식 · 정보량이 적음	해결방법, 아이디어 개발, 문제의식 공유	· 학습 집단 인원은 20명 이하임 · 학습공간이 전통적임 · 교육영역이 태도, 정의적 영역임 · 기존 지식의 이해/적용, 강화에 초점을 둠
문제해결 능력향상·행동변용	체험학습형 (역할연기, 게임, 실습 및	· 장시간 소요 우려 · 촉진자의 능력 중요	접객응대, 전화응대, 회의진행 방법,	· 학습 집단 인원은 20명 이하임 · 학습공간이 전통적임 · 교육영역이 태도, 정의적 영역임

	연습활용법)		대인관계 스킬, 게임을 통한 순발력 기름	· 기존 지식의 이해/적용, 강화에 초점을 둠
문제해결 능력향상· 행동변용	협동학습형 (프로젝트 개별 팀), 문제해결학습법)	· 동기부여가 되지 못할 경우 학습 효과 저조	팀별과제/ 협업작업 통해 협동심 기름/ 문제해결능력개발	· 새로운 지식의 창출, 탐구, 문제해결이 초점임 · 교육영역이 인지적 영역임

① 지식·기법 습득 프로그램

가. 강의법

가장 많이 사용되는 방법 중의 하나이다. 누구나 강의를 할 수 있지만 누구나 잘 할 수 없는 게 강의법이다(차갑부, 2010). 단시간에 많은 학습자에게 지식과 정보를 전달하는 방법으로 비용을 절감할 수 있으나 학습자의 참여가 제한되어 있기에 학습자의 주의 집중을 지속시키기가 어렵고 강사의 질에 크게 의존해야 하는 특성이 있다.

〈강의 후 검토해야 할 것〉

- 목적은 달성하였는가?
- 목적과 내용은 합치되었는가?
- 내용의 계통이 서 있고, 학습자의 능력수준에 알맞았는가?
- 강의상황은 적절하였는가?
- 도입, 전개, 정리부분은 효과적이었는가?
- 질문, 판서, 사례 제시 등은 적절하였는가?
- 학습자들의 열의가 있었는가?

나. 질문법

- 집단전체를 대상으로 명료하고 정확하게 질문하도록 한다. 호명하여 질문할 경우에는 질문을 먼저 하고 호명을 다음에 한다.
- 주의가 산만한 학생의 주의집중을 유도하기 위해서는 호명부터 하고 질문하는 것이 좋다.
- 청소년의 개인차를 고려하여 질문하도록 한다. 선수능력이 뛰어난 청소년과 그렇지 않은 청소년에 따라 질문내용을 달리 구성해야 하며 불안이 높은 청소년과 그

렇지 않은 청소년에 따라 질문의 빈도를 다르게 해야 할 것이다.

- 질문에 반응할 수 있는 충분한 시간적 여유를 주어야 한다. 질문 후 곧바로 반응을 요구하는 것은 청소년의 심리적 혼란을 야기할 우려가 있다.
- 청소년의 반응에 대해 적절한 피드백을 제공해 주어야 한다. 질문에 대하여 정확한 반응이든 그렇지 않은 반응이든 피드백을 제공해야 하는데 특히 잘못된 반응인 경우 무엇 때문에 그런 반응을 하게 되었는지를 바로잡아 주고 올바른 반응을 유도해내야 한다.
- 청소년들이 자신에게 질문이 주어지더라도 이를 즐거운 마음으로 받아들일 수 있는 융통성 있는 분위기를 조성해 줄 필요가 있다. 엄격하고 딱딱한 분위기에서 청소년의 창의적인 사고를 기대할 수 없기 때문이다.
- 청소년의 질문을 자유롭게 허용해 줄 필요가 있다. 청소년들의 질문에 대해 지도사의 응답이 필요한 부분은 적절히 대답을 하되 그렇지 않은 부분에 대해서는 다시 청소년들에게 되묻거나 하는 방식으로 청소년 상호 간의 토론을 유도할 수 있다(한상철, 2009).

다. 시범

시범은 교수자가 학습자들에게 실제로 실생활 장면에서 수행되는 기술 혹은 기능을 직접 해보임으로써 정확한 방법을 관찰할 수 있도록 하게 하는 교육방법이다. 좋은 시범은 시범의 각 단계가 명확하게 제시되어야 하고 학습자가 실제로 해볼 수 있는 기회가 주어져야 한다. 이 방법은 학습자들이 실제로 해봐야 될 필요성이 있는 활동이 학습내용에 포함되어 있을 때 효과적이다.

② 태도변용 프로그램

가. 토의법

청소년 지도 장면에서 집단토의를 하기 이전에 먼저 특정 문제나 주제를 선정하고 집단의 크기를 3~7명으로 나누고 토의목표를 구체화할 필요가 있다. 즉, 버즈집단토의를 활용하면 효과적이다. 버즈집단토의란 집단사고나 집단토의를 효율적으로 하기 위해 그 자리에서 소그룹으로 갈라져 어떤 주제에 대해 토의를 진행하는 방법이다. 한상철(2009)은 다음과 같이 토의법 절차에 대해서 설명하였다.

- 집단의 청소년 구성원을 3~7명으로 하고 한정된 시간을 배정하여 진행한다. 그리고 집단의 역동을 고려하여 집단의 구조 및 공간배치를 적절히 해야 한다. 집단을 구성할 때 청소년의 다양한 의견을 수렴하고 협력적인 태도를 높이기 위하여 집단의 성격을 이질적으로 만드는 것이 좋다.
- 토의 진행과정에서 지도사는 가능한 한 개입을 하지 않음으로써 청소년들의 자주적 토의가 이루어질 수 있도록 적극 권장한다. 지도사는 토의활동에 대하여 언어적 또는 비언어적 피드백을 제공하는 것만으로 충분하다.
- 정리단계에서 지도사와 청소년 모두 토의과정을 평가하고 토의과정에서 예기치 못했던 새로운 사실의 발견이나 오류, 토의의 결론 등을 정리하고 기록해야 한다.

〈토의 후 검토해야 할 것〉

- 교육의 목적이나 토의의 과제를 명확히 하였는가?
- 토의과제, 학습자 수 등을 고려한 합당한 토의법을 사용하였는가?
- 토의의 진행 순서를 미리 정하였는가?
- 토의에 필요한 자료를 조사, 준비하였는가?
- 학습자에게 사전에 필요한 요건을 알려주었는가?
- 토의환경 등 세심한 주의를 기울였는가?

표 9-2 토의법의 주요 유형 정리

유형	내용
버즈집단토의 (Buzz)	• 6-6, 와글와글, 윙윙 토의법 • 일정학급집단 성원전체가 학습에 참여하며 공통된 학습과제를 신속히 얻고자 할 때 실시하는 토의법 • 3~6명을 한 집단으로 하여 6명씩 6분단을 만들고 각 분단 1분씩 토의(총 6분)로 각 분단 1과제추출(6과제) 후 공통과제를 추출하는 절차를 거친다. • 학급집단 성원전체가 학습에 참여할 수 있다. • 시간·노력·경비를 감소할 수 있는 토의법이다. • 상호 간 관계개선, 분위기 조성할 수 있으며, 부진학생 지도 도움, 언어력 향상에 도움이 된다.
배심토의 (Panel)	• 소수의 선정된 배심원과 다수의 일반 청중으로 구성되었다. • 특정주제에 대해 상반된 견해를 대표하는 몇몇 사람들이 사회자의 진행에 따라 토의하는 형태이다.

	• 배심원은 토의될 주제에 대해 관심, 관련된 내용을 조사, 필요에 따라 전문적인 연구가 필요하다.
공개토의 (Forum)	• 1~3인의 전문가나 자원인사가 10-20분간 공개적인 연설을 한 후, 이를 중심으로 하여 청중과 질의 응답하는 방식으로 토의가 진행된다. • 청중이 직접 토의에 참가하여 공식적으로 발표한 연설자에게 질의를 하거나 받을 수 있다는 점이 특징이다.
단상토의 (symposium)	• 권위 있는 전문가 몇 명이 각기 다른 의견을 공식 발표한 후, 이를 중심으로 의장이나 사회자가 토의를 진행한다. • 전문가, 사회자, 청중 모두 특정주제에 관한 전문적인 지식이나 정보, 경험 등을 지니고 있어야 한다는 점이 특징이다.
원탁토의 (round table discussion)	• 참가인원은 보통 5~10명 정도이며, 참가자 전원이 상호 대등한 관계 속에서 정해진 주제에 대해 자유롭게 서로의 의견을 교환하는 좌담형식이다. • 충분한 경험을 지닌 사회자와 기록자, 그리고 전문지식을 가진 청중들 또는 관찰자와 함께 대화하는 비형식적 집단의 성격을 띤다. • 참가자 모두가 발언할 수 있도록 기회를 적절히 제공해야 하며, 협조적이고 개방적인 자세, 공동체 의식이 형성되어야 한다.

출처: 권양이(2012). p. 117.

나. 사례연구법

사회현장에서 실제로 발생될 것으로 생각되는 문제를 청소년 학습자에게 사례로 제시하고 이를 연구하게 하는 것으로서 학습자들이 분석력, 판단력 등 문제해결능력과 직업수행능력을 체험을 통해 익히게 하는 기법이다. 구체적인 해결을 필요로 하는 문제가 있어야 하고 자유롭고 자주적인 사고 촉진을 위한 교육방법이다. 사례분석 훈련은 기업교육에 있어서도 실무처리 능력을 배가시킨다. 그러므로 많은 사례를 준비하고 있어야 한다. 이러한 일련의 과정에 있어서 사례를 일관성 있게 판단하고 해석하여 줄 유능한 강사의 확보가 필요하다.

사례연구법은 세 가지 상호의존적 활동이 필요하다. 첫째, 사례를 스스로 읽고 사색하는 활동, 둘째, 청소년들이 다른 청소년 참여자들과 함께 집단으로 사례를 분석하고 토의하는 활동, 셋째, 사례토의 및 그 자신의 태도와 행동에 대한 반성을 하는 활동이다.

㉠ 사례대상

사례 연구에서 활용되는 사례의 대상은 한 개인에 국한시킬 필요는 없으며,

심지어 프로그램, 단체, 집단, 기관 등에까지도 사례의 대상으로 삼을 수 있으므로 다양한 종류의 사례를 적극 활용할 수 있어야 한다. 이렇듯 사례는 뉴스 기사나 영상, 청소년 개인의 경험, 가상의 이야기 등을 통해 생성할 수 있다. 또한 수업의 요소와 관련된 영화나 드라마의 한 장면, 소설의 일부, 정부의 정책이나 보도자료, 인터넷 검색 자료 등도 청소년들의 흥미를 돋우기 위한 훌륭한 사례로써 활용될 수 있다.

㉡ 효과성

능동적인 참여와 사고력과 의사소통기술을 함양시킨다. 고정관념의 탈피 기회를 가질 수 있다. 자주적인 판단력을 고양시킬 수 있다. 청소년들이 사례 연구를 함으로써 인간행동에 대한 이해가 가능해질 수 있다. 동일한 사실에 대한 각자의 다른 관점을 파악할 수 있다(권양이, 2012).

그림 9-1 사례 연구 수업과정

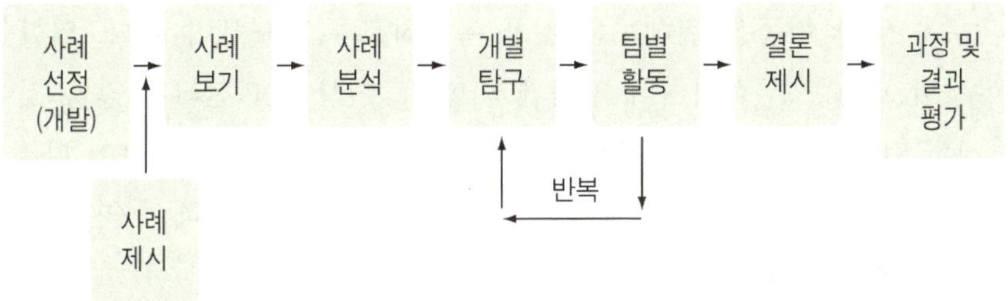

출처: Waterman & Stanley(2005).

③ 문제해결능력향상·행동변용 프로그램

가. 역할연기법

역할연기란 타인의 역할을 경험해 봄으로써 자신과 타인을 이해하는 데 도움을 주고자 하는 극화된 놀이로 청소년이 이용하는 공간을 하나의 드라마 세트로 설정하여 모든 참여자들에게 역할을 맡겨서 서로를 관찰하고 건설적인 비판을 하도록 하는 방법이다(오치선 외, 2000). 이희경(1989)의 연구에 따르면 역할연기법이 갈등해결유형 변화에 어떤 영향을 미치는지를 검증한 결과 역할놀이 후 청소년들의 능동적 갈등완화방식이 증가하고 능동적 갈등격화방식은 감소하였다. 이는 역할놀이를 통해서 역할획득의 기회가 생겨 타인의 입장을 이해하게 되는 신념변화로서 역할갈등과 가치갈등이 감소가 되었다고 볼 수 있다(최창욱 외, 2005: 30, 재인용).

역할연기법은 일반적으로 다음과 같은 단계를 밟아 전개된다(권양이, 2012; shaftel & shaftel, 1982).

㉠ 도입단계

우선 역할연기를 하는 사람을 결정, 타인은 관찰자가 된다. 연기자는 어떠한 목적으로 이 역할연기를 하는지 어떠한 장면이나 상황설정으로 어떠한 역할을 연기하는지를 설명한다. 또한 관찰자에게도 어떤 면에 주안점을 두고 관찰하는 것이 바람직한지를 전달해야 한다.

㉡ 실연단계

역할연기 시간은 보통 30분 정도가 적당하다. 지도자는 단지 그 역할을 취하는 것으로부터 더욱 자발적으로 개성을 발휘해서 역할을 연출하는 것을 촉진하고 또한 새로운 역할 행동을 취해보는 것을 촉진하도록 지도해야 한다. 역할연기에서 이야기의 교환이 두절되거나 약하게 되면 그 이상은 진전되지 않을 것이라고 생각하게 되며 여기서 일단 정지하고 다음 단계인 분석으로 진입하여 다시 한 번 처음으로 되돌아가 역할연기를 계속하든가 서로 역할을 교대해서 역할연기를 계속하는 것도 바람직하다.

㉢ 피드백 단계

역할연기의 효과는 역할을 연출해봄으로써 생겨나지만, 그 과정을 이후에 되돌아보고 분석하고 문제점을 명백히 파악함으로써 더욱 그 효과를 얻어낼 수 있다.

되돌아보거나 역할 연기가 좋았던 점, 문제점은 무엇인가, 또한 서로간의 어떠한 발언이나 태도가 상대방에게 어떠한 영향을 미쳤는가, 어떤 발언이나 태도 밑바탕에는 어떠한 기분이나 감정이 숨어 있었을까, 그것에 대해 어떠한 조치를 위하는 것이 좋았을까 등의 분석을 통해 깊이 생각해보는 것이 바람직하다.

나. 실습 및 연습활용법

실습 및 연습활용 과정은 준비과정과 교수자의 시범, 학습자에 의한 관찰과 모방과 반복을 통해 실습이 평가되는 과정을 거친다. 교수자는 작업의 목표와 실습이 왜 필요한지를 설명, 학습자들의 흥미를 일깨우고 학습할 활동을 시범으로 보이면서 전반적인 과정을 설명하고 학습자는 교수자가 보여 준 시범활동을 모방한다.

- 교수자는 실습의 목표를 설명하여 학습자의 흥미를 북돋운다.
- 교수자는 학습할 활동을 시범으로 보이며 전반적인 과정 및 개별적 활동을 설명하고 학습자는 교수자가 보여준 시범활동을 모방한다.
- 교수자는 중간 중간 학습자의 실습결과를 모니터하면서 부적합한 부분을 교정시켜야 한다.
- 학습자는 기능을 익힐 때까지 새로 학습한 활동을 반복·연습하고 교수자는 학습자의 기본 기능을 최종적으로 확인하여 평가한다.

실습 및 연습활용법 수업은 다른 교육방법의 수업과 마찬가지로 수업에 대한 평가가 요망되는 수업이다. 학습자는 실습의 과정에 교수자의 시범을 관찰하고 학습내용에 대해 도전하고 스스로 평가하며 전 과정에 적극적으로 참여하여야 한다. 학습자는 교수자의 시범을 평가해 보면서 자신이 학습과정에서 발견한 사실들, 절차, 자신의 능력을 정리·요약한다(기영화, 2008).

④ 기타 프로그램

가. 여행, 견학, 현장답사

여행, 견학, 현장답사는 학습관련 내용을 직접 관찰하기 위해 관심대상이나 장소를 방문하는 계획된 교육여행이다. 여행, 견학, 현장답사는 경험학습(experiential learning)으로서 학습자가 쉽게 접할 수 없는 것을 직접 경험·관찰하거나 이론과 현장에서의 적용을 관련시키고자 할 때 효과적이다.

㉠ 우선 사전계획이 중요하다. 계획단계에서는 먼저 여행, 견학, 현장답사의 목적을 구체적으로 진술해야 하고 청소년들이 함께 참여할 수 있도록 한다. 거리와 교통편, 날씨 등을 고려하여 견학할 장소, 지역 등을 선정해야 한다.

㉡ 시행단계에서는 청소년들에게 현장견학에 관련된 모든 내용들을 상세히

소개한다.

㉢ 여행, 견학, 현장답사가 재미에만 그치지 않도록 소집단을 만들어 주는 등의 분위기 조성에 주력한다.

㉣ 질문이나 토의를 제시하고 청소년들이 활발하게 참여하게 하여 모든 청소년들이 능동적으로 참여할 수 있도록 한다.

㉤ 현장의 특성, 청소년의 특성, 자연조건 및 날씨 등을 고려하여 청소년들이 활발히 활동할 수 있도록 한다.

㉥ 추수지도로서 여행, 견학 학습 등을 마친 후에 청소년들로 하여금 모든 단계를 스스로 요약해 보게 한 후 잘된 점과 잘못된 점 등을 스스로 지적하는 성찰보고서를 작성해 보도록 한다.

나. 전람회, 박람회, 페스티벌

전람회, 박람회, 페스티벌 등은 아이디어, 생산품, 과정들을 전시하여 보여준다. 전람회는 고정되어 있으며 연속되는 전시회를 말한다. 박람회는 비연속적으로 이루어지며 페스티벌은 이동하는 전시회를 의미한다(기영화, 2008: 166).

(2) 프로그램 평가 설계

프로그램 설계단계에서 중요한 것은 프로그램 평가에 관한 것이다. 교육목표를 설정하고 교육내용과 방법을 선정했다면 평가방법까지도 미리 설정해야 한다. 또한 설계과정에서는 홍보방법에 대한 의사결정을 해야 하고 사전검사(pilot test)를 통해서 프로그램에 대해 점검하는 계획도 반드시 세워야 한다.

(3) 기타 설계에서의 실시사항

교육방법, 평가방법 등에 관한 결정과 동시에 설계 단계에서는 프로그램의 시간표 작성, 교육장소와 강사 섭외, 프로그램의 학습 진행 계획수립, 프로그램에 대한 홍보와 관계자와의 논의 등이 필요하다. 특히 프로그램의 홍보와 관계자와의 논의는 프로그램의 시간조정이나 필요한 자원의 조정에 있어서 매우 중요한 사항이다(권대봉, 2003).

2. 프로그램 개발단계

(1) 프로그램 산출물

프로그램 개발은 지도과정을 창조하는 방법을 이해하고 개선하며 적용하기 위한 것이다. 전문적 활동으로서의 프로그램 설계가 건축설계자의 설계도(blueprint)에 비유될 수 있다면 프로그램 개발은 이 설계도에 바탕을 두고 실제로 건물을 짓는 것에 비유될 수 있다. 프로그램 개발은 새로운 지도 상황을 창안하기 위한 적절한 절차들을 처방하고 활용하여 실제 지도에 사용될 자료, 강의안, 지도계획서 등을 산출해내는 것을 말한다(한상철, 2009). 즉, 청소년 프로그램 개발단계에서는 강의안, 학습자용 교재, 유인물, 보충자료, 시청각 자료 등 가시적인 프로그램의 산출물이 나오는 단계이다. 개발(development)단계는 설계단계에서 결정한 사항에 따라서 실제 프로그램의 관련 자료를 개발하는 단계이지만 사실 대부분의 프로그램 개발 과정에서는 설계와 개발이 함께 병행되는 경우가 많다. 또한 그렇게 함으로써 프로그램 개발의 시간과 비용을 절감할 수 있기 때문이다. 즉, 프로그램의 교수방법을 결정하면서 이러한 교수방법을 운영하기에 필요한 매뉴얼을 개발하는 과정이 병행된다. 또한 프로그램 시간표를 작성하면서 동시에 상세한 프로그램 운영 매뉴얼도 작성된다(권대봉, 2003: 164). 프로그램 실행을 위한 체크리스트도 이 매뉴얼에 포함시켜야 된다.

(2) 자원 확보 및 관리

1) 프로그램 실행에 필요한 인적자원

① 프로그램 지도자

수많은 연구들이 청소년과 성인 간의 성숙한 관계형성의 중요성을 언급하고 있다. 청소년들과 일선의 청소년 지도자와의 좋은 관계형성은 청소년 발달에 매우 긍정적 영향을 끼치는 사항이다(Bouffard & Little, 2004). 프로그램 지도자는 프

표 9-3 프로그램 실행을 위한 체크리스트

프로그램명 (   )   일시 (   )

항목	점검여부
참가자 수	
교육장소 예약	
강사 초빙	
주제목록 선정	
교안준비	
설비, 비품의 주문 및 예약	
교재 주문 및 예약	
유인물 준비	
활동 및 교육 보조기구 준비	
수료증 준비	
강사용 차량예약	
참가자용 차량예약	
숙박시설 예약	
강사 확인	
참가자 확인	
사전 활동, 학습용 자료 배포	
참가자 요구 종합	
숙박시설 확인	
소모품 구입	
음료시설 준비	
식사예약	
간식 준비	
필름, 비디오, 음향자료 등 준비	
이름표 준비	
고정 시설물 확인	
기타 사항 등	
이 모든 사항들 재점검	

출처: 이화정 외(2008). p. 140.

로그램의 장을 하나의 공동체로 형성할 수 있도록 하여야 하고 그를 통해 프로그램의 참여를 촉진할 수 있을 때 비로소 그 효과를 나타낼 수 있을 것이다.

청소년 활동의 장에 있어서 교수(teaching), 수업(instruction) 등과 유사한 의미를 지니고 있는 활동으로서의 청소년 프로그램 실행은 청소년들의 참여활동을 지도하고 도와주고 촉진하고 그리고 활동 동기를 지속적으로 유발시킴으로써 궁극적으로는 청소년의 성장과 발달을 촉진시키는 데 그 의의가 있다.

프로그램 실행에 있어서 그 지도자가 나름대로 활동방법을 선택하는 일은 선택한 활동방법이 프로그램 참가자들의 성장과 발달을 효율적으로 촉진시켜 줄 것이라는 가정 하에서 이루어지므로 넓은 의미에서 볼 때 프로그램 지도자는 학습행위를 유발시키는 자(者)라고 간주할 수 있다. 따라서 청소년 지도자의 첫 번째 기능은 청소년으로 하여금 지적 정보처리를 능동적으로 그리고 적극적으로 수행할 수 있도록 촉진제 역할을 하며 인지적 과정을 안내해 주는 것이고 다른 하나는 청소년들로 하여금 활동과제나 실제상황에서 수행해야 할 과업을 수행하는 데 적극적으로 몰두할 수 있게 해주는 것이다(한국청소년개발원, 2011).

이와 같이 프로그램 실행력을 갖춘 지도자를 선발하는 일은 프로그램에 있어서 매우 중요한 사항이다. 청소년과 상호호혜적인 관계를 유지할 수 있는가, 수평적인 관계에서 상호협력체제를 구축할 수 있는가, 무엇보다도 청소년들을 지도할 만한 성숙한 인격과 품성 및 도덕성을 겸비했나를 면밀히 따져서 선정해야 한다. 또한 대부분의 청소년 프로그램의 경우 시간이 많이 소요될 뿐더러 옥외 장소를 이용해야만 하는 프로그램이 많기 때문에 프로그램을 실행하기 위해서 신체적으로 건강하고 평소에 꾸준히 체력관리를 해온 지도자를 선정한다.

② 프로그램 운영 요원

대개의 청소년 프로그램에서 청소년 지도사와 운영 요원들은 그 역할이 중복되는 경우가 많다. 특히 야외 청소년 캠프와 같은 프로그램을 진행할 경우 더욱 그러할 가능성을 많이 내포한 것이 청소년 프로그램이라고 할 수 있다. 따라서 프로그램을 진행하는 운영 요원은 지역사회의 풍부한 자원을 가진 성인으로서 선정하는 것이 적합하다. Sullivan과 Larson(2010)의 연구에 따르면 청소년들은 프로그램에 참여함으로써 단지 활동만을 기계적으로 수행하는 것이 아니다. 그들의 연구결과는 프로그램의 효과성이 구조화된 활동이 수반되고 의미 있는 청소년–성인 역할 관계형성을 통한 상호작용이 활발하게 일어날 때 더욱 높아짐을 보여준다. 비록 이러한 관계가 일회성의 혹은 장기간의 피상적인 관계라 할지라도 청소년들은 이러한 기회들을 통해 성인의 세계에 접근할 기회와 가치 있는 정보들, 기술들을 습득할 수 있었다고 기술한다.

③ 기타 관리자

자원봉사자 및 실습을 이수하는 대학생들도 프로그램 실행에 중요한 인적자원이다. 그러나 자원봉사자와 실습생은 엄연히 그 역할이 구분되어 있기에 청소년 지도사는 역할분담을 구분해 줄 필요가 있다(권양이 외, 2012). 앞서 말한 대로 프로그램에서 성숙한 성인과의 관계형성은 청소년 발달에 매우 중요한 사항이므로 자원봉사자나 실습생으로 참여하는 대학생들도 청소년에게 성숙한 성인으로서 멘토가 되어준다면 청소년 프로그램은 더욱 효과적일 수 있다. 따라서 향후 이러한 실습이나 자원봉사자로 일하는 대학생들을 위한 교육·훈련프로그램의 개발·보급도 많이 이루어져야 한다.

2) 프로그램 실행에 필요한 물적 자원

① 진행 장소

프로그램이 진행되는 장소는 누구나가 접근하기 용이한 곳이 바람직하나 프로그램이 지리적으로 다양한 지역을 포괄하는 경우 프로그램 장소는 반드시 사전에 충분한 공지가 이루어져야 하며 누구나 알아보기 쉽고 접근하기 용이한 장소로 선정해야 한다. 활동장소의 좌석은 언제든 이동시킬 수 있도록 배치되어야 한다. 활동장소는 프로그램에 따라 집단토의 혹은 포럼, 역할극 등 다양한 교수기법이 활용된다. 각 활동장소의 좌석이 고정되어 있는 경우 교수법이나 학습자의 수 혹은 상황에 따라 조절하기가 어렵다. 이 경우 활동의 효과는 감소될 수밖에 없다. 좌석은 상황을 고려하여 변화시킬 수 있도록 설치한다. 책상의 배열도 언제든 변화시킬 수 있는 형태가 바람직하다. 네모탁자는 원형탁자에 비해 필요에 따라 책상을 서로 붙이거나 혹은 분리하기가 용이하다. 프로그램 관리자는 이러한 시설들을 활동이전에 미리 점검하여 프로그램 효과를 극대화할 수 있게 배치하여야 한다(기영화, 2008).

② 시청각 자료 및 물적 자원

시청각 자료를 포함한 물적 자원은 프로그램에 따라 달라진다. 프로그램의 기간과 참여자의 수, 내용과 전달기법에 따라 다른 설비가 갖춰져야 하겠다. 물리적 시설은 청소년들에게 편안하고 사용하기 편리하며 청소년 지도사와 청소년의 상호작용을 극대화할 수 있는 것으로 갖춰져야 한다. 각 시설물들은 프로그램 활동목표, 사용되는 구조적 테크닉, 참여자, 지도자, 비용, 접근성, 서비스의 유형에 따라 달라진다(기영화, 2008). 프로그램 실행에 필요한 음향과 조명시설 등 모든 시청각 자료 및 미디어 자료들이 구비되어 있어야 하겠다.

③ 화장실, 휴게실

청소년들의 기호에 맞게 깨끗하고 시각적으로도 좋은 화장실 및 휴게실이 구비되어 있어야 하겠다.

④ 교통편의(셔틀버스) 및 주차 공간

프로그램 참여자들 이외의 관련 담당자들도 잘 찾아오도록 미리 전에 공지해 놓는 것이 필요하다. 또한 주차공간에도 프로그램의 진행을 알리는 표지판을 미리 전에 부착해놓는 작업이 필요하다.

3) 프로그램의 재정 자원

프로그램의 재정 사항은 프로그램의 유형과 후원기관에 따라 매우 다양하다. 전액 보조로 운영되는 프로그램이 있는가 하면 스스로 재정을 충당해야 하는 프로그램도 있다. 예컨대 교회 등의 비영리조직의 프로그램은 자원봉사자를 많이 확보할 수 있기 때문에 충분한 예산없이도 청소년 프로그램을 실시할 수 있다. 그러나 일반 프로그램은 조직으로부터 받거나 정부보조금을 받아 프로그램을 운영해야 한다.

① 프로그램 참여자의 프로그램 과정 참여비

대개의 경우 청소년 수련관이나 기타 청소년 관련 기관에서 운영하는 프로그램들은 많지는 않지만 청소년들이 수강비를 내도록 하고 있다. 세계적으로 비영리단체에 대한 정부의 보조금이 줄어드는 추세이고 우리나라도 프로그램 수익금 등 자체적으로 재원을 확보하는 비영리성 단체들이 증가하고 있는 실정이다(권양이·김정주, 2011: 77). 청소년 기관도 앞으로는 자체적으로 다양한 수익금 발생원을 증가시키려는 노력을 강구해야 할 것이다.

② 조직의 일반재정으로 충당함

교회와 YMCA, YWCA 등의 대규모 조직에 속한 청소년 프로그램은 조직의 전체 수입의 일부를 프로그램에 투자하게 할 수 있다.

③ 기부금

대기업들은 직접 혹은 간접적으로 지역사회를 후원하고 있다. 특히 우리나라도 나날이 시민사회가 성숙해지고 있고 경제의 세계화에 따라 다국적 기업의 영향력이 확대되면서 국제기구 및 NPO들의 환경문제 중심의 지속가능개발지표 개발에서부터 노동, 안전, 기부 등의 문제로 확대되고 있어 기업에 있어서는 이러한 사회적 책임을 회피할 수 없는 사회적 규범의 성격으로 작용하고 있다(권양이·김정주, 2011). 따라서 대기업들의 비영리단체 후원은 지속적으로 증가할 전망이다. 개인독지가의 지원을 받는 경우도 있지만 우리나라의 경우 아직 미흡한 실정이다(기영화, 2008).

④ 각종 공모전 및 프로그램 사업 지원

지자체나 해당 시에서 개최하는 공모전에 응시하여 입상할 경우 프로그램을 위한 지원을 해주는 경우이다. 정부의 직접적인 보조금은 증가되지 않지만 프로젝트 및 프로그램과 같은 사업에 대한 지원이 확대되면서 경쟁적인 공개지원방식이 증가·지속될 전망이다.

4) 프로그램의 비용과 손익계산

비용이란 기관의 목표를 달성하기 위하여 각 활동마다 발생하는 금전을 지출하는 행위로 고정비, 변동비, 직접비, 간접비 등이 있다.

① 고정비

학습자의 수와 관계없이 안정적으로 지출되는 경비로서 인건비, 강의료, 광고 및 홍보비, 시설 임대 및 유지비 등이다.

② 변동비

학습자의 수에 따라 변화하는 경비를 의미하며 학습자의 교재비 및 참고자료, 식비, 학습자를 위한 소모성 물품구입비 등이다.

표 9-4 프로그램 손익계산서

수입	예산			
	변동비		고정비	총계
	1인당	총계		
1. 수강생 수 50인×100,000	100,000(A)	5,000,000		5,000,000
2. 지출합계				
직접비 1. a. 강의료(15인×100,000)			1,500,000	1,500,000
b. 수당				
c. 근로소득세				
2. 여비				
3. 홍보 및 광고			300,000	300,000
4. 우편 및 통신비				
5. 숙박비	30,000	1,500,000		1,500,000
6. 장비임대료			100,000	100,000
7. 시설사용료			100,000	100,000
8. 식사비	20,000	1,000,000		1,000,000
간식				
만찬				
9. 소모품 및 기타	2,000	100,000		100,000
			100,000	100,000
10. 예비비(직접비용의 5%)			235,000	235,000
소 계	52,000(B)	2,600,000	2,335,000(C)	4,935,000
간접비	행정비용			50,000(D)
1. 손익분기점 A: 2,335,000(C)+50,000(D)/100,000(A)−52,000(B) 2. 손익분기점 B(간접비 제외): 2,335,000(C)/100,000(A)−52,000(B)				총 계 4,985,000

출처: 권인탁(2009). p. 386.

③ 직접비

프로그램을 운영하는데 직접 소요되는 비용으로서 직접 원가를 산출해서 지급하는 경비이다.

가. **고정비 성격의 직접비:** 인건비, 전화비, 홍보비 등

나. **변동비 성격의 직접비:** 교재비, 참고자료비, 숙박비, 식대 등

④ 간접비

가. **프로그램을 운영하는데 직접적인 원가를 파악할 수 없는 경비이며 기관의 공통경비**

나. **교육 설비 및 시설사용료, 전기 및 수도요금, 컴퓨터 및 전화 등의 통신요금 등**

다. **직접비의 일정비율을 상위기관 또는 재정지원기관에 납부하는 금액, 오버헤드** (overhead cost).

일반적으로 프로그램 개인별 참가비 책정은 손익분기점 분석방법을 사용하는 것이 편리하다. 손익계산(income statement)은 수익과 비용의 과목을 대응, 비교시켜 손익을 표시하여 손익발생을 추정하는 기업경영의 성과분석 기법으로 손익분기점(break-even point)은 수입과 지출을 비교해 손해와 이익이 갈라지는 점이다.

손익분기점 학습자 수는 직접비 가운데 고정비(C)에 간접비(D)를 더한 비용(C+D)를 학습자 1인당 학습비(A)에서 학습자 1인당 변동비(B)를 제한 값(A−B)로 나누어 산출한다. 즉, (C+D)/(A−B)의 공식이다. 간접비를 고려하지 않은 손익분기점 학습자 수는 C/(A−B) 공식이다(권인탁, 2009).

CHAPTER 10

청소년 프로그램 마케팅 및 홍보

1. 프로그램 마케팅의 의미와 필요성

전통적으로 교육과 기업이 전혀 별개의 세계로 여겨짐에 따라 마케팅이라는 용어는 교육에서 전혀 사용되지 않았다. 그러나 최근 들어 교육기관들도 기업으로부터 예산체계, 투자, 재무관리, 인적 자원의 관리 등 다양한 마케팅 기법을 사용하고 있다(권인탁, 2009). 프로그램 마케팅이란 프로그램을 잠재적 고객들에게 가장 효과적으로 어떻게 제공할 수 있느냐 하는 방법에 대해 연구하고 분석하고 판단하는 포괄적인 개념을 의미하는 것으로 프로그램을 판매하는 것과 학습자를 표집하는 두 가지 활동 모두를 포함한다. 청소년 프로그램 개발자들에게 있어서 마케팅의 문제는 청소년(잠재적 고객)들로 하여금 가치가 있다고 느낄 수 있게 하는 '프로그램의 교환가치'를 생산하는 데 있다.

이와 같이 '마케팅' 개념은 원래 경영학에서 주도했었으나 최근 교육, 의료, 법률 분야까지 도입되었다. 청소년 프로그램은 정부 등 비영리기관에 의해 개발 및 시행되었으므로 정부의 요구에 의해 프로그램이 개발되어 왔다(한국청소년개발원, 2005). 그러나 최근 청소년 분야에 대한 관심이 급증함에 따라 관련 유사기관과 프로그램이 급격히 늘어나 경쟁이 심화되고 있는 상황이기 때문에 기관의 핵심적 요소인 청소년 프로그램의 효과적인 마케팅 전략의 수립은 기관의 성패와도 직결되어 있어 매우 중요하다고 할 수 있다.

2. 프로그램 마케팅의 기본과정 및 요소

청소년 프로그램의 마케팅은 다음과 같은 과정을 거쳐야 한다. 일반적으로 마케팅 과정은 문제인지 및 정의, 마케팅 목표 설정, 집단 세분화 전략, 마케팅 전략 형성, 실행, 평가의 순으로 이루어진다.

그림 10-1 프로그램 마케팅의 기본과정

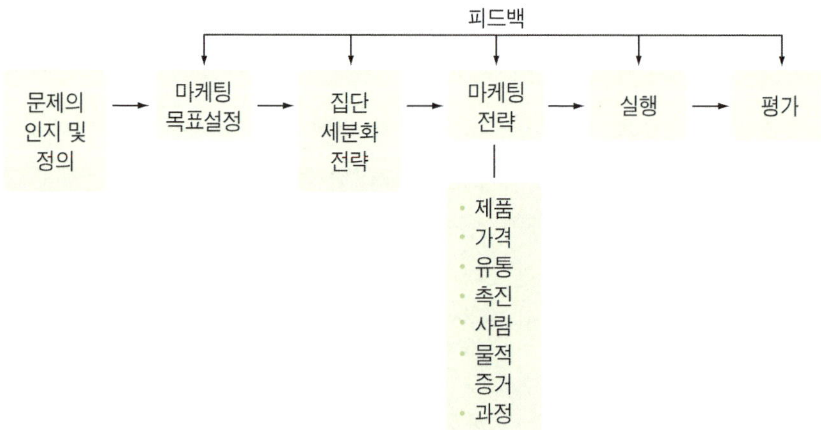

(1) 문제의 인지 및 정의

청소년 기관의 사명은 어떠한 가치의 실현을 통해 청소년들을 위한 공익에 이바지 할 것인가와 관련이 있다. 이는 청소년 기관의 성격에 따라 다양하며 그 기관만의 고유한 것이다. 기관마다 기관의 사명, 기관 내부의 강·약점이 상이할 것이다. 기회 및 위협의 분석이 청소년 기관을 둘러싼 거시적 환경을 분석하는 것이라면 조직의 강점과 약점의 분석은 청소년 기관 내부에서 관리 및 동원 가능한 인적, 물적 자원의 장단점을 분석하는 것이다(한국청소년개발원, 2005). 이러한 기회, 위협, 강점, 약점 분석을 SWOT 분석이라 한다. S는 'strengths'의 약자로서 기관 내부의 강점을 말한다. W는 'weaknesses'의 약자로서 기관내부의 약점을 의미한다. O는 'opportunities'의 약자로서 기관에 미치는 환경적 기회의 요소를 의미하며 T는 'threats'의 약자로서 기관에 미칠 수 있는 환경의 위협적 요소를 의미한다. SWOT 분석(Schmidt, 1987)의 전략적 기본모델은 다음과 같다.

- 기관 내부 환경: 강점(Strengths), 약점(Weaknesses)
- 기관 외부 환경: 기회(Opportunities), 위협(Threats)

그림 10-2 SWOT 분석

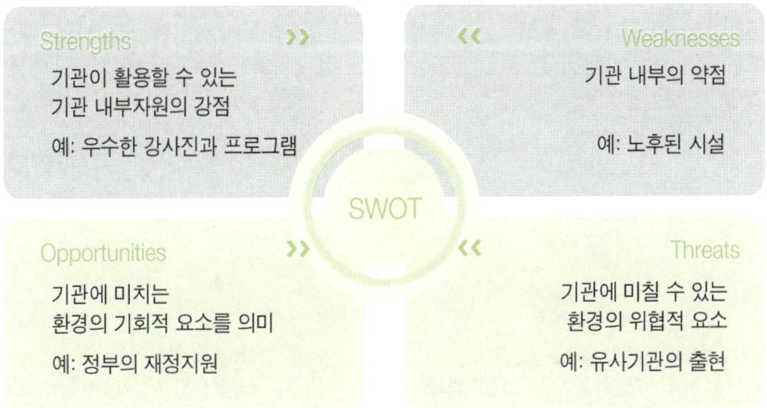

1) 기회 분석

기회는 특정조직이 보다 경쟁적 우위성을 확보할 수 있도록 발판을 만들어 주는 것으로 프로그램 마케팅에서 필요한 요소이다. 마케팅 기회란 특정조직이 보다 경쟁적 우위성을 확보할 수 있도록 적절한 마케팅 활동을 발휘할 수 있는 분야이다. 기회분석의 평가기준으로는 잠재적 매력성과 성공확률이다. 잠재적 매력성이란 특정 환경이 기회로 작용할 경우 그 긍정적인 영향력의 정도를 말한다. 성공확률은 이러한 기회를 활용하여 성공할 수 있는 가능성 정도이다. 이 두 가지 조건을 종합적으로 고려할 때 다음과 같이 네 가지 유형을 살펴볼 수 있다. 즉, 성공확률도 높고 성공했을 때 기관에게 유익이 큰 경우(A), 성공확률은 낮지만 한번 성공했을 시 기관에게 유익이 큰 경우(B), 성공할 확률은 높지만 기관에게 그 유익이 그리 크지 않은 경우(C), 성공할 확률도 높지 않고 기관에게 돌아올 유익도 별로 없는 경우(D)이다(권인탁, 2009: 127−128; 정익준, 1999).

- 잠재적 매력성: 특정 환경이 기회로 작용할 경우 그 긍정적인 영향력의 정도
- 성공확률: 기회를 활용하여 성공할 수 있는 가능성 정도

그림 10-3 기회상황의 유형 및 대처방법

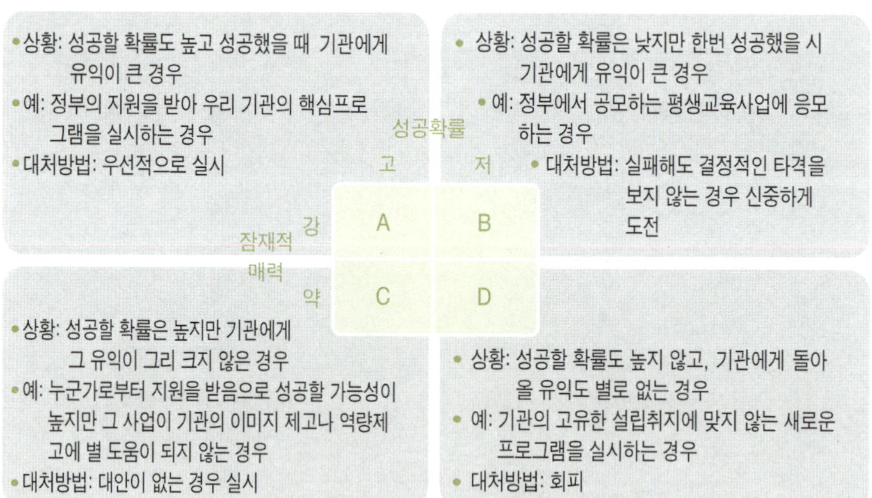

2) 위협 분석

위협이란 조직의 목적 달성에 장애가 되는 외부의 바람직하지 않은 도전을 의미한다. 위협의 평가기준은 위협이 미치는 영향력의 잠재적 강도와 위협적인 사태의 발생확률을 들 수 있다. 잠재적 강도란 만약 그 위협이 구체화될 때 조직

이 입게 될 피해정도를 의미한다. 발생확률이란 그러한 위협이 실제로 일어날 확률을 의미한다. 잠재적 강도의 강약과 발생확률의 고저를 종합적으로 고려하면 다음의 [그림 10-4]와 같다. 즉, 발생확률도 높고 부정적 영향도 큰 경우(A), 발생확률이 낮지만 한번 발생하면 큰 피해를 보는 경우(B), 발생할 확률은 높지만 그 영향력이 적은 경우(C), 발생확률도 낮고 그 영향력도 적은 경우(D)이다(권인탁, 2009: 126).

- 잠재적 강도: 위협이 구체화될 때 조직이 입게 될 피해정도
- 발생확률: 위협이 실제로 일어날 확률

그림 10-4 위협상황의 유형 및 대처방법

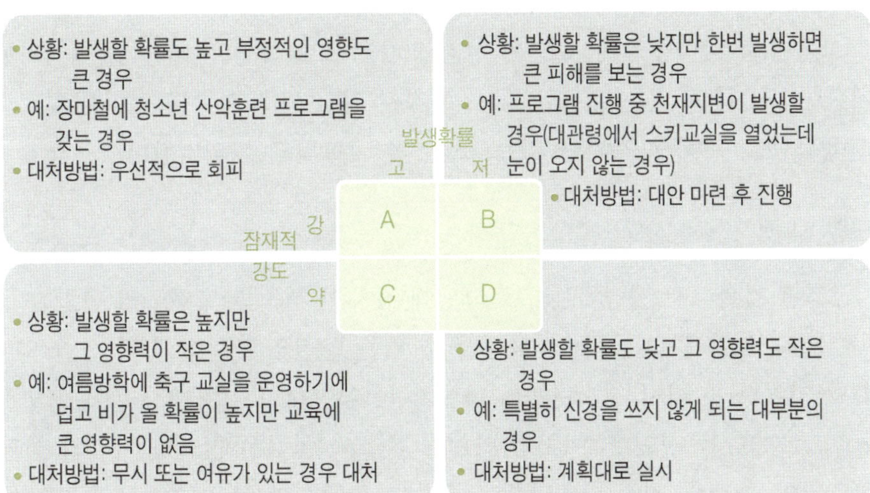

3) 강점과 약점 분석

SWOT 분석에서 강점과 약점분석이란 기관 내부의 환경에서 인적·물적 자원의 장단점을 분석하는 것이다. 예를 들어 인적자원이란 청소년 기관(예: 청소년 수련관, 대안학교, 지역아동센터(舊, 공부방), 청소년 문화의 집)에서 일하는 모든 인적 자원을 말한다. 자금이란 프로그램 수익금으로서 수강료, 기금, 후원금 등을 총칭

표 10-1 강점과 약점 분석

영역	의미	예	강점(S)	약점(W)	해결방안
인적자원	교육활동을 수행하거나 지원하는 사람	강사, 직원, 자원봉사자, 자원인사			
자금	경영활동을 위해 투입되는 금전	수강료, 기금, 후원금 등			
교육시설	교육활동이 이뤄지는 장소 또는 교육활동을 돕는 도구	강의시설, 편의시설, 교육기자재			
지적자원	기관이 소유하고 있는 유용한 정보, 축적된 지식 및 노하우	독특한 교육기법, 요구분석, 프로그램 개발 및 운영 기법, 정보망			
시스템	교육활동을 위해 구축되어 있는 조직 및 네트워크	기관의 행정조직, 부서, 위원회 및 네트워크			

하고 교육시설이란 강의시설, 편의시설, 교육기자재 등을 의미한다. 지적자원이란 기관이 소유하고 있는 유용한 정보, 축적된 지식 및 노하우를 의미하고 시스템은 교육활동을 위해 구축되어 있는 조직 및 네트워크를 의미한다.

(2) 마케팅 목표의 설정

청소년 기관에서 제공하는 프로그램에 잠재적 청소년 고객들의 활발한 참여가 이루어지기 위해서는 그들을 유인할 수 있는 양질의 프로그램 및 서비스가 있어야 할 것이다. 따라서 청소년들의 참여가 높다면 하나의 마케팅 목표가 달성되었다고 할 수 있을 것이다. 이처럼 마케팅 목표의 설정은 청소년 기관의 성장률, 청소년 참여 증가율, 청소년의 만족도 증가율, 프로그램 목표 달성율과 같이 성취해야 할 목표를 구체적인 수치로 설정하는 것을 말한다(한국청소년개발원, 2005).

(3) 집단 세분화 전략

다음으로 전략은 잠재적 집단을 세분화하고 표적 집단을 설정하는 것으로 집단 세분화 전략이다. 집단 세분화는 청소년 프로그램 마케팅의 맥락에서 볼 때 프로그램에 참여할 가능성이 있는 청소년 집단의 세분화라고 할 수 있다. 집단은 다양한 욕구와 상이한 구매능력을 가진 소비자들로 구성되어 있으므로 이들의 욕구를 모두 충족시키는 것은 불가능하다. 그러므로 가능한 한 소비자를 욕구가 비슷한 동질적 집단으로 구분하여 이들에게 맞는 제품을 제공하는 것이 단일제품을 전체 집단에게 제공하는 것보다 소비자의 만족도도 높이고 조직에게 더 큰 이익을 보장해 줄 수 있다. 청소년의 특성에 맞는 개별화 전략과 일맥상통한다. 즉, 청소년 프로그램이 발전되어감에 따라 점차 기관별로 특화되고 전문화되어 가는 경향이 있기 때문에(한국청소년개발원, 2005) 표적 집단을 설정하는 것은 프로그램 마케팅에서 중요한 사안이다.

1) 집단 세분화 기준

① 지리적 변수에 의한 집단 세분화

지리적 변수에 의한 세분화는 청소년의 요구와 반응이 지역에 따라 다르다는 전제 하에 시장을 지역별로 세분화하는 것이다. 그것은 청소년 참여자들의 거주지역의 일반적인 성격에 따라 행정구역, 대·중·소도시 등과 같이 인구규모 및 밀도, 농·공·상업 등과 같은 주요 산업, 기후 등에 따라 집단을 세분화하는 기준이다.

② 인구통계학적인 변수에 의한 집단 세분화

인구통계학적인 변수들로는 연령, 인종, 민족, 성별, 종교, 가족 수, 사회경제적 지위 즉, 수입, 직업, 교육수준 등을 들 수 있다. 청소년 기관의 경우에는 청소년의 연령, 성별, 가정의 경제적 수준, 종교, 가족 수 등이 중요한 인구학적 자료에 해당된다고 볼 수 있다.

③ 심리적 변수에 의한 집단 세분화

심리적 변수는 청소년의 성격, 태도, 신념, 동기, 욕구, 기대에 관한 변수를 말한다. 심리학적 자료는 인구통계학적인 자료보다 추상적이고 측정하기가 쉽지 않음에도 불구하고 시장을 의미 있게 세분화하는 기준으로 그 중요성이 커지고 있다(권인탁, 2009). 청소년의 성격유형, 청소년기관 참여 동기, 자기 자신에 대한 태도, 가족관계의 안정성, 교우관계에 대한 만족도 등 이러한 요인들에 대해 차이를 나타내는 청소년 집단을 세분화하여 구성한다면 보다 유익하고 효율적인 프로그램 운영을 할 수 있을 것이다(한국청소년개발원, 2005).

④ 행동변수에 의한 집단 세분화

집단이 세분화되었다면 다음과 같이 집단을 고려하여 마케팅 전략이 수립되어야 한다.

가. 집단을 무시한 비차별적 마케팅 전략

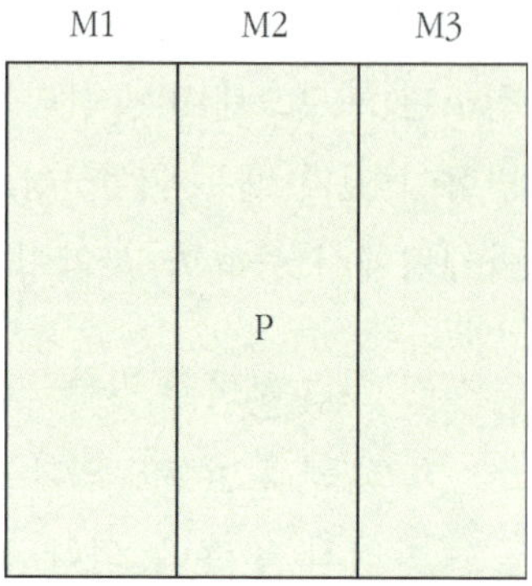

* P는 programming, M은 marketing

비차별적 마케팅 전략은 전체를 포괄하는 방식으로서 세분화된 집단 간의 차이를 무시하고 하나의 프로그램으로 전체 시장을 공략하는 전략이다. 이와 같은 전략은 하나의 프로그램으로 시장을 공략한다는 점에서 비용이 적게 든다는 장점이 있지만 청소년 집단 간의 세분화된 요구를 충족시켜 주지 못한다는 점에서 한계가 있다. 또한 프로그램에 참여하는 청소년들의 개성과 요구가 다양화되어 가고 있으며(Lerner *et al.*, 2001) 유사한 성격의 청소년 프로그램을 제공하는 관련 평생교육기관들도 늘어나고 있기 때문에 비차별적 마케팅 전략이 효과를 거두기는 어렵다.

나. 차별적 마케팅 전략 차별적 마케팅 전략은 모든 집단 세분시장을 대상으로 하여 적합한 프로그램과 마케팅 믹스를 투입하는 전략을 말한다. 그러나 이 전략은 자원이 풍부한 청소년 기관이 선택할 수 있는 전략으로 두 개 이상의 표적시장을 선정하여 각각에 적합한 마케팅 전략을 구사하는 것이다. 일반적으로 마케팅에서의 차별화 전략은 최고의 결과를 가져올 수 있으며 고객에게는 최고의 서비스를 제공할 수 있다. 이 전략은 인적·재정적 자원 등이 풍부할 때에 가능하다.

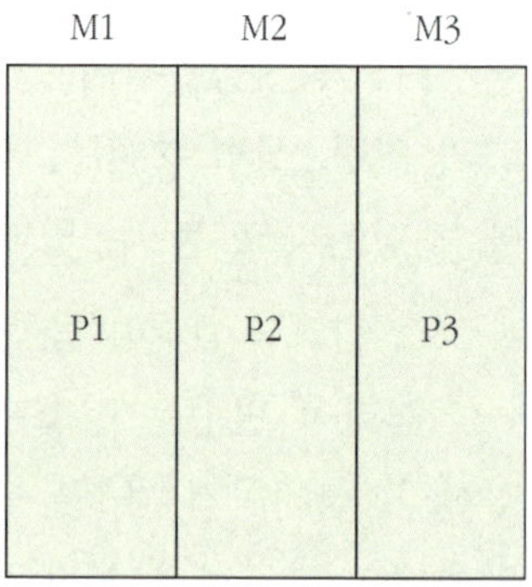

* P는 programming, M은 marketing

다. 집중 마케팅 전략 표적으로 삼고 있는 집단을 집중적으로 공략하는 경우에 해당된다. 큰 시장에서 낮은 시장 점유율을 누리기보다는 하나 또는 소수의 작은 시장에서 높은 시장 점유율을 누리기 위한 전략이다. 집중 마케팅 전략을 통해 기관은 표적으로 삼고 있는 특정한 시장에 속한 청소년 고객의 요구를 매우 잘 알고 있기 때문에 그 시장 안에서 강력한 위치를 점할 수 있다. 그러나 이 전략은 위험할 수도 있는데 이는 표적으로 삼고 있는 청소년 집단 구성원들의 심리적·행동적 변수 등이 작용할 경우 시장성을 갖지 못하게 될 수도 있기 때문이다.

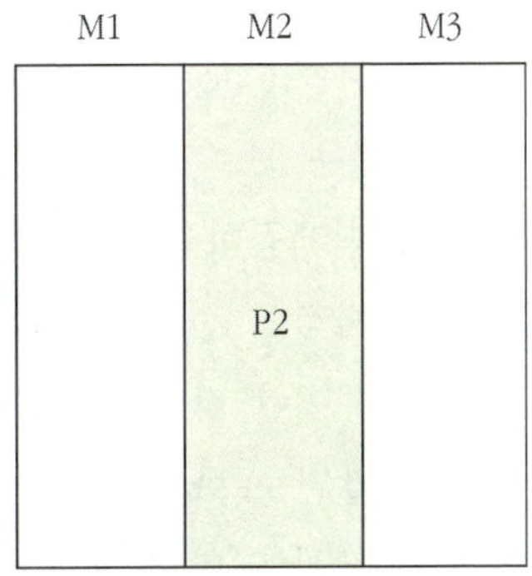

* P는 programming, M은 marketing

(4) 마케팅 전략

프로그램의 성공을 위해서는 마케팅 전략 수립이 관건이다. 이때 일반적으로 마케팅의 핵심적인 구성요소로 4P(Product, Price, Place, Promotion)를 들 수 있다. 그러나 최근에는 Person, Physical Evidence, Process가 추가되어 7P MODEL이 제시되었다. 교육기관들은 이러한 네 가지의 요소들을 개선하고 변경시킴으로써 프로그램에 고객의 참여를 유도하는 전략을 수립해나가는 것이다. 이때 강조되는 마케팅 믹스(marketing mix)는 위의 시장분석에 따라 수립된 전략을 바탕으로 마케팅 요소들을 가장 적절하게 조합하는 일을 말한다. 이것은 최소의 마케팅 비용으로 최대의 마케팅 성과를 달성하는 것을 목적으로 한다. 각각의 구성요소의 내용은 다음과 같다.

1) 제품(product)

청소년 프로그램에서 제품은 곧 프로그램이다. 즉, 청소년 기관에서 제공하는 프로그램이나 교육적 서비스를 의미하는 것으로 청소년 집단들의 변화하는 요구 및 필요를 충족시키기 위하여 청소년 고객에게 제공된다. 프로그램과 관련된 기본가정은 "청소년 프로그램의 잠재적 수요자들은 프로그램이 그들의 요구와 잘 맞아떨어질 때 더욱 참여하게 된다"는 것이다.

2) 가격(price)

마케팅에서 가격이란 청소년 기관에서 운영되는 교육 프로그램에 보다 많은 청소년 학습자들이 이용할 수 있도록 수강료와 같이 고객(학습자)이 지불하는 비용을 결정하는 것을 의미한다.

3) 유통(place)

유통은 프로그램의 시간배정과 장소의 선정에 관한 것을 포함한다. 유통이란 기관에서 제공하는 교육 프로그램이나 서비스를 고객(학습자)에게로 유통시키기 위한 판매점의 선택육성 및 지원에 관한 마케팅 활동을 의미한다. 즉, 여기서 말하는 유통이란 장소나 시간적 개념의 참여 접근 가능성을 의미하는 것이다. 기관에서 개발된 프로그램을 어느 장소에서 운영하느냐는 잠재적 고객의 직접적인 참여에 상당한 영향을 끼친다. 많은 경우에 잠재적 학습자들은 의외로 프로그램이 운영되는 장소에 따라 참여에 많은 차이를 보이는 경향이 있다. 교육 프로그램의 경우에 있어서 최상의 유통전략은 가능한 한 대상집단의 위치에서 가까이 프로그램 서비스를 할 수 있도록 하는 것이다. 이러한 위치는 물리적이고 시간적인 측면에서 이점을 갖는다(이화정 외, 2008).

4) 촉진(promotion)

촉진은 프로그램 수요자와의 의사소통을 통해 판매를 높이는 것으로 프로그램의 성패를 좌우하는 중요한 요소이다. 광고(advertising), 인적 판매(personal selling), 홍보(publicity), 판매촉진(sales promotion), 특전 제공 등이 여기에 해당된다.

5) 사람(person)

사람과 관련된 강사, 직원 및 동료 청소년 집단을 의미한다. 강사는 프로그램 내용과 방법의 전문가로서 청소년들의 요구와 취향에 적합한 인물을 선정해야 프로그램 만족도를 높일 수 있을 것이다. 직원은 프로그램 운영요원을 포함한 청소년 프로그램 관련 직원으로서 청소년과 직접 접촉하는 사람이다. 따라서 직원의 태도, 인격, 사명은 청소년의 건강한 발달에 직접적인 영향을 미치게 되기 때문에 선발에 신중을 기해야 한다. 또한 동료 청소년 집단을 어떻게 구성할 것인가도 매우 중요한 사안이다. 청소년 기관에서 활동은 일반적으로 집단적(모둠)으로 이루어지기에 청소년의 성별, 연령대, 기타 특성을 고려한 운영방법이 필요하다.

6) 물적 증거(physical evidence)

물적 증거로는 시설과 설비, 각종 편의시설 등이 포함된다. 밀레니엄 세대 청소년들은 최첨단 디지털 기술의 발달과 함께 성장한 세대들이다. 따라서 이들의 기호에 맞게 첨단 교육기자재와 시설이 확충되어야 할 것이다.

7) 과정(process)

과정은 프로그램에 대한 안내서부터 접수, 변경, 수료, 서류발급, 건의 등의 과정이 원활하게 진행되는가를 의미한다. 최근에는 인터넷 접수가 일반적이므로 미리미리 점검하는 노력을 기울임으로써 기술적 문제가 발생하여 등록이 지연, 취소되는 사항을 미연에 방지해야 할 것이다.

(5) 실행

프로그램 마케팅 실행에 앞서 실행계획을 세워야 한다. 앞서 집단 세분화가 이루어지게 되면 다양한 프로그램 마케팅 기법들이 마련되고 실행과정을 거치는데 후원단체, 경쟁 기관 및 잠재적 고객의 저항 사항 등도 고려되어질 수 있다.

(6) 평가

프로그램 참여를 촉진시키기 위한 최종 단계는 마케팅 평가이다. 이 단계는 마케팅 실행을 하고 나서 성공여부를 진단하기 위해서 목표에 비추어 프로그램 마케팅의 결과를 사정하는 것이다. 그러나 프로그램 마케팅 활동의 결과를 추적하는 것은 어렵기 때문에 마케팅 활동을 평가할 때는 그 활동을 통한 고객 만족도 조사(학습에서 반응평가에 해당)를 비롯하여 매출분석, 시장점유율 분석, 매출 대 마케팅 비용 분석, 추정 재무 분석 등을 행할 수 있다. 매출분석이란 관련 프로그램과 관련하여 매출고, 즉, 얼마나 많은 사람과 수강료가 들어왔는가가 성공이나 실패의 지표가 될 수 있다(이화정 외, 2008: 51).

3. 프로그램 홍보의 정의 및 단계

(1) 홍보의 정의

홍보는 PR(public relation)과 같은 유사한 개념으로 인식되고 있다. 그러나 홍보는 비용을 거의 들이지 않고 기업이나 제품을 매체의 기사나 뉴스로 소비자에게 알리는 것을 일컫는 반면 PR은 홍보활동 이외에도 기관의 대 언론관계 활동, 기관에 대한 이해를 돕기 위하여 대·내외적 커뮤니케이션, 기관의 이미지에 관하여 조언을 하는 일 등을 모두 포함한다. 홍보를 한마디로 정의하면 홍보는 라디오, TV, 기타 매체의 호의에 의한 무료 출연(presentation)의 기회를 얻거나 기관 자체의 활동이나 행사를 통하여 기관(또는 기관의 프로그램)에 대한 호의적인 관심을 얻고자 하는 노력이다(권인탁, 2009). 청소년 프로그램에서 홍보란 청소년기관이나 그 기관에서 개발한 프로그램을 어떤 매체들을 활용하여 잠재적 교육 참여자(학습자)들과 지속적으로 상호작용함으로써 기관을 이해시키고 프로그램 참여를 촉진시키는 제반활동이다.

(2) 홍보의 기본 단계

1) 대상자 규명: 청소년 프로그램이 지향하는 잠재적 고객 집단이 누구인지 정확히 규명하는 것을 말한다.
2) 반응의 명시: 홍보를 통해 잠재적 고객 집단으로부터 얻기를 바라는 것이 무엇인가를 의미한다.
3) 메시지 개발: 잠재적 고객 집단들로부터 기대하는 반응이 결정되면 이를 달성하기 위한 적합한 메시지를 만든다. 메시지를 작성할 땐 바람직함, 독특성, 신뢰성을 기준으로 한다.
4) 매체선택: 매체는 대인적, 비대인적 의사소통 두 가지가 있다. 대인적 의사소통은 직접적으로 의사소통하는 것으로서 인격적 만남이 이루어진다. 비대인적 의사소통은 직접 대면하지 않고 신문, 잡

그림 10-5 홍보의 기본단계

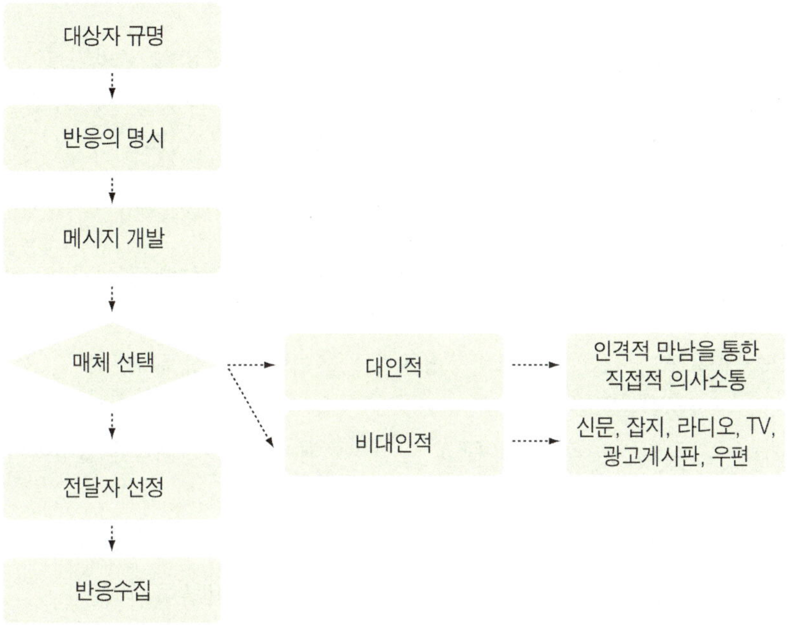

지, 라디오, TV, 우편을 이용하는 방법이다.

5) 전달자 선정: 전달자는 청소년에게 인기가 있거나 신뢰성이 높은 전달자가 좋다.

6) 반응수집: 반응수집은 홍보의 홍보내용에 대한 인식을 마지막 단계로써 대상 집단으로부터 획득하는 단계이다.

(3) 프로그램 홍보전략

홍보의 대상은 대중이다. 홍보의 효과를 극대화하기 위해서는 대중에 대하여 일관성 있는 원칙을 가지고 이루어져야 한다. 홍보는 AIDMA법칙에 따라 실시할 수 있다. Attention(주의)은 사람들의 주의를 불러일으키고 눈길을 끄는 것이며 Interest(관심)는 사람들에게 더욱 관심을 가지게 하여 사로잡히게 하는 것이고 Desire(요구)는 사람들의 요구를 불러일으켜 충동시킨다는 것이며 Memory(기억)

는 사람들에게 기억시켜 관심과 요구를 정착시키는 것이며 Action(행동)은 사람들로 하여금 실제 행동하도록 한다는 것을 의미한다. 홍보기법의 특성과 주의사항은 다음과 같다.

- 전달할 내용을 홍보의 목적, 내용, 방법, 시간, 장소, 대상 등 육하원칙에 입각하여 제시해야 한다.
- 홍보물이 대상자에게 분명하게 전달될 수 있도록 해야 한다.
- 신뢰감을 떨어뜨리는 과대홍보는 삼가야 한다.
- 시기적으로 적합한 타이밍을 포착해야 한다.
- 방송이나 신문을 접할 때, 그리고 사람들과 대화를 나눌 때 등 어떠한 상황에서도 홍보에 대한 아이디어를 얻고자 하는 마음가짐을 갖는다.
- 성공적 홍보를 위해서는 소비자행동이론을 이해하고 상품차별화 및 시장차별화 전략을 구사할 필요가 있다.
- 홍보는 가급적 단순하고 흥미롭고 간단명료해서 읽기에 용이한 설명이어야 한다.

일반적으로 프로그램 마케팅에서 홍보는 우편물, 신문 및 잡지광고, 방송매체, 전화, 구두, 팸플릿, 이벤트 홍보 등의 방법으로 이루어진다.

1) 신문 및 잡지광고

신문이나 잡지의 대중성으로 인하여 지방신문을 통한 프로그램 홍보가 보편화되고 있다. 그러나 광고비용이 많이 든다는 단점이 있다.

2) 라디오와 텔레비전

라디오와 텔레비전 등 방송매체는 청소년들의 머릿속에 오래 남는다는 특성을 갖고 있기는 하지만 다시 반복하여 듣기 어렵다는 한계점을 갖고 있다.

3) 광고우편 및 인쇄물

우편물은 대상자가 명확할 경우 매우 효과적일 수 있다. 얼마나 효과적일 수 있는지는 배달된 우편물 당 등록자 수, 강좌내용 등에 의해 가장 잘 측정될 수 있을 것이다. 우편물을 활용할 때는 중복을 피하는 일이 중요하다. 이를 위해서는 프로그램 개발자는 매뉴얼이나 컴퓨터를 통해 우편물 발송의 중복을 검토해야 한다. 필연적으로 중복은 있을 수 있으나 프로그램 개발자는 그것을 최소화하기 위해 노력해야 한다. 때문에 어떤 팜플렛은 '만일 이것을 한 가지 이상 받으면 동료들과 돌려 보세요'라는 문구를 넣기도 한다(김진화, 2012: 356).

4) 홀더와 소책자

세련된 디자인과 문구를 가미할 경우 청소년들에게 높은 홍보효과를 얻을 수 있다.

5) 전단 및 편지

전단지 역시 세련된 디자인과 문구로 디자인해야 청소년들의 주의를 끌 수 있을 것이다. 등록할 가능성이 높은 청소년 집단에게 우송하고 신문에 끼워서 배포한다.

6) 포스터

포스터 등도 청소년의 주의를 끌기 좋은 방법이다. 홍보내용으로는 강좌명, 교육기간, 수강료, 문의처 등이고 홍보방법으로 포스터에는 독자의 눈길을 끄는 큰 글씨로 헤드라인을 장식하고 그에 이어 그 과정에 대한 간단한 설명만을 게재한다. 관공서, 학교, 각종 평생교육기관 등의 게시판에 비치한다(권인탁, 2009: 209).

7) 구두

가장 효과적인 홍보방법으로 직접 얼굴을 보고 대화를 나누는 가운데 프로그램을 홍보해야 하므로 설득력 있는 홍보자가 필요하다.

표 10-2 홍보매체의 성격과 청소년 프로그램과의 관계

유형	자체의 성격		청소년 프로그램과의 관계	
	장점	단점	유리한 점	불리한 점
인쇄매체 (신문 및 잡지광고)	• 휴대가 쉽고 이용이 항상 가능하다. • 메시지의 심층성, 선택성, 재독성이 강하다. • 구입비 및 사용비가 저렴하다.	• 방송에 비해 배포과정이 복잡하여 신속성이 뒤진다. • 문자해독능력 및 일정정도의 지적 능력을 필요로 한다.	• 청소년들의 문해율이 매우 높다.	• 인쇄매체에 대한 청소년들의 관심이 낮아지고 있다.

방송매체	· 비문해 청소년도 사용 가능하다. · 많은 사람에게 많은 정보를 동시에 전달한다. · 현장을 사실감 있게 전달한다.	· 수용자가 어떻게 생각하는지 알기가 어렵다. · 일방적이다. · 한번 결정된 프로그램은 고치기 어렵다.	· EBS를 비롯한 위성방송, 케이블 TV등 교육채널의 수와 이용자 수가 늘고 있다.	· 제작비가 많이 든다. · 뉴미디어의 발달로 청소년의 방송매체 이용이 줄어든다.
뉴미디어	· 시간, 장소의 제약이 적다. · 손쉽고 빠르게 원하는 정보를 얻을 수 있다. · 획득가능한 정보가 무한하다. · 쌍방향 의사소통이 가능하다.	· 정보의 빈익빈 부익부 현상이 나타날 수 있다.	· 기술의 발달로 누구나 쉽게 사용할 수 있는 뉴미디어가 개발되고 있다.	· 청소년들을 위한 뉴미디어의 이용비용이 비싸다.

출처: 한국청소년개발원(2011). p. 173.

(4) 프로그램 마케팅 및 홍보시기

마케팅 시기는 언제 어떤 매체를 통해 홍보가 수행될 것인가를 정확히 보여주는 시간표를 작성하는 일이다. 마케팅 스케줄을 수립할 때는 효과적인 시기를 파악하여야 한다. 만일 인쇄물이 너무 일찍 전달되면 사람들이 그 프로그램을 잊어버리게 되기 때문이다. 프로그램 마케팅의 최적의 시기는 청소년 기관과 프로그램 개발자가 축적한 경험과 노하우를 바탕으로 판단해야 하지만 대체로 다음과 같다.

1) 인쇄물은 약 3주전

인쇄물은 약 3주 전에 발송·도착되도록 하는 것이 좋다.

2) 광고, 포스터, 기관우편물

광고, 포스터, 기관우편물 등은 4-6주 전에 전달되도록 하는 것이 좋다.

3) 홍보

홍보는 개강 전 약 2주 전이 가장 중요한 시점이 된다. 개강 2주 전부터는 자주 대중광고를 하고 광고지를 돌리도록 한다.

CHAPTER 11

청소년 프로그램 실행 및 운영

1. >>> 프로그램 실행계획수립

프로그램 실행이란 프로그램 활동을 지원, 촉진, 안내하고 그와 관련된 환경을 조성해주는 전략으로 개념화한다는 것을 의미한다. 권일남 외(2010)는 다음과 같이 구체적으로 프로그램 실행의 본질적 의미를 살펴보았다.

첫째, 프로그램 실행에 있어서 지도자는 프로그램의 장을 하나의 '공동체'로 형성할 수 있도록 하고 그를 통해 프로그램의 참여를 촉진할 수 있을 때에 효과가 극대화될 수 있을 것이다.

둘째, 프로그램 실행은 참여자들의 참여활동을 지도하고, 도와주고, 촉진하고, 활동 동기를 유발함으로써 궁극적으로 참여자들의 성장과 발달을 촉진한다.

셋째, 프로그램의 실행은 특정 지식의 습득만이 아니라 그 활동이 어떠한 것이든 생활기능상의 제영역과 관련된 행동양식 습득에 적극적으로 기여해야 한다.

넷째, 프로그램 활동은 그 참여 동기의 다양성, 대상의 광범위성, 참여자의 능력 및 경험수준의 이질성 등이 있으므로 다양한 방법들이 함께 어우러질 때 많은 효과를 얻을 수 있다.

다섯째, 삶의 본질적 의미를 발견하는 기제로서 참여자들의 프로그램 활동은 지도하는 일과 배우는 일이 하나의 공존적인 것이며 하나의 과정으로 이해되어야 한다.

여섯째, 지도하고 가르친다는 것은 하나의 과학이며 기예(art)이다.

프로그램 실행계획을 수립하는 단계에서는 청소년들의 상황과 요구에 알맞은 자료와 미디어 등을 동원하여 효과적인 청소년 활동을 제공할 수 있어야 한다. 프로그램 제공 후원 단체, 청소년 미디어 교사, 청소년 지도사 및 자원봉사자 등 프로그램 실행을 담당한 실무자들은 청소년 활동 프로그램이 전개되는 장소들을 미리 현장조사하고 이용 가능한 시설, 장비, 공간, 재료 등에 제반 사항들을 고려해서 선정해야 하고 점검한다. 또한 만약의 사태를 대비하여 청소년 프로그램이 진행되는 지역의 지역사회 유력인사 등과의 사전섭외 및 협조요청 등도 필수적인 사항이다.

2. >>> 프로그램 운영지원 체제수립

프로그램 실행계획수립이 이루어졌다면 프로그램의 실행에 대한 운영지원 체제를 수립하여야 한다. 우선 청소년 지도사는 청소년 프로그램을 실시하는 데 필요한 인적·물적 자원, 재정관리 체제를 결정한다. 즉, 프로그램을 실행하기 위하여 필요한 인적 자원이나 시간, 재정, 이용 가능한 자원에 대한 파악과 그것을 조직하여야 한다. 내부 구성원 간의 역할분담과 강사 및 레크리에이션 지도자 섭외, 그 밖의 편의시설, 장비, 식사제공, 숙식 및 교통편 등에 대한 사항들도 고려되어야 한다.

프로그램 운영자인 청소년지도사는 다음과 같이 프로그램의 진행의 기본 방향을 설정하고 운영에 임해야 할 것이다.

첫째, 청소년 프로그램에서 청소년은 중심이 된다는 점을 명심하고 자기 주도적 활동이 되도록 분위기를 조성한다. 청소년들은 개개인 차이가 많다. 개성, 지적 수준, 체력, 교육경험, 생활방식, 가치관, 성격 등 여러 가지 면에서 차이가 있기 때문에 청소년들에게 프로그램의 중요성을 개별적으로 인식시키고 자기 주도적, 자발적으로 활동에 임하도록 하여야 한다.

둘째, 지도자와 청소년은 종속적인 관계가 아니라 상호협력적인 관계가 되어야 한다. Jones와 Perkins(2006)는 지역사회 기반의 청소년 프로그램에 있어서 성인-청소년 파트너십 관계에 있는 청소년 지도자들이 지도자 주도 관계에 있는 지도자들보다 청소년 참여, 청소년 성인 상호작용에 있어 더욱 적극적이었다고 보고한다. 청소년 프로그램에서 성숙된 성인과의 교제는 청소년의 건강한 발달에 매우 중요한 요소이다. 청소년들에게 청소년 프로그램을 통해 자연스럽게 성인기를 준비하는 기회를 제공하는 것이 청소년 프로그램의 목적이기 때문이다.

3. >>> 프로그램 실행 매뉴얼 제작

다음 단계에서는 이러한 운영계획과 관리체제에 따라 실행 매뉴얼을 제작하여야 한다. 운영계획에 대한 내용과 관리체제에서 다루게 되는 프로그램 세부시간표, 역할분담, 장소선정(제 2 차 후보지 포함), 강사선정, 재원확보, 위기사항에 대한 대응방안 등과 관련된 핵심사항을 매뉴얼로 만드는 것이다. 프로그램 실행을 위한 체크리스트도 이 매뉴얼에 포함시키게 된다(이화정 외, 2008).

4. >>> 프로그램 실행

체크리스트를 작성하는 것은 매우 중요한 사항이다. 프로그램 실행은 체크리스트를 작성하여 실제행동을 검토하는 것이다. 하나의 과정에 대한 준비단계로부터 교육 당일까지의 프로그램 실행 체크리스트를 만들어 과제와 담당자, 일시 등을 검토해야 한다(이화정 외, 2008).

CHAPTER 12

청소년 프로그램 평가

1. 평가의 정의

프로그램을 측정하기 위해서 연구방법을 사용하는 것을 평가라고 일컫는다. 인터뷰, 설문조사, 관찰, 실험법을 사용하여 프로그램 효과성과 관리는 증진될 수 있다. 프로그램 평가는 방지와 중재를 위한 지원을 정당화하는데 사용되어질 수 있다. 반면에 부정적 평가는 노력을 증가시키는 방향으로 더욱 건설적인 노력을 위한 자금의 재설정을 위하여 사용되어질 수 있다. 사회과학자들은 프로그램 목적이 달성되었는가를 결정하기 위하여 평가방법을 기획한다. 그들은 보통 세 가지 유형의 평가를 사용한다.

첫째, 평가자를 고용하는 방식으로 프로그램의 산출과 영향력을 타진하여 프로그램의 성공여부를 결정하기 위하여 지속적으로 측정하는 유형이다. 둘째, 신속한 결정이 필요한 경우에는 한 차례의 평가로서 비용효과 측면 혹은 관리적 실천으로서 필요한 측정을 공급해줄 수 있다. 마지막으로 정책연구는 평가 과정을 점검함으로써 새로운 프로그램 방향성을 파악하는 것을 용이하게 한다(Gullotta *et al.*, 1999: 40). 이와 같이 평가는 정책이나 프로그램에 관한 의사결정을 위한 목적으로 사회과학적 조사방법을 사용하여 수행 과정과 결과를 측정하는 일련의 절차를 말한다. 또한 평가는 가치여부를 판단하는 것으로 특별한 목적을 달성하기 위한 방안, 교육프로그램, 과정 및 결과의 가치성을 판단할 수 있는 정보 수집을 하는 행위이다. 이러한 활동을 위해서 시스템적 접근이 무엇보다 필요한데 청소년 프로그램 평가시스템이란 단위 청소년 기관에서 프로그램 평가활동을 위해 필요로 하는 평가절차 및 단계, 평가요소, 평가방법, 평가지표 등 평가활동 전반에 대한 구체적인 과업과 수행 활동들에 대한 체계적인 가이드라인을 제공하는 것을 말한다.

2. 평가자의 역할과 능력

평가자가 평가활동을 수행하는 과정에서 책임져야 할 업무를 간략하게 요약하면 평가 접근 방식 및 모형의 선정, 평가의 설계 및 계획, 자료 수집 도구의 제작 및 선정, 자료 수집 활동, 자료의 처리 및 분석, 평가준거 및 기준의 설정, 수집된 근거 자료에 의거한 판단활동, 보고서의 작성, 평가결과의 보고, 평가 수혜자 및 요구자와의 협상, 평가 계약의 수립, 평가 활동의 전개 및 그 운영 등이다. 이와 같은 다양한 업무를 수행하기 위해 평가자는 다음과 같은 기능이나 자질을 필수적으로 갖추어야 할 것으로 요청된다(Brinkerhoff *et al.*, 1982).

즉, 관리 및 운영기술은 의사소통, 감독, 대인관계, 체제분석, 계약수립, 예산책정, 목표수립, 전문적 윤리, 정치적 임기응변을 포함한다. 평가 전문적인 기술에는 도구개발 및 선정, 검사 실시, 통계적 분석, 조사 방법, 관찰기법, 심리측정론, 실험설계법, 자료의 질 관리, 컴퓨터의 적용, 사례연구법, 비용-효과 분석, 보고서 작성 등의 기술이 포함된다. 개념적 기술은 대안을 강구할 수 있는 능력, 계획을 구상할 수 있는 능력, 관계의 파악·표현 능력 등이 포함된다. 그리고 전문적 지식에는 평가 대상 영역과 관련된 업무의 경험, 주된 관련 연구에 관한 지식, 관련 분야의 주요 구조 이해, 관련 분야의 전문가와의 친교 등이 포함된다.

이와 같은 기능과 자질은 평가 목적과 대상의 성격에 따라서 그리고 그에 따른 접근 방식에 따라서 그 강조점이 달라질 수 있다. 또한 평가 설계 및 그 활동의 양상에 따라서 어느 기능과 자질이 더욱 강조되는가가 결정될 수 있다.

종합적으로 평가자가 일반적으로 갖추어야 할 자질은 사회과학적 연구자로서의 자질이 요청되는 동시에 평가 준거를 설정하고 그에 입각한 평가 기준을 결정하며 준거와 기준에 관련된 평가 자료로서 평가 지표를 수집하여 이들 평가 근거를 바탕으로 평가적 판단과 결정을 내릴 수 있는 가치 판단 능력이 또한 요청된다(김경화·조용하, 2005: 23).

평가자는 상황과 여건에 따라서 그리고 평가 목적과 그 강조점에 따라서 각기 다른 역할을 수행해야 하기 때문에 특정 역할만을 일방적으로 요구하기보다는 평가 상황에 따라 어떤 역할이 요구되는가를 파악할 수 있는 자질을 함양하도록 하는 것이 보다 바람직하다. 평가자의 역할은 평가의 목적, 평가의 관점, 평가모형의 성격 또는 평가자의 경험과 자질에 따라 달라질 수 있다. 평가자의 역할은 크게 네 가지로 정리해 볼 수 있는데 전문적인 역할, 대인 관계적인 역할, 행정적인 역할, 그리고 사회적 및 정치적 역할이다. 전문적인 역할에는 평가계획 수립, 평가 준거 설정, 자료 수행·분석·처리하여 평가 기준 결정 등이 포함된다. 대인 관계적인 역할에는 평가 요구자와 평가 관련자와의 의사소통, 대중과의 관계유지, 상황적 지도력, 평가 팀의 형성과 운영 능력, 갈등상태의 해결, 평가 요구자와 평가 관련자와의 관계 유지 등이 포함된다. 그리고 행정적인 역할에는 평가지도 계약, 계획 수립·협상, 예산책정집행, 제반 평가지도 기획·집행관리 등이 포함된다. 사회적 및 정치적 역할에는 집단과의 관계 형성 및 유지, 평가 내용과 관련 분야의 정책 방향 타진, 프로그램의 사회적·정치적 맥락의 파악, 개인과 기관과의 관계 형성 등이 포함된다.

일반적으로 평가자는 이와 같은 네 가지의 역할을 동시에 수행해야 할 것으로 기대되므로 그와 관련된 능력과 자질을 갖추고 평가에 임해야 할 것이다(김경화·조용하, 2005: 24).

평가를 실시하는 평가자는 과학적이고 체계적인 마인드를 갖추는 한편 동시에 많은 이해관계자와 관련 전문가들과 소통하기 위해 평가 전문성과 실행력을 갖추어야 한다.

다음은 평가자의 능력과 역할에 대해 정리한 표이다.

표 12-1 평가자의 능력과 역할

구분	항목	내용
능력	관리 및 운영기술능력	의사소통, 감독, 대인관계, 체제분석, 계약수립, 예산책정, 목표수립, 전문적 윤리, 정치적 임기응변
	평가전문적 기술	도구개발 및 선정, 검사 실시, 통계적 분석, 조사 방법, 관찰기법, 심리측정론, 실험설계법, 자료의 질 관리, 컴퓨터의 적용, 사례연구법, 비용-효과분석, 보고서 작성
	개념적 기술	대안을 강구할 수 있는 능력, 계획을 구상할 수 있는 능력, 관계의 파악·표현 능력
	전문적 지식	평가 대상 영역과 관련된 업무의 경험, 주된 관련 연구에 관한 지식, 관련 분야의 주요 구조 이해, 관련 분야의 전문가와의 친교
역할	전문적 역할	평가계획 수립, 준거 설정, 자료 수행·분석·처리하여 그로부터 평가지표를 추출하며 평가기준을 결정
	대인 관계적 역할	평가 요구자와 평가 관련자와의 의사소통, 대중과의 관계유지, 상황적 지도력, 평가 팀의 형성과 운영 능력, 갈등상태의 해결, 평가 요구자와 평가 관련자와의 관계 유지
	행정적 역할	평가지도 계약, 계획 수립·협상, 예산책정집행, 제반 평가지도 기획·집행 관리
	사회·정치적 역할	집단과의 관계 형성 및 유지, 평가 내용과 관련 분야의 정책 방향 타진, 프로그램의 사회적·정치적 맥락의 파악, 개인과 기관과의 관계 형성

출처: 김경화·조용하(2005). pp. 23-25 참조.

3. >>> 평가의 목적

청소년 프로그램을 설계·개발하고 실행한 이후에는 평가과정을 거쳐야 하는데 과정상의 어려움 때문에 자칫 소홀해질 수 있다. 그러나 프로그램 평가를 실시하는 목적을 명확히 이해한다면 개발과정상의 중요한 한 영역으로서 간과되는 일이 없을 것이다. 청소년 프로그램을 평가하는 목적은 다음과 같다.

첫째, 프로그램의 가치나 장점을 판단하거나 결정하는 일이다. 이는 비교적 기본적이고 핵심적인 평가의 의미를 나타내는 것으로서 평가대상의 장점이나 가치를 체계적으로 판단하는 일을 평가라고 보는 관점이다.

둘째, 프로그램의 효과 및 영향을 파악하고 판단하는 일이다. 프로그램 사전·사후로 실시하여 프로그램 효과성 평가 및 만족도 평가를 실시할 수 있다.

셋째, 프로그램의 목적 달성 정도를 확인하는 일이다. 즉, 프로그램이 소기의 목적을 달성하였는가를 검증하는 것이다.

넷째, 프로그램에 대한 의사결정을 보조하는 일이다. 즉, 프로그램에 대한 의사결정에 필요한 자료를 제공하는 일이다. 프로그램의 수정, 보완, 폐기 등과 같은 의사결정에 도움이 되는 자료를 제공하기 위한 목적에 부응하기 위하여 평가를 실시한다는 점이다.

다섯째, 프로그램에 대한 투자의 정당화를 입증하는 것이다. 모든 프로그램이 비용·효과측면에서 반드시 이익을 산출하는 것은 아니다. 어떤 교육적 프로그램일 경우에는 비용이 오히려 더 들어갈 수도 있는 것이다(변창진 외, 2001). 또한 행동변화가 장기간에 걸쳐 나타나는 프로그램일 경우 그 효과성을 프로그램 종료 직후 입증하기란 쉽지 않은 일이다. 즉, 손익계산에 잘 나타나지 않는 교육효과를 입증하고 교육투자의 정당화를 입증하는 방법을 강구하는 것이 프로그램 개발자의 몫으로 남는다.

4. >>> 평가의 모형

프로그램 평가 유형은 다양하다. 일반적으로 어떠한 유형의 방식이 효과적인가를 판단하기 위해서는 다음의 세 가지 선결요건이 충족되어야 한다.

첫째, 프로그램 유형, 작동 그리고 관리 스타일이 명시되어야 한다.

둘째, 프로그램의 목적과 기대효과가 분명해야만 한다.

셋째, 프로그램 목적과 효과를 달성하기 위하여 프로그램 구조와 작동의 연결고리가 분명하게 진술되어야만 한다.

이 세 가지 요건이 충족되지 않는다면 프로그램과 프로그램 산출물과의 관계성은 올바르게 평가되어질 수 없을 것이다(Gullotta *et al.*, 1999: 40). 이와 같이 청소년 프로그램 평가의 모형은 평가의 목적을 어디에 두느냐에 따라 다르게 분류될 수 있다. 대체적으로 청소년 프로그램 평가에 적용할 수 있는 모형으로는 목표중심 평가모형과 의사결정중심 평가모형, 판단중심 평가모형, 고객중심 평가모형, 법정재판 평가모형, 전문성중심 평가모형, 자연주의 평가모형 등이 있다.

(1) 목표중심 평가모형

프로그램 실시 전의 프로그램 목표의 도달 정도를 판단한다. 즉, 프로그램 목표 설정 후 실행과정을 통한 결과를 측정하여 목표와 비교하여 판단한다.

1) Tyler의 모형

교육 혹은 수업목표를 평가의 기준으로 하여 어떤 프로그램이나 수업이 종료된 다음에 교육목표가 달성된 정도를 확인하는 것이 교육평가이기 때문에 그의 평가방식은 목표달성 평가모형이다. 목표중심 평가모형에서는 명세적으로 진술한 행동목표를 기준으로 교육성과를 평가한다고 해서 흔히 행동목표 모형(behavioral objective model: BOM)이라고도 한다(김진규, 2004: 39).

이 모형은 수업평가뿐만 아니라 교육제도, 교육정책, 교육시설을 평가할 때도 사용할 수 있다(김진규, 2004: 40). Tyler의 평가모형에서 권장되고 있는 평가절차는 다음과 같다(변창진 외, 1996).

① 목표선정: 일반 교육목표를 선정한다.
② 목표명시: 일반 교육목표를 행동목표로 명세화한다.
③ 도구제작: 평가방법과 평가도구를 선정 또는 개발한다.
④ 자료수집: 평가도구를 사용하여 데이터를 수집한다.
⑤ 가치판단: 수집한 데이터를 기준으로 목표의 도달도를 결정한다.

2) Provus의 모형

Provus(1969)가 제안한 격차평가모형(Discrepancy Evaluation Model: DEM)은 교육 또는 경영 및 관리를 통해 달성해야 할 표준이나 준거와 실제 수행성과 간의 차이, 괴리, 상위 또는 불일치점을 분석하는 데 주안을 두는 평가모형이다. Provus

의 평가모형과 Tyler의 평가모형은 목표를 평가의 준거로 삼고 있다는 점에서 공통된다. 그러나 Tyler는 목표가 달성된 정도의 측정을 강조하고 있고 Provus는 목표와 수행성과가 불일치하는 부분과 그 정도를 확인하는 것을 중시한다는 점에서 차이가 있다. 특히 격차평가모형은 투입, 과정, 산출로 나누어 변인별로 비용-효과 분석을 강조하고 있다.

격차평가모형을 보다 정확하게 이해하기 위해서 표준(standard: S), 수행(performance: P), 격차(discrepancy: D)라는 세 가지 개념이 필요하다. 어떤 사상이 당연히 갖추어야 할 일련의 특징 또는 조건을 열거한 것을 표준(S)이라 하고 그 사상이 실제로 지니고 있는 특징이나 조건들을 수행(P)이라 하며 표준과 수행 간의 차이 또는 불일치(S-P)를 격차(D)라고 한다. S, P, D의 관계를 식으로 표현하면 D=S-P로 나타낼 수 있다. 그러므로 S를 결정하고 P를 확인해서 D를 찾는 것이 격차평가모형의 가장 핵심적인 평가절차이다. 이를 다섯 단계로 나누어 설명하면 다음과 같다(김진규, 2004: 41).

① 설계 프로그램에 투입되는 투입(input), 과정(process), 산출(output)변인을 각각 명시적으로 기술한다.

② 실행 평가의 표준(S) 및 준거를 열거하고 그 적합도를 확인한다.

③ 과정 프로그램에서 계획한 변화가 일어났는지를 확인하기 위한 자료를 수집한다.

④ 성과 목표의 달성 여부와 그 정도를 확인한 다음 표준 또는 준거와의 일치/불일치 여부와 그 정도를 판단한다.

⑤ 비용-효과분석 수행성과와 목표달성을 위해 투입된 예산 인력, 시간, 노력 등을 비교한다.

3) Hammond의 모형

평가과정을 체계적으로 구조화시킨다면 교육이 일시적인 유행이나 외부압력에 시달리지 않게 되고 또한 공정하고 정확한 평가가 이루어질 수 있다. 그와 같은 관점을 바탕으로 Hammond(1969)는 교육이 하나의 과정이듯이 평가활동도 하나의 과정이라는 전제 하에 평가과정을 구조적으로 체계화시킨 평가과정모형(model for evaluation as a process: MEP)을 제시했다.

Hammond는 프로그램 개발과 평가를 체계화시키는 데 필요한 것은 무엇보다 먼저 평가의 구조를 밝히는 것으로 보고 있다. 평가의 구조가 만들어지면 그것을 지침으로 하여 평가절차는 자연히 체계화된다는 점이다. Hammond가 제안한 평가구조는 기구(institution), 행동(behavior), 수업(instruction)이라는 세 차원으로 구성되어 있다. 기구는 학교, 교사, 관리자, 교육전문가, 학부모, 지역사회로 나누었으며 프로그램의 내용을 지칭하는 행동은 지적, 정의적, 심동적 영역으로 분류했고 수업은 조직, 내용, 방법, 시설, 비용으로 구분했다.

이 모형은 평가를 할 때 목표를 명세적으로 진술하고 그것을 기준으로 하여 프로그램의 효율성을 확인하고 개선점을 찾기 때문에 목표달성모형에 속한다. 그러나 학업성취도만을 준거로 해서 프로그램의 효과를 측정하지 않고 평가구조에 제시된 기구(6)×행동(3)×수업(5) 차원들이 서로 교차함으로써 생기는 상호작용 효과도 미리 설정하여 놓은 목표를 준거로 평가한다는 점에서 목표에 진술되어 있는 학업 성취도만을 준거 변인으로 하는 Tyler의 모형이나 목표와 실제 수행간의 격차를 확인하는 Provus의 모형과는 현저한 차이가 있다. 특히 다른 여러 평가

그림 12-1 평가의 구조

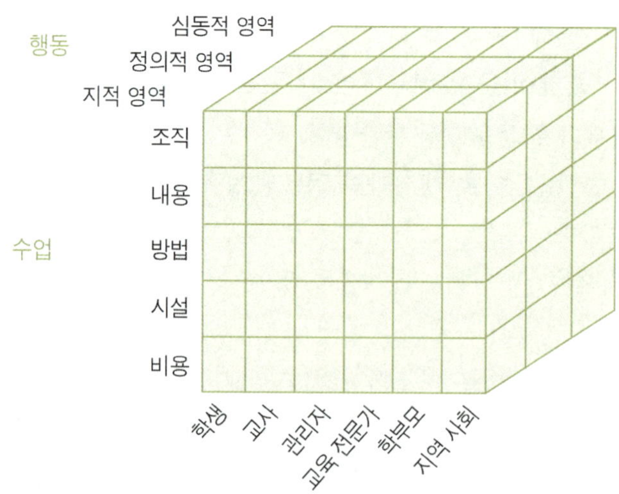

출처: 변창진 외(1996). p. 33.

들은 교육부 또는 평가 전문기관에서만 사용이 가능할 정도로 지나치게 거시적이고 추상화된 경향이 있지만 교육청, 학교 등과 같이 프로그램을 실제로 운영하는 집행기관에서 활용하기 쉽도록 되어 있다는 것이 이 평가모형의 특징이다(김진규, 2004; 변창진 외, 1996).

이와 같이 평가모형의 장점으로는 과정모형이 구체적이고 명확하다는 점이다. 또한 개혁적인 조치나 창의적인 아이디어를 펴기 위해 새로운 프로그램을 개발할 때 적합성과 효율성을 확인하는 데도 이용가능하다. 그러나 평가할 차원이 많고 평가결과를 수량화시키기 어려운 부분도 있으며 시간과 인력이 많이 동원되어야 한다는 점은 단점으로 지적된다(변창진 외, 1996: 34).

① 변인선정 행동, 수업, 기구 차원과 변인에서 프로그램과 직접 관계되는 것을 선정하고 동시에 그것들 간의 상호작용도 밝혀서 목표로 진술한다.

② 방법결정 평가하고자 하는 변인과 상호작용을 가장 잘 측정할 수 있는 방법을 탐색하고 필요한 도구를 제작한다.

③ 결과분석 데이터를 수집, 분석하여 차원 또는 변인별로 목표의 달성 여부와 그 정도를 확인한다.

④ 결과보고 프로그램 운영 집행기관의 인사들이 이해하고 활용되기 쉽도록 평가결과를 정리하여 보고한다.

(2) 의사결정중심 평가모형

의사결정 평가모형은 평가를 의사결정자에게 필요한 정보를 제공하여 의사결정을 돕는 과정으로 이해하는 것이다. 즉, 프로그램 운영자의 입장에서 평가하는 것으로 프로그램의 존속 및 폐지에 대한 결정을 하기 위한 평가라 할 수 있다.

1) CIPP 모형

Stufflebeam(1971)에 의하면 평가의 주된 역할은 의사결정권자에게 필요한 적절한 정보를 제공하는 것이어야 한다고 주장한다. 그에 의하면 교육기관에서 이루어지는 의사결정의 일반적인 모형을 목표를 확인하고 선정하기 위한 의사결정과 관계되는 계획 의사결정, 선정된 목표를 달성하는데 적합한 절차와 전략을 설계하기 위한 결정 즉, 프로그램 목표의 결정과 계획 수립에 관한 결정, 프로그

표 12-2 Stufflebeam의 CIPP모형의 평가절차

절차	평가내용
상황평가 (context evaluation)	맥락평가라고도 불리운다. 계획단계의 의사결정에 도움이 되는 정보를 제공하기 위한 평가로 구체적인 상황이나 환경적 여건을 파악하는 평가이다.
투입평가 (input evaluation)	구조화단계의 의사결정에 도움을 주기 위한 것으로 현재 어떠한 산물이 투입되고 있고 앞으로는 어떠한 산물이 투입되어야 하는가를 파악한다.
과정평가 (process evaluation)	실행단계의 의사결정에 도움을 주기 위한 것으로 구조화 단계에서 수립한 전략이 실행되는 과정에서 고려해야 할 점, 발생 가능한 사건 등을 파악한다.
산출평가 (product evaluation)	결과단계에서의 활용을 위한 것으로 전체 과정을 통해 산출된 결과의 가치를 판단하는 데에 도움이 되는 정보수집을 한다.

램 목표 달성을 위하여 필요한 가용자원 및 전략과 구체적인 계획을 선택하고 구조화하는 결정, 프로그램 실시 계획과 절차 개선을 위한 결정, 프로그램 실시 과정이나 실시 후의 성과나 결과에 대한 프로그램의 존속, 폐지, 수정, 재실시에 대한 결정 등의 네 종류의 의사 결정에 필요한 정보를 제공하기 위한 네 가지 종류의 평가를 제안하고 있다(김경화·조용하, 2005: 40). CIPP에서 C는 상황평가(context evaluation: C), I는 투입평가(input evaluation: I), 첫째 P는 과정평가(process evaluation), 그리고 둘째 P는 산출평가(product evaluation)의 약자이다. 의사결정 중심모형 평가의 단점으로는 프로그램 참여자에게 유용한 정보를 제공하나 평가자료의 사장 우려가 있고 실제 교육상황 개선에 활용될 가능성이 적다는 점이다.

실제로 달라스의 학교 기반의 정신 건강 프로그램의 평가에서 CIPP모형을 적용하였다(Pearson *et al.*, 1999: 218). 상황평가(context evaluation)의 문항은 프로그램 목표와 우선순위에 역점을 두었다. 프로젝트 파트너로부터 수집된 데이터 그리고 학교 기반의 정신 그리고 육체적 건강관리에 기초한 문헌들의 검토를 통해 도출되었다. 과정평가(process evaluation) 문항은 프로그램이 어떻게 실행되고 어떤 질적 관리가 이루어지는가와 스텝 훈련에서 프로그램 요구를 어떻게 설명하고 있는가로 구성되어 있다.

산출평가(product evaluation)문항은 고객 만족과 학생의 학교 만족도(성적, 출석, 행동)를 고려한다. 평가방법은 인터뷰, 질문지, 추수데이터, 출석, 성적, 규율조

회데이터 등을 포함하고 있다. 한상철(1998)의 청소년지도 프로그램 평가모형에서는 상황평가, 투입평가, 과정평가, 산출평가의 기본 4단계를 설정하고, 상황평가와 투입평가 중간에 평가설계를 그리고 과정평가 이전에 평가자의 프로그램 참여를 협의하는 단계를 각각 포함시켰다. 평가설계에서는 상황평가에 근거하여 평가의 구체적인 방법 및 전략을 계획하도록 하였다.

이 평가모형의 특징은 무엇보다도 과정평가의 단계를 중요시하고 이 단계에서 청소년들의 태도 및 동기를 평가할 수 있다는 점이다.

2) CSE 모형

의사결정자가 선택할 수 있는 여러 대안들 중에서 최선의 방안을 선택하는데 필요한 데이터를 요약, 정리하여 제공할 목적으로 의사결정을 내려야 할 사안 또는 영역을 확인해서 관계 정보를 선정, 수집, 분석하는 과정이다.

Alkin(1969)이 근무하였던 대학의 평가연구소(UCLA, Center for the Study of Evaluation)의 머릿글자를 딴 CSE모형은 프로그램의 실행과 프로그램 사건을 분리하여 각각 독립적으로 평가하지 않으면 정확한 프로그램 평가가 이루어지지 않는다는 것을 강조하였다. 즉 Stufflebeam이 말한 과정평가를 프로그램 실행평가와 프로그램 개선평가로 나누고 상황평가를 체제사정평가와 프로그램 계획평가로 구분한 점이 다르다.

표 12-3 Alkin의 CSE모형의 평가절차

절차	평가내용	평가방법
체제사정평가(systems assessment evaluation))	특정 상황에 적합하거나 필요한 교육목표를 선정하기 위해 교육목표의 폭과 깊이를 결정하는 정보 수집과정, 프로그램 또는 기관의 상태에 관한 정보제공이 목적이 된다.	체제사정을 위해 정보를 수집하고 보고하는 방법에는 대체로 관찰, 조사, 면담, 토의 등이 동원되며 평가보고서에는 역사적으로 서술, 정리된다.
프로그램 계획평가(program planning evaluation)	체제사정평가에서 확인, 선정한 체제의 교육적 욕구를 충족시킬 여러 방안 중 가장 효과적인 방안 선택을 위한 정보수집과정, 프로그램 선정에 필요한 정보제공이 목적이 된다. 그러므로 프로그램 계획평가는 CIPP의 투입평가와 같으며 특정프로그램에 관심을 가진 자가 프로그램을 선택하기 전에 프로그	프로그램 계획평가에는 내적 평가방법(internal evaluation procedures)과 외적 평가방법(external evaluation procedures)이 있다. 내적 평가에서는 프로그램의 목표가 달성될 수 있게 하기 위해 재생 또는 복사 가능한 부분의 범위를 검토하고 프로그램의 스타일, 구성, 실용성, 비용 등을 평가한다. 외적 평

	램을 정확하게 평가할 수 있도록 필요한 데이터를 제공할 목적으로 프로그램을 통해 목표가 달성될 수 있는 정도를 예견하고 다른 유사 프로그램과 비교하여 상대적 효율성을 사정하는 것이다.	가는 유사한 장면에서 프로그램을 실행했을 때의 실행효과를 컴퓨터 시뮬레이션, 델파이 기법을 이용하여 프로그램을 적용할 수 있는 일반화의 범위를 평가하는 방법이다.
프로그램 실행평가(program implementation evaluation)	실제로 프로그램을 운영했을 때 계획평가단계에서 기대하고 결정한 사항이 어느 정도 충족되고 있는지를 확인하는 과정. 프로그램을 소개하고 실시하는데 필요한 정보제공이 목적이다.	프로그램 실행평가를 하는 방법은 평가활동에서 사용하는 일반적인 방법과 비슷하고 참여적 관찰, 면담, 토의, 조사 등과 같은 방법을 많이 이용한다.
프로그램 개선평가(program improvement evaluation)	프로그램을 개발하는 과정에서 계속 보완·수정하는 과정. 프로그램 개선을 위한 정보제공이 목적이다. 개선, 보완에 필요한 정보가 주어지면 즉각적으로 개입해서 적절한 조치를 취하고 그 효과 또는 변화를 확인, 검증하는 것이 프로그램 개선평가의 일반적인 절차다.	프로그램 개선평가에서는 개선조치에 따른 변화 또는 효과를 입증하는 실험법을 많이 사용하지만 현장연구 형태의 준실험적인 방법이 강력히 권장되고 있다. 실험실과 같은 상황에서 수행된 평가결과와 실제 현장에서 이루어진 평가결과에는 가끔 현저한 차이가 나타나기 때문이다.
프로그램 승인평가(program certification evaluation)	의사결정자가 프로그램 채택의 유보, 부분적 수정, 적극적 채택을 결정할 수 있는 종합평가를 제공하는 과정. 프로그램의 가치에 대해서 그리고 프로그램의 관련된 상황에 대한 잠재적 적용 가능성에 대하여 의사결정권자가 판단하는데 필요한 정보제공이 목적이 된다.	프로그램 승인자료에는 프로그램의 신뢰도, 타당도, 일반화의 범위 등이 포함되어야 하고 사전-사후 설계를 이용하여 프로그램의 효율성을 검증한 데이터도 제시되어야 한다.

출처: 김진규(2004). pp. 49-50 수정·보완.

(3) 판단중심 평가모형

프로그램의 장점과 가치를 파악한다. 평가결과의 신뢰성에 영향을 주는 요인은 평가자의 능력과 경험이다. 즉, 판단중심 평가모형(judgement-oriented evaluation model)은 평가란 본질적으로 전문가에 의해 전문적인 지식과 기술을 바탕으로 하여 평가하고자 하는 대상 또는 내용의 가치를 체계적으로 판단하는 활동이라고 보는 입장이다. 이 모형은 전문가의 지식과 기술 그리고 자질과 경험을 중시하고 판단을 내리기 위해 어떤 표준을 사용할 것인가에 많은 관심을 기울인다(김진규, 2004).

1) 평가인정모형

발명가가 출원한 발명품을 특허청에서 심사, 인정하거나 산업자원부 기술표준원에서 제품의 규격과 성능을 심사하여 KS마크(한국표준제품 인정)를 부여하듯이 전문가들이 어떤 제품이나 기술, 조직체의 구성과 시설, 프로그램 등이 미리 정해 놓은 표준(standard) 혹은 요건을 충족시키고 있는가를 검토하여 인정 여부를 결정하는 것을 평가인정(accreditation)이라 하며 이 방법을 교육평가에 적용한 것을 평가인정모형(accreditation evaluation model)이라 한다. 이 모형은 미국에서 의학교육의 질을 향상시킬 목적으로 의과대학의 교육과정, 교수구성, 교육방법, 시설 등을 종합적으로 평가하여 의과대학의 설립인가를 결정하기 위하여 Flexner(1910)에 의해 처음으로 시도되었다(김진규, 2004: 51).

평가인정모형에서 가장 중요한 부분은 표준의 설정과 그것을 기준으로 하는 판단이다. 평가인정모형의 평가절차를 기관평가 중심으로 설명하면 다음과 같다(김진규, 2004: 52).

① 표준설정 특정한 목적의 기관으로서 갖추어야 할 표준을 설정한다.

② 자체평가 기관 자체평가를 실시하여 표준의 충족 여부와 그 정도를 확인한다.

③ 현장평가 전문가들의 현장방문 평가(on-site evaluation)를 통해 자체평가 보고서를 검토하고 실상을 관찰, 확인한다.

④ 최종평가 자체평가와 현장방문 평가결과를 종합하여 최종적으로 인정 또는 허가 여부를 확정한다.

2) 종합실상모형

Stake(1967)가 그의 논문, 교육평가의 실상(countenance of educational evaluation)에서 교사들이 자신의 수업 방식을 정확히 이해하고 수업 이론의 발전에 기여하려고 하면, 전체적 평가국면(full countenance of evaluation)을 정확하게 심리·검토해야 한다고 주장하면서 제안한 교육평가의 틀을 종합실상모형(countenance model)이라고 한다. 그는 교육평가를 공식적 평가와 비공식적 평가로 나눈 다음, 우연한 기회에 관찰한 잠재적 목표의 달성도에 대해 직관적 규준을 근거로 하여 주관적으로 판단하는 비공식적 평가는 종합실상평가에서 당연히 제외시켜야 하고 과학적인 방법으로 객관적 판단을 내리는 공식적 평가만을 종합실상평가의 대상으로 해야 한다고 했다(김진규, 2004: 53).

Stake는 종합실상모형에서 관찰·수집해야 할 자료를 선행요건(antecedent), 실행요인(transaction), 성과요인(outcomes)에 관한 자료로 구분했다. 선행요건에 관한 자료는 교수−학습 혹은 프로그램 실시전에 존재하는 학습자의 특성, 교육과정, 교육시설, 학교환경 등을 지칭하고 실행요인과 관계되는 자료는 학생−교사 간, 학생 간, 교재−학생 간의 우연적 상호작용을 비롯하여 질의, 설명, 토론, 숙제, 시험 등과 같이 프로그램 실행과정에 작용하는 변인을 뜻하며 성과요인에 관한 자료는 프로그램에 의해 나타난 학습자의 학업 성취도, 흥미, 동기, 태도 등의 변화를 포함해서 프로그램 실시가 교사, 학교, 학부모, 지역사회에 미친 영향을 의미한다(김진규, 2004: 54).

수집된 기술적 자료를 선행요건, 실행요인, 성과요인별로 프로그램 목표에서 설정한 의도(intent)와 프로그램 운영을 통해 실제로 관찰(observation)된 사항으로

표 12-4 프로그램 평가에서 평가차원과 처리과정

출처: 변창진 외(1996). p. 42.

분리해서 3(선행요건, 실행요인, 성과요인)×2(의도, 관찰) 행렬표에 분류, 정리한다. 그와 같은 행렬표는 기술적 측면과 판단적 측면으로 나누어 각각 별도로 작성한다. 그런 다음 기술적 자료에 대해서만 연관성(contingency)과 합치도(congruence)를 분석한다. 의도와 실제(관찰)로 구분하여 선행요건, 실행요인, 성과요인 간의 연관도를 점검하는 것을 연관성 분석이라 하고 이들 세 요인별로 논리적으로 탐색해서 정한 의도와 경험적으로 관찰된 결과가 일치되는 정도를 분석하는 것은 합치도 분석이다(변창진 외, 1996: 41).

종합실상모형의 평가절차를 설명하면 다음과 같다(변창진 외, 1996: 42).

① 관찰항목 확정 선행요건, 실행요인, 성과요인에 대해 각각 어떤 요소 또는 항목을 중점적으로 관찰·분석할 것인지를 검토, 확정한다.

② 기술적 자료의 분석 프로그램 목표에서 설정한 의도와 실제로 프로그램을 운영하여 관찰한 사항을 3(선행요건, 실행요인, 성과요인)×2(의도, 실제) 행렬표에 정리하고 연관성과 합치도를 분석한다.

③ 표준설정 판단의 기준으로 사용할 절대적 표준과 상대적 표준을 설정하고 표준의 구체성, 포괄성, 적합성, 중요성, 실용성 등을 다각적으로 점검한다.

④ 판단적 자료의 작성 기술적 자료를 행렬표로 작성한 것과 같이 이번에는 의도-실제를 표준-판단으로 대치하여 기술적 자료에 기록된 사항들에 대해 표준을 근거로 판단을 내린 다음 3(선행요건, 실행요인, 성과요인)×2(표준, 판단) 행렬표를 작성하고 연관도와 합치도를 점검한다.

3) 탈목표모형

목표기준평가(goal-based evaluation)는 목표를 준거로 하여 의도했던 일차적 성과만을 확인하고 이차적 또는 잠재적 부수효과(side effect)를 간과함으로써 실제 성과(actual outcome)를 평가하지 못했다는 비판이 줄곧 제기되어 왔다. 예컨대 어떤 프로그램은 의도한 성과(intended outcome)를 아주 성공적으로 달성시키고 있다는 것이 확실하지만 전혀 예상하지 못했던 부정적 부수효과 또는 부작용때문에 폐기되어야 할 때도 있다. 반대로 의도한 성과를 제대로 발휘하지 못하는 프로그램이라고 판단되었으나 의외로 부수효과의 실용적 가치가 높이 평가되어 프로그램을 지속시키기로 결정하는 경우도 적지 않다. 그와 같은 목표기준평가의 문제점을 보완하기 위해 프로그램이 의도했던 효과뿐만 아니라 부수효과까지 포함시킨 실제효과를 평가하는 방식을 탈목표평가(goal-free evaluation)라고 한다(김진규, 2004: 56).

탈목표평가는 Scriven(1972)에 의해 제안되었고 그와 같은 취지에 입각하여 프로그램을 평가하는 접근들을 총칭해서 탈목표모형(goal-free model)이라 부른다. 탈목표모형에서는 프로그램의 장점과 단점을 프로그램의 목표가 달성된 정도에 의해서만 판단하지 않고 부수효과도 고려해야 하기 때문에 부수효과를 관찰하고 그 가치를 판단하는 것이 탈목표평가의 중핵적인 과제가 된다. 이 모형의 주요 평가절차를 요약하면 다음과 같다(변창진 외, 1996: 43).

① 프로그램 시행과 관찰 프로그램을 운영하면서 목표를 의식하지 않고 프로그램의 운영과정과 성과를 다각적으로 광범위하게 관찰, 기록한다.

② 일차적 효과의 분석 관찰된 성과 중에 프로그램을 통해 획득하려고 의도했던 성과를 분석, 정리해서 목표를 준거로 하여 그 가치를 판단한다.

③ 이차적 효과의 분석 프로그램을 운영해서 실제로 관찰한 성과 중에 목표에 진술하지 않았거나 또는 전혀 의도하지 않았으나 예상외의 부수효과를 가져온 것을 추출하여 긍정적인 것과 부정적인 것으로 분류·정리한다.

④ 표적 집단의 요구분석 프로그램 참여자의 이해관계 당사자들의 프로그램에 대한 요구 또는 기대를 폭넓게 조사하여 항목별로 열거한다.

⑤ 사실상의 효과분석 표적 집단의 요구와 프로그램에 대한 만족도를 준거로 하여 이차적 효과를 판단한 다음 일차적 효과와 함께 프로그램의 실제 효과를 종합적으로 판단한다.

4) 감정·비평모형

Eisner(1975)가 주장한 것으로, 교육 평가에 대한 과학적·기술적 접근이 남긴 역작용을 제거할 목적으로 그는 예술 활동에서 많이 사용하는 감정(connoisseurship)과 비평(criticism)에서 교육 비평이라는 개념을 도출하여 예술작품을 감정 또는 평가할 때 그 분야의 전문가들이 사용하는 절차와 기술을 교육평가에 적용한 것을 감정·비평모형(model of connoisseurship and criticism)이라 한다. 아이디어, 이미지, 느낌을 중시하고 통찰, 은유, 암시, 함축, 시사 등을 많이 사용할 수 있도록 감상과 비판은 물론 예술 활동 자체도 활발히 성공적으로 촉진된다는 사실에 착안하여 교육현상의 질에 대해 더 많이 보고, 더 많이 느끼게 하고 더 많이 생각하게 하여야만 교육평가의 기초를 튼튼히 할 수 있다는 점이 감정·비평모형에 대한 Eisner의 믿음이다.

이 모형에서는 전문가의 풍부한 경험, 예리한 통찰, 심층적 이해하고, 논리적 해석을 토대로 교육현상 또는 실제의 장점과 단점을 질적으로 이해하고 판단한다. Eisner는 감정비평모형에 교육평가의 방향과 원칙만 제시하고 구체적인 절차는 제시하지 않았다. 그의 견해를 바탕으로 생각할 수 있는 감정비평모형의 평가 절차를 적어보면 다음과 같다(변창진 외, 1996: 45).

① 실제 사상에 대한 감상　직관을 토대로 평가하고자 하는 교육적 사상 또는 실제의 모습을 보고, 느끼고, 생각한 대로 담담하게 음미하고 감식한다.

② 기술적인 측면의 비평　교육적 사상을 관찰·감상해서 얻은 특징과 질을 상세하게 기술한다.

③ 해석적인 측면의 비평　기술한 특징과 질에 대한 교육적 의미와 가치를 자세하게 논리적으로 풀어서 설명한다.

④ 평가적인 측면의 비평　기술·해석한 교육적 의미와 가치를 질적으로 판단한다.

⑤ 결론의 도출과 제언　교육 실제를 정확하게 이해하고 개선하는 데 필요한 결론을 도출한다.

(4) 고객(소비자지향)중심 평가모형

고객중심모형 또는 소비자지향모형이라고도 한다. 교육소비자들로 하여금 필요한 상품을 현명하게 선택, 구매할 수 있도록 도울 목적으로 공공 또는 전문기관에서 각종 상품에 대한 평가 보고서를 만들어 소비자에게 제공하는 것과 같이, 교육적 서비스의 상대적 장단점을 판단하여 학생, 학부형 또는 교사들에게 교육적 서비스 또는 상품을 현명하게 선택·구입하는데 도움을 줄 수 있는 정보를 수집하고 제공하려는 평가를 고객중심 평가모형, 소비자지향 평가모형, 소비자보호 평가모형이라고 한다.

이는 교육서비스 또는 상품으로부터 교육자와 학생 또는 학부형들을 보호하기 위해 탈목표 평가모형을 제안한 Scriven(1974)이 제안하였다. 고객중심 평가모형에서는 평가항목이 중요한 의미를 갖는데 소비자 리포트는 특정 상품을 구입할 때에 소비자가 원하는 그리고 필요한 정보가 무엇인지를 알아서 그에 관한 정보를 제공해야 하기 때문이다(김진규, 2004). 다음은 고객중심 평가모형의 절차이다(변창진 외, 1996).

① 대리인 선정 학생, 학부형 또는 교사의 입장에서 프로그램의 질을 객관적으로 평가해 줄 수 있는 전문적인 지식과 경험을 지닌 믿을 만한 대리 평가자를 선정한다.

② 자원인사동원 대리 평가자가 소비자 입장에서 교육 프로그램을 철저하게 분석, 평가하여 완벽에 가까운 소비자 리포트를 작성하는 데 필요한 인물이라면 소비자를 위시하여 각계 각층에서 자원인사들을 동원한다.

③ 요구사정실시 프로그램의 사용자인 학생, 학부형 또는 교사들의 프로그램에 대한 요구사항과 프로그램에 대해 알고 싶어 하는 것이 무엇인지를 조사·분석한다.

④ 평가준거결정 요구사정을 할 때에 프로그램 소비자들이 프로그램에 대해 알고 싶어 하는 내용을 중심으로 프로그램을 현명하게 선택·결정하는데 필요한 정보를 확인한다.

⑤ 평가방법결정 선정한 평가항목과 준거에 비추어 검목표법, 요구사정, 기능분석, 비용분석, 실험설계 등과 같은 여러 가지 평가방법 중에 가장 적절한 방법을 결정한다.

⑥ 자료수집정리 대리 평가자가 수집한 프로그램에 대한 평가적 정보를 최종적으로 검토하고 정리한다.

⑦ 보고서 작성 소비자 리포트나 매거진과 같이 학생, 학부형 또는 교사가 특정 프로그램을 선택할 때 참고할 수 있도록 자료를 정리하여 문서로 작성한 다음 보급한다.

(5) 법정재판 평가모형

법정재판모형(judical evaluation model)은 마치 재판과정에서 판사, 검사, 변호사, 배심원들이 원고와 피고의 대립되는 주장을 청취한 다음 판결을 내리는 것과 유사한 방식으로 평가가 수행되어야 함을 강조한다. 이 모형은 Wolf(1974)에 의해 개념화되었고 특히 교육정책, 교육제도, 교육프로그램, 수업방법 등의 적합성이나 효율성을 평가하는데 적절한 모형이다. 교육현상을 법정에서 재판하듯이 평가하는 것이 법정재판모형이 아니고 이미 설명한 바와 같이 평가자가 재판에 등장하는 인물들 가운데 어떤 인물의 역할을 본떠서 어떤 형식으로 평가과정을 정하느냐에 따라서 여러 가지 형태의 법정재판모형의 평가가 있을 수 있다.

그 중 대표적인 예로서는 최종판결을 내리는 배심원 없이 평가하는 모형으로서 반대론적 평가모형(Adversary evaluation model)을 들 수 있다. 법정재판 평가모형은 어떤 교육정책 또는 프로그램 채택에 대하여 찬성자와 반대자가 주장하는 장단점을 확실하고 충분한 증거에 입각해서 다각적으로 검토하여 의사를 결정할 것을 강조하며 무엇보다 평가에 있어 공정성과 객관성 그리고 공개성을 중시한다. 이 모형은 프로그램에 대한 폭넓은 이해를 증진시키고 쟁점을 명료화하며 프로그램 또는 조직의 개선과 발전을 위한 제안 및 정책지침을 제공하는데 널리 활용되고 있다(김경화·조용하, 2005; 변창진 외, 1996).

① 쟁점탐색 면접, 관찰, 문서분석 등을 통해서 공청회에서 다루어질 쟁점을 탐색, 열거한다.

② 쟁점선정 탐색된 쟁점 중에서 논쟁의 소지가 없는 것은 배제하고 문제의 중요성과 참여자의 요구를 기준으로 공청회에 회부할 쟁점을 선정, 구성한다.

③ 논쟁준비 쟁점에 대한 상반된 관점(찬성, 반대)을 제시하는 데 필요한 증거, 증인, 사례 등을 수집·정리하여 찬성자와 반대자에게 제공하고 의사 개진과 논쟁을 준비시킨다.

④ 의회개최 공청회를 열어 찬성과 반대의견을 개진시킨 다음 증인, 증거 또는 사례도 제시하고 직접심문과 반대심문을 해서 배심원들로 하여금 판결에 해당하는 평가와 제언을 하게 한다(변창진 외, 1996: 52).

(6) 전문성중심 평가모형

전문성 중심의 평가적 접근은 특정분야의 전문가의 전문성을 중시하고 그 전문적 식견을 바탕으로 평가대상의 장점이나 가치를 감정, 감상, 판단하는 평가적 방법을 말한다. 이 방법은 교육기관, 교육프로그램, 교육상품, 교육활동을 평가하기 위하여 오래 전부터 활용해 왔으나 20세기 후반에 이르러서는 그 체계성, 객관성, 공정성 등에 관한 논란 및 목표중심 평가모형, 평가연구모형과 같은 비교적 체계적이고 객관적인 평가방법에 가려져 그 빛을 보지 못했다(김경화·조용하, 2005; 배호순, 1994). 그러나 아무리 체계화된 기준이 있다고 해도 그 분야에 대한 전문적인 식견이 없이는 그 장점이나 가치를 파악하기 어려우므로 전문성을 인정받는 전문가의 주관적인 판단활동이 필수적으로 요청되게 되었고 그에 부응하기 위하여 인정평가모형(accreditation)과 전문가 심의모형(professional review)이 고안되었다. 인정평가모형은 주로 프로그램과 관련된 분야의 전문가들이 하나의 팀을 이루어 사전에 체계적인 평가기준 및 평가원칙을 개발하고 그에 입각하여 일정기간 동안 자체 연구를 한 후 프로그램이 운영되고 있는 현장을 방문하여 프로그램의 수행과정을 관찰하고 평가하는 데 중점을 두는 모형이다. 주로 학교나 기관의 프로그램을 인증하고자 할 때 적용하는 모형으로서 우리나라에서는 대학종합평가나 학교종합평가, 그리고 최근에 청소년분야의 관심거리인 청소년프로그램인증제가 바로 여기에 해당된다.

전문가 심의모형은 특정 분야에 권위 있는 전문가들의 심의, 검토, 평정지도를 활용하여 프로그램의 가치 및 장점을 파악하고 그를 여러 목적에 활용하는 평가 모형이다. 학교에서 학생들의 졸업을 최종 심의하는 졸업사정제나 교수들의 승진을 심의하는 인사위원회, 연구계획서를 심사한 후 우수한 계획서를 선정하는 등의 경우 자주 적용되는 모형이다. 청소년 분야에서도 프로그램 공모제가 다양하게 실시되고 있는데 이 경우 최우수 프로그램이나 우수 프로그램을 선정하기 위해 거치는 평가 과정이 바로 전문가 심의모형에 해당한다(한국청소년개발원, 2011: 233).

(7) 자연주의 평가모형

자연주의 평가모형(naturalistic model of evaluation)은 프로그램의 내용, 구성, 운영과정, 효과, 중요 쟁점 등에 관한 정보를 자연주의적 탐구방법을 이용하여 수집, 제공하는 평가방식을 총칭한다. 자연주의 철학에 입각하여 실상을 지나치게 이상화하지 않고 인간생활의 추악한 욕망을 있는 그대로 적나라하게 묘사함을 본지로 삼는 것이 자연주의 문학이라고 하듯이 현상 또는 사물의 실상과 성질을 자연주의 철학에 바탕을 두고 탐구하는 방식을 자연주의적 탐구라고 한다.

그러므로 평가 설계에 맞추어 인위적으로 조작하는 실험적인 장면보다 현장의 실제 상황에서 평가를 실시하고 사례연구 형태로 데이터를 수집, 분석하여 평가결과를 되도록 수량화시키지 않고 질적으로 나타내는 것이 자연주의 평가모형의 방법론적 특색이라고 할 수 있다(김진규, 2004: 62-63).

이와 같이 자연주의 평가모형은 어느 하나의 관점에 집착하지 않고 프로그램의 참모습을 제대로 평가할 수 있는 방법이라면 어떤 견해와 전략도 모두 수용하기 때문에 이 모형에는 분간하기 어려울 정도로 수많은 접근들이 제안되고 있다(김진규, 2004: 63).

1) 교류적 평가

종합실상모형을 제안한 Stake(1975)는 평가과정에서 수집해야 하는 데이터를 성질별로 나눌 때 실행요인(transaction)이라는 개념을 사용한 바 있다. 그는 프로그램 혹은 수업을 실행하는 과정에서 나타나는 교사↔학생, 학생↔학생, 학생↔교재 등과 같은 교류 또는 상호작용을 실행요인이라고 했다. 사전을 보면 트랜스액션(transaction)은 우리말로 거래, 처리, 취급, 화해, 시담으로 번역되고 있다. 교류적 평가에서 트랜스액션은 프로그램을 '취급' 혹은 '실행'하면서 프로그램의 특징을 관찰하되 특히 프로그램 참가자(학생)를 중심으로 프로그램에 대한 개인적 요구와 프로그램 시행자의 요구 간의 긴장과 마찰 그리고 그것을 조정하는 방식을 중점적으로 평가한다. 교류적 평가의 주된 목적은 '역할과 지위에 따라 참가자를 비롯하여 여러 관계 인사들에게 이 프로그램은 어떻게 보이고 운영과정에서 발생한 의견차이 또는 갈등은 어떤 것인가?'라는 질문에 대한 답을 찾아 제공하는 데 있다. 교류적 평가의 절차는 다음과 같다(변창진 외, 1996: 47).

① 관찰작업 평가자가 프로그램 운영과정 전반을 직접 포괄적으로 관찰하면서 참가자와 관계 인사들의 의견을 수집한다.

② 쟁점포착 관찰한 내용 중에서 프로그램 운영상의 이견, 마찰, 불편, 갈등 등과 같은 문제점 또는 쟁점을 찾아 열거한다.

③ 합의도출 전문가와 참가자 및 관계 인사들이 함께 모여 쟁점의 원인과 해결방안을 집단합의로 규명한다.

④ 결과보고 프로그램 운영에 관한 전체적인 인상과 쟁점 및 그 원인과 해결방안을 문서화한다. 도출된 해결방안을 프로그램에 도입하였을 때는 다시 실행과정을 점검하고 그 결과를 보고한다.

⑤ 결론도출과 제언 교육적 현상을 정확하게 이해하고 교육 실제를 개선할 수 있는 결론을 도출하여 제언한다.

2) 조명적 평가

Parlett와 Hamilton(1976)이 제안한 조명적 평가(illuminative evaluation)는 프로그램 제작의 이론적 근거와 목적, 개발과정, 운영절차, 실시결과, 문제점 등을 총체적이고 심층적으로 탐구하려는 접근방식의 평가로서 측정과 예언보다는 기술과 해석을, 변인의 통제와 조작보다는 교육적 맥락을 있는 그대로 초상화를 그리듯이 현상적으로 기술하는 평가방법이다. 그러므로 이 모형에서는 프로그램의 일부 특성이나 개개 변인 간의 상관관계만을 분석하지 않고 전체성을 중시하여 프로그램에 작용하는 모든 변인 간의 역동적이고 총체적인 상호관계를 규명하려고 한다(김진규, 2004: 65).

이 평가방식은 프로그램의 전체적 특징은 물론이거니와 하위요소의 질과 가치, 비용, 효과 등에 대해 관련 인사 또는 집단이 어떻게 지각하고 있는가를 파악하는 데도 사용되지만 교육개혁, 교육방침, 학교운영, 학교환경 등과 같은 교육실제의 평가에 적용될 수 있고 그것들과 관련된 정책적 문제에 대한 이해를 증진시키기 위해 교육체제가 당면하고 있는 여러 가지 상황에 비추어 교육체제의 실상과 특징을 조명하려는데 사용된다. 조명적 평가절차는 다음과 같다(변창진 외, 1996: 48).

① 관찰 평가하려는 상황의 일상적인 현실을 파악하고 전체적인 모습 또는 특징을 관찰할 목적으로 평가하려는 상황과 친숙해지기 위해 참여적 활동을 하면서 관찰하는 단계이다.

② 탐구 선정된 쟁점과 원인을 심층적으로 분석하고 해결방안을 탐색하여 합의점을 찾는 단계이다.

③ 설명 전체적이고 포괄적인 설명과 함께 쟁점이 된 문제가 생긴 배경과 과정을 사회 인류학적인 탐구방식으로 인과관계를 규명하여 문서로 작성·보고하는 단계이다.

3) 반응적 평가

반응적 평가(responsive evaluation)는 종합실상모형의 주창자인 Stake(1972)에 의해 제안된 평가방법이다. 종합실상모형과 반응적 평가는 토대가 같기 때문에 공통점이 많으나 종합실상평가모형은 평가를 실시하기 전에 세운 평가계획에 의거 자료를 체계적으로 수집하지만 반응적 평가는 평가를 진행하는 동안 여러 관련 인사와 의논하여 그들의 반응(요구, 제안)에 따라 어떤 정보를 어떤 방법으로 수집, 분석할 것인지를 정하여 관찰한 그대로 기술한다는 점에서 다르다. 이 평가모형의 주된 목적은 교육활동의 복잡성을 이해하고 관련 인사의 요구에 부응하여 그들의 다양한 주장, 관심, 쟁점을 확인하는 것이다. 반응적 평가의 절차는 대체로 다음과 같다(변창진 외, 1996: 49).

① 관련자의 관심확인 프로그램의 목적, 내용, 절차, 결과에 대한 관련 인사들의 입장과 견해 청취.

② 관련자의 반응수집 대화, 토의와 같은 방법을 이용하여 평가과정에서 프로그램과 평가방법에 대한 관련 인사들의 반응을 계속 수집.

③ 관심사 확인 관련 인사들의 반응을 분석, 종합하여 프로그램에 대한 주요 관심사와 쟁점을 확인·결정.

④ 수정과 점검 평가내용과 절차에 대한 이견이 있을 때에는 조정·합의하여 평가절차를 수정·보완.

⑤ 보고서 작성 프로그램의 전체적인 특징과 함께 관련 인사들의 관심사를 중심으로 평가결과를 질적으로 기술함.

4) 해설적 평가

Koppleman(1979)은 교육현상의 구조와 기능을 보다 명료하게 이해하기 위해서는 논리적, 실증적, 체계적으로 평가해야 한다는 과학적 접근과 교육활동은 복합적이고 역동적이기 때문에 직관적, 주관적, 총체적으로 평가해야 한다는 예술적 접근을 절충하여 교육 실제와 관심사를 생생하게 그러나 담담하게 설명하는 평가방식을 해설적 모형(explicative evaluation)이라 하였으며 해설적 평가(expllicative evaluation)라고도 했다(김진규, 2004: 68).

이 모형에서는 교사의 모든 활동을 평가의 표적으로 삼지만 그것은 교사를 판단하는 것이 아니라 교사의 행동, 그에 대한 학생들의 반응, 수업에서 의도하고 있는 결과 간의 상호작용을 중점적으로 관찰한다. 해설적 모형의 평가절차는 다음과 같다(변창진 외, 1996: 50).

① 프로그램의 목적 확인 프로그램을 교사와 학생에게 직접 보여주거나 설명한 다음 그들이 생각하는 프로그램의 목적과 필요성을 발표하게 한다.

② 프로그램의 목적 조절 조사된 프로그램 목적에 대하여 평가자와 교사들이 토의해서 필요성이 인정되면 부분적으로 프로그램의 목적을 수정·보완한다.

③ 관찰·기록자의 선정 프로그램 운영과정과 결과를 검색할 학생들을 선정하고 관찰 및 기록방법을 훈련시킨다.

④ 기록내용의 점검 관찰과 기록은 교사와 선정된 학생들이 하고, 평가자는 관찰기록의 정확성과 객관성을 점검하여 기록결과를 종합, 정리, 비교한다.

⑤ 문제점의 토론과 확인 평가과정과 평가결과에 대한 관찰·기록자로부터 질문을 제기하고 토론하게 함으로써 그들이 갖고 있는 의견 불일치를 근거로 프로그램의 문제점을 찾는다.

⑥ 보고서의 작성과 해설 프로그램에 대한 기록자들의 의견 불일치를 작성하고 정보 수요자에게 필요한 내용을 설명, 해설한다.

김경화·조용하(2005)는 앞서 제시한 평가모형을 토대로 청소년 프로그램 평가를 효과적, 효율적으로 수행하는데 도움을 줄 시사점을 다음과 같이 제시하였다.

첫째, 평가모형은 제각기 추구하고 있는 평가목적을 가지고 있다. 모든 프로그램에는 프로그램의 목표가 있기 때문에 목표달성모형이 시사하는 바는 매우 크다고 할 수 있다. 또한 평가에서는 원래 계획했던 프로그램의 목표를 전부 달성하지 못하거나 합치를 못 보거나 기대하지 않았던 다른 결과, 즉 부수효과 등 잠재적 목적을 파악해야 한다는 시사점을 얻을 수 있다.

둘째, 평가에서는 지적 영역, 정의적 영역, 심동적 영역으로 세분화하여 목표를 제시하는데 프로그램 평가에 있어서도 목표의 세분화가 이루어져야 한다. 즉, 지식영역에서는 구성원들이 프로그램 내용에 대해 얼마나 알고 있고 지식이 갖추어져 있는지 확인하고 평가해야 하며 정의적 영역에서는 프로그램 부분에서 많이 소홀히 되고 배제되어 왔던 정의적 부분에 대한 평가가 필요하다. 예를 들어 운영자들과의 인간 관계, 갈등 관계 및 표출되는 문제 사항 등을 고려하여 합의점 도출이 어떻게 이루어지는지, 구성원들의 감정이 어떻게 변화되어 평가되는지에 대한 고려가 이루어져야 한다.

셋째, 목표중심 평가모형이 출발점 행동으로 그 목표의 선행 요건을 확인하듯이 평가모형에서는 프로그램 시행 전에 갖추고 있어야 할 선행 요건의 평가가 진단평가나 투입평가의 형태로 이루어져야 한다.

넷째, 목표중심 평가모형은 프로그램 개발과 실행이 유기적으로 연계되어 효과적인 활동이 이루어질 수 있도록 프로그램 형성과 예산 편성의 균형이 이루어지도록 해야 하며 예산이 축소될 경우 프로그램의 내용과 과업이 반드시 축소되도록 해야 한다.

다섯째, 평가의 표준을 정할 때는 타당성, 신뢰성, 객관성이 확보되어야 한다. 여기서 객관성이란 관계자 즉, 프로그램 개발자, 실행자, 평가자, 의사결정자 및 수혜자 간의 합의를 통해 평가의 표준이나 준거를 설정하고 설정된 준거에 따라 평가적 합의를 도출해내는 것을 말한다.

여섯째, 프로그램을 실행하기 전에 프로그램 실행에 필요한 준비된 제반 상황에 대한 투입 및 진단평가가 필요하다. CIPP모형에서 제시하고 있는 것처럼 상황평가, 진단평가(투입평가), 형성평가(과정평가), 총괄평가(산출평가)는 프로그램 계획을 입안할 때 적용하게 된다.

일곱째, 최근 평가에서는 실험실적인 평가와 연구적 접근 방법에 대해 강조하고 있다. 프로그램 평가에 동원될 다양한 자료의 수집 및 자료 구성 등 프로그램 평가 영역에서는 이러한 입장을 적극 받아들이고 프로그램이 계속 수정, 발전하는 형태로 평가되어야 한다.

여덟째, 프로그램을 결정하고 집행하고 평가하는 기관이 서로 다를 수 있기 때문에 조직 체제내부의 정책이나 업무수행력 강화를 위해 기관의 운영과 관리에 대한 총체적인 점검이 필요하다. 즉, 프로그램 평가 시 정책을 추진하는 체제의 종합적인 행정 수행 역량과 조직 문화, 구성원들의 역할 구조의 타당성과 적합성이 체계적으로 분석, 검토되어야 한다.

아홉째, 평가는 상대(규준지향)평가의 관점만이 아니라 프로그램 평가의 본질적인 기능을 고려하여 절대(준거지향)평가 방식으로도 진행되어야 한다.

마지막으로 평가구조의 명확성과 간결성은 프로그램 평가를 효율적으로 수행하기 위하여 어느 평가모형에서든 시사점을 받아야 함을 의미한다. 청소년 프로그램 평가모형은 많은 선행연구들과 기존 평가모형을 분석하여 개발되었지만(한상철, 1998) 국내·외적으로 청소년 프로그램 평가모형을 실제적으로 적용하여 평가한 경험적 실천연구는 일천하다. 향후 청소년 지도의 프로그램 평가모형에 대한 체계적인 정립과 관련 연구가 많이 이루어져야 할 것이다.

5. >>> 평가의 절차

(1) 평가계획 수립단계

평가목적에 따라 평가내용과 방법이 달라지기 때문에 평가의 목적 또는 필요성을 확인하고 학습목표 진술방식, 평가 설계 선정, 평가도구 제작, 자료수집 절차, 결과분석 방법, 결과보고 형식, 결과활용 방안 등에 관해 탐색하고 검토한 것을 정리하여 평가계획을 수립하고 계획서를 작성하는 단계이다.

(2) 평가의 세부목표 설정

2단계로서 프로그램 평가의 절차는 우선 프로그램 목표를 확인하고 평가의 세부목표를 설정하는 일이다. 이는 보다 나은 프로그램의 개발과 실시를 목적으로 시행된다. 실제로 평가활동이 이루어질 수 있도록 학습 또는 평가의 세부목표를 진술하는 여러 방식 중에서 가장 적합한 진술방식을 선정하여 보다 구체적인 평가목표를 확인하고 진술한 다음 진술한 평가목표를 검토, 평가하는 단계이다. 세부하위목표를 구성한 다음, 평가목표의 이원분류표로 작성하여 좀 더 전문적이고 세밀한 평가를 할 수 있다.

(3) 평가의 내용과 방법

평가내용은 청소년 행동의 변화, 지식과 기능의 습득, 태도의 변화 등이 프로그램의 주요한 평가내용이 된다. 이 단계에서는 프로그램의 내용 즉, 지식정보의 전달, 태도변화의식, 기관이나 지역사회의 지도 등의 프로그램 내용과 프로그램 실시 목적에 부합하여 결정되도록 수집, 분석, 비교할 평가 방안을 설계한 후 실험 및 통제 집단의 구성, 평가시기 및 횟수, 평가결과의 비교 기준 등 구체적인 평가방법을 설정하는 것이 포함된다.

(4) 평가도구 제작

평가도구의 정확성은 평가의 신뢰성과 타당성을 좌우하기 때문에 매우 중요한 요소이다. 평가목적과 내용에 비추어 여러 가지 많은 평가방법 또는 측정 도구 중에서 어느 것을 이용하여 필요한 정보 및 자료를 수집할 것인가를 검토, 선정한 후 가장 적합한 평가도구를 선정 또는 제작하는 단계이다.

(5) 평가실시

정해진 방법에 따른 시험, 설문응답, 심사분석, 관찰, 집단협의 등으로 평가한다. 평가실시에 필요한 인력, 시설, 예산, 시간을 확보하고 제반 여건을 점검, 개선해서 실질적으로 정보 또는 자료를 수집하는 단계이다.

(6) 평가결과의 처리·분석

실시된 평가데이터를 기반으로 하여 데이터 편집(editing), 부호화(coding), 표 만들기(tabulating), 통계분석(computing)이 필요한 단계이다. 즉, 평가자료 수집단계에서 모은 자료 또는 정보를 정리하여 채점을 해서 평균과 표준편차 등을 구하는 일련의 작업을 평가결과의 처리·분석이라 하며 수집된 평가 자료를 평가목적에 맞게 양적 혹은 질적으로 분석하는 단계이다.

(7) 평가결과의 보고

- 평가결과에 대한 보고
- 평가결과에 대한 보고서 작성
- 프로그램 각 영역에 대한 평가의견서 작성(프로그램 자체 평가, 진행자 서비스 상태, 인적개발, 프로그램 결정자의 행정처리 능력 등 프로그램 기획에서 평가에 이

르기까지 제반사항 일체)

- 보고서는 정책위원회나 의사결정 당사자에게 제출되어 정책 제언이 다음 프로그램에 피드백이 되도록 한다.
- 프로그램 개선 및 보완 사항
- 보고서 작성 및 제출

(8) 평가결과의 활용

프로그램 목표의 무리한 점 등 잘못된 점을 파악하고 내용적·방법적인 면의 개선사항을 작성한다. Rossi와 Freeman(1989)은 평가결과의 유포형식을 일차적 유포와 이차적 유포로 나누었다. 일차적 유포란 측정 및 평가 분야에서 쓰는 전문적인 용어와 형식을 사용하여 작성하는 기술보고서를 배부하는 것을 말한다. 이에 반하여 이차적 유포는 평가결과를 분석해서 얻은 정보와 권고 또는 제언 등을 의사결정자와 이해관계 당사자의 요구에 맞게 전달하는 방법이다. 가급적 어려운 문자나 표현보다 도표 또는 그림으로 나타내는 것이 이차적 유포의 특징이다. 평가결과가 활발히 이용되도록 하려면 이차적 유포방법을 많이 사용해야 될 것이다. 평가결과는 또한 필요할 때 즉각적으로 사용할 수 있게끔 가용성이 있어야 하고 여러 이해관계자들의 관심을 존중하고 수렴해야 한다. 이해관계 당사자들의 관심이 최대한 반영되도록 평가계획 수립단계부터 이해관계 당사자들이 많이 참여할 수 있는 길을 열어 두어야 한다. 마지막으로 평가결과에 대한 보다 구체적인 설명과 해석 그리고 결과활용 방법이 제시되어야 한다. 결과분석을 통해 밝혀진 장점과 단점, 평가결과를 활용했을 때 얻을 수 있는 득실, 의사결정자가 관련 사람에게 평가결과를 효과적으로 전달할 수 있는 방법, 그 밖에 예상되는 비판과 반응 등을 평가결과 보고에 포함시킨다면 평가결과는 훨씬 더 활용될 수 있을 것이다(변창진 외, 2001).

표 12-5 평가의 절차

단계	내용
1단계 평가계획수립	· 평가의 목적 또는 필요성을 확인하고 학습목표 진술방식, 평가설계 선정, 평가도구 제작, 자료수집 절차, 결과분석 방법, 결과보고 형식, 결과활용 방안 등에 관해 탐색하고 검토한 것을 정리하여 평가계획을 수립하고 계획서를 작성하는 단계.
2단계 평가세부목표 설정	목표 확인 · 프로그램의 목적 및 목표 확인 · 평가를 통해서 얻고자 하는 평가목표 확인 · 평가행동 계획 개발 · 평가요소 확인: 내용, 투입, 과정, 산출 등 제반요소
3단계 평가의 내용과 방법	평가 내용 및 평가기준·방법 개발 · 평가목적에 타당한 영역 설정 · 평가기준안 작성 · 측정 가능한 영역 구체화
4단계 평가도구제작	평가문항 개발 및 평가전략 개발 · 각 문항은 측정하고자 하는 영역에 부합하게 개발 · 평가정보 수집 및 평가전략 개발
5단계 평가실시	· 시험, 설문응답, 심사분석, 관찰, 집단협의 등으로 평가함. · 평가실시에 필요한 인력, 시설, 예산, 시간을 확보하고 제반 여건을 점검, 개선해서 실질적으로 정보 또는 자료를 수집하는 단계임.
6단계 평가결과의 처리· 분석	평가결과의 해석과 프로그램 평가 · 평가를 위하여 수집된 문항 및 자료의 처리와 분석 · 평가에 관한 제반 목표가 프로그램 목표와 일치 · 전체적 목적과 일치 여부 확인
7단계 평가결과보고	평가결과에 대한 보고 · 평가결과에 대한 보고서 작성 · 프로그램 각 영역에 대한 평가의견서 작성(프로그램 자체 평가, 진행자 서비스 상태, 인적개발, 프로그램 결정자의 행정처리 능력 등 프로그램 기획에서 평가에 이르기까지 제반사항 일체) · 보고서는 정책위원회나 의사결정 당사자에 제출되어 정책 제언이 다음 프로그램에 피드백이 되도록 함. · 프로그램 개선 및 보완 사항 · 보고서 작성 및 제출
8단계 평가결과활용	· 평가결과는 또한 필요할 때 즉각적으로 사용할 수 있게끔 가용성이 있어야 함. · 여러 이해관계자들의 관심을 존중하고 수렴해야 함. 이해관계 당사자들의 관심이 최대한 반영되도록 평가계획 수립단계부터 이해관계 당사자들이 많이 참여할 수 있는 길을 열어 두어야 함. · 평가결과에 대한 보다 구체적인 설명과 해석 그리고 결과활용 방법이 제시되어야 함. 결과분석을 통해 밝혀진 장점과 단점, 평가결과를 활용했을 때 얻을 수 있는 득실, 의사결정자가 관련 사람에게 평가결과를 효과적으로 전달할 수 있는 방법, 그 밖에 예상되는 비판과 반응 등을 평가결과 보고에 포함시킨다면 평가결과는 훨씬 더 활용될 수 있을 것임.

출처: 정하성·안승열(2003). p. 241. 수정·보완.

6. >>> 프로그램 평가 설계의 유형 및 평가 유의점

주어진 프로그램 평가과제의 범위에 근거하여 평가자는 질적 방법과 양적 방법을 동시에 포괄하는 평가도구를 준비하는 것이 바람직하다. 대부분의 평가자들은 오직 하나의 평가방법이나 접근법이 적절하다는 의견에 동의하지 않는다. 평가의 상황에 있어서 다양한 이해관계자들의 가치와 견해, 즉, 많은 현상들은 뚜렷한 형체가 없고 직접적으로 측정하기가 어렵기 때문이다. 이와 같은 현상들로 인하여 문제를 적절하게 측정할 수 있는 하나 이상의 다양한 측정방법들을 사용하는 것이 불가피해졌다. 이러한 복수의 평가방법이 사용될 때 양적, 질적 평가방법 등 다양한 방법이 혼합되어진다. Cronbach(1982)가 말했듯이 평가는 어느 하나로 형성되는 것이 아니다. 어떤 평가든지 많고 좋은 설계들이 제안되어질 수 있는 것이고 결국 완벽한 평가설계란 없다(Fitzpatrick *et al.*, 2004: 305). 다음은 Fitzpatrick 외(2004)가 정리한 대표적 평가 설계의 유형이다.

(1) 사례 연구

사례 연구 분석은 평가에서 가장 자주 쓰이는 방법 중 하나이다. 사례분석은 질적 방법에 크게 의존하지만 질적, 양적 방법을 동시에 적용하고 있다. 사례 연구는 프로그램이나 정책의 '어떻게', '왜'를 탐구하는 데 초점을 맞추고 있다. 어떻게 프로그램이 고객으로부터 특정한 프로그램 산출물을 성취할 수 있었는가? 프로그램이 현장에서 어떻게 적용되었는가? 평가의 목적이 기술적일 때 사례 연구들은 자주 사용되어지고 산출물을 검증할 때 매우 효과적일 수 있다. 사례 연구들은 프로그램이나 커리큘럼이 어떻게 실행되는가를 보여준다. 사례 연구의 초점은 사례 그 자체가 된다. 사례 연구들은 다음과 같은 세 가지 요소에 의해 특징지어진다. (1) 선택된 사례 (2) 이슈에 대한 깊은 이해 (3) 관찰, 인터뷰, 문헌 분석과 같은 다양한 방법에 의한 데이터 수집이다. 그러나 사례 연구는 관찰이나 인터뷰를 통해 학습한 것을 보충하기 위한 방편으로 서베이, 데이터의 통계적 분석과 같은 방법들도 취할 수 있다.

(2) 실험설계

실험설계를 인간 연구에 적용하는 것은 많은 위험이 따를 수 있다. 인간행동과 인간행동에 대한 처방은 단순히 약물이나 외과적 중재처방보다 너무 자주 복잡한 측면이 있고 변수가 많다. 인간의 몸은 비교적 비슷하지만 인간 행동은 그렇지 않기 때문이다.

1) 사후설계

사후설계기법은 시험설계에서 가장 복잡하지 않은 유형일 것이다. 다음과 같이 간단한 절차만을 따르면 된다.

첫째, 무슨 비교가 요구되는지 그리고 의미가 있는지 먼저 결정해야 한다. 예를 들어 프로그램 X에 참여한 참여자들도 프로그램 Y에 참여한 참여자들과 같이 목표를 달성했는가를 보는 것이다. 예를 들어 X집단의 학생들과 X집단이 받은 프로그램 목표와 비슷한 목표를 가진 대안적 프로그램에 참여한 집단, 혹은 비슷하지 않은 프로그램 목표를 가진 프로그램에 참여한 집단과 비교하는 것이다.

둘째, 두 비교집단(실험, 통제집단)이 프로그램 전에 사전 수업을 받지 않았다는 즉, 두 집단의 학생들이 비슷하다는 가정이 성립되어야 한다.

셋째, 차이가 일어났는지를 확인하기 위해 프로그램 후에 정보가 획득되어야 한다.

2) 사전-사후 설계

많은 평가자들이 벤치마킹하기 위해 프로그램 이전에 프로그램에 참여한 참여자들을 테스트한다. 사전-사후 설계검사는 프로그램의 실시 직전은 물론이고 직후에도 평가를 실시하는 것을 의미한다. 이 설계는 특정 프로그램에 참가하기 전에 참여자가 가지고 있었던 지식, 기능 또는 태도 등을 프로그램 처방을 받은 후 참여자가 획득하게 된 지식, 기능, 태도 등과 비교하기 위해 사용된다. 통제집단의 사후 검사는 더욱 효과적이다. 프로그램 처방을 받지 않은 통제집단과 처방을 받은 실험집단을 비교하여 실험집단은 어떠할 것이라고 비교할 수 있기 때문이다. 그러나 실험집단과 통제집단을 두고 사전-사후 검사를 실시해야 한다는 점은 인력, 시설, 예산, 시간이 많이 소요되고 평가절차가 매우 복잡하다는 단점을 내포하고 있다. 변창진 외(2001)에 따르면 프로그램의 효율성을 확인하거나 프로그램을 개선한 결과를 탐색할 수 있는데 사용될 수 있는 여러 가지 설계유형 중에서 통제 집단과 실험집단에 사전-사후 검사를 실시하는 설계가 가장 검증력이 강한 설계이고 일반적으로 프로그램을 평가하기 위해 가장 많이 사용되고 있는 설계이다. 이 평가 설계 방법은 청소년 프로그램 평가에서도 가장 많이 쓰이고 있다.

(3) 준실험설계

많은 평가자들이 프로그램의 영향력을 보여주는 데 고심하고 있다. 무작위 추출에 의한 평가는 실행이 불가능할 수도 있거나 바람직하지 않을지도 모른다. 이러한 경우에 준실험설계는 더 적절하게 쓰일 수 있다. 이 설계는 무작위 추출을 포함하지 않지만 프로그램 효과가 아닌 변화에 대해서 설명을 해야 할 때 유용하다. 가장 흔히 쓰이는 유형은 단속적인 시간 설계유형과 비동질 비교집단 설계유형이다.

1) 단속적인 시간 설계유형(interrupted time-series design)

이 유형은 여러 번 데이터를 수집하는 과정을 포함한다. 이 유형은 프로그램이 법이나 혹은 정책이기 때문에 시 혹은 국가 전체의 모든 사람들에게 적용되어야만 할 때 사용되는 기법이다. 새로운 깨끗한 공기 기준은 무작위로 어떤 집단에게만 적용될 수 없다. 이러한 프로그램들에 대해서 새로운 법이나 기준이 부과되기 전이나 후의 관심을 정기적으로 수집하는 것이 이 유형의 특징이다. 이처럼 단속적 시간 설계유형은 많은 상황에서 사용되어질 수 있다.

종합적으로, 단속적인 시간 설계유형은 다음과 같은 조건들이 수립되어져 있을 때 평가 설계유형으로 고려해봄 직하다.

- 프로그램이나 정책의 영향력이 상대적으로 단기간에 나타날 수 있을 때이다.
- 프로그램 구성을 변화시킬 수 있는 다른 요인들이 기대되어질 수 있을 때이다.
- 새로운 프로그램이나 정책에 앞서서 새로운 트렌드의 설정이 가능하게끔 하는 기존의 데이터 수집이 이루어진 경우이다.
- 무작위 배치가 적절하지 않거나 실제적이지 않을 때이다.
- 기존의 데이터가 관심의 실체를 지속적으로 측정하는 것을 가능하게 해줄 때이다.

2) 비동질 비교집단 설계(nonequivalent comparison group design)

이 유형은 사전-사후 실험설계와 비슷하다. 그러나 참여자들이나 학생들은 무작위로 집단에 배치되지 않는다. 즉, 새로운 프로그램 처방을 받을 예정에 있는 집단과 매우 비슷한 집단을 찾아내는 것이다. 따라서 사전 검사는 매우 중요한데, 이를 통해 집단의 유사성을 검증할 수 있기 때문이다.

(4) 기타 기술적 설계

1) 횡단 조사

이 유형은 많은 구성원으로 이루어진 집단을 대상으로 한 번에 속성으로 조사하는 방법이다. 정치 선거와 같은 방식이 이러한 유형의 대표적 예라고 할 수 있다. 따라서 이 유형은 태도, 행동, 의견, 다양한 집단의 삶 등, 전체 인구나 혹은 부분적으로 취한 집단에 대한 정보를 획득하는 전통적인 서베이 접근방식을 취하고 있다. 이러한 횡단 조사의 목적은 모든 집단 간의 트렌드를 기술하는 것이고 그룹 간에 차이를 파악하는 것이다. 더욱 깊이 있는 평가를 위해서 횡단 조사를 통해 드러난 결과를 탐색하기 위해 사례 연구를 추가적으로 실시할 수 있다.

2) 시간 경과 조사

시간 경과에 따른 변화나 트렌드를 분석하기 위해 사용되어지는 평가 설계 유형이다. 단속적인 시간 설계유형과 다르게, 이 유형의 목적은 프로그램 처치의 영향력을 검사하는 것이 아니고 관심의 실체의 변화를 탐구하고 기술하는 데 있다. 이 유형의 결과는 따라서 매우 다양할 수 있다. 횡단조사에서처럼 질문들은 평가기간 안에 종료될 수 있도록 비교적 간단하고 직설적이어야 한다. 또한 단속적인 시간 설계유형과 같이 시간 경과 조사는 시간 경과에 따른 충분한 관찰 데이터를 확보하기 위해 기존의 정보를 사용한다. 중요한 결정사항들은 사용할 시간 기준(예; 4분기, 반년, 1년)을 설정하는 일이고 획득해야 할 데이터 수집의 수를 정하는 일이다. 또한 평가방법은 일관성을 유지해야 현상의 변화를 제대로 파악할 수 있다.

프로그램 평가는 종종 실제 프로그램 개발의 실천영역측면에서 충분히 실행되지 못하는 경향이 있어왔다. Cato(2007)는 청소년 프로그램 평가를 실패로 이끄

표 12-6 평가 설계의 대표적 유형

	설계	특성	목적
사례 연구	사례 연구	사례에 초점을 맞춤 다양한 측정법 질적인 측면을 강조	심층 기술, 상황 파악, 기술, 설명, 탐구
실험설계	사후	무작위 배치	목적이 원인이 됨
	사전-사후	무작위 배치	중도포기가 문제의 관건이 됨
준실험설계	단속적인 시간 설계 유형	변화/원인에 대한 트렌드 분석	기존 데이터의 사용, 모두에게 프로그램이나 정책 적용함, 빠른 효과(영향)
	비교 집단	사전-사후, 그대로의, 유사한 집단	유사한 비교집단을 확보
기타 기술적 설계	횡단 조사	양적 방법, 서베이	많은 수의 집단을 연구대상으로 단기간 안에 조사하는 것
	시간 경과 조사	트렌드 분석	시간경과에 따른 변화를 확인하기 위한 연속측정 설계

출처: Fitzpatrick *et al.*(2004). p. 319.

는 요소를 나열하였다.

첫째, 프로그램 개발 전문가들은 종종 전통적인 프로그래밍에 너무 많이 의존하는 경향이 있고 통합적 방법이나 체제적 과정으로서 접근하지 못한다.

둘째, 이론적 틀에 근거하여 평가를 실행하는 데 자주 실패한다.

셋째, 프로그램 목표가 너무 광범위하고 모호하게 진술되어 있어 특수한 프로그램 산출물을 측정하는 것을 어렵게 하고 있다.

넷째, 프로그램 실행의 질이 낮고 적합한 조사 도구가 사용되지 못하고 있으며 제한되어 있다.

이처럼 프로그램 평가 단계는 프로그램 개발 전 과정에서 분리되어 나온 독립된 하나의 프로그램 과정이 아니다. 목표설정 단계부터 유기적으로 결합되어 있기 때문에 프로그램 개발자들은 이러한 프로그래밍의 전 과정을 통합적으로 인식하고 이론적 틀에 근거한 평가 안목을 가지고 과학적 방법에 의해 면밀하게 프로그램 산출물을 평가·분석하는 일에 참여하여야 하겠다. 또한 Cato(2007)에 따르면 행동변화 목표의 프로그램의 경우 변화된 행동이라는 프로그램 산출물을 보기 위해서는 적어도 1년에서 2년까지 프로그램이 지속적으로 실행되어야 한다.

04부

청소년 프로그램 개발의 실제

CHAPTER 13

청소년 프로그램 국내 사례

1. 사회적 상호작용 프로그램(어르신 자서전 집필 봉사단 프로젝트[세대공감 青春이야기])[1]

(1) 프로그램 개요

가족 제도가 일반화되고 가족의 부양기능이 약화됨에 따라 노인 소외 문제, 노인 복지 문제, 청소년의 비행 문제와 같은 사회 문제가 증가하고 있다. 노인과 청소년들은 경제적·정서적 측면에서 가족, 지역사회라는 울타리가 절실히 필요하다는 점에서 공통점이 있다. 또한 가족과 지역사회의 보살핌 속에서 정서적인 안정을 얻을 수 있으며 사회적 구성원으로서 자신의 존재를 확인하며, 보다 긍정적인 삶의 태도를 가질 수 있게 된다. 특히 청소년들은 자아 정체성 확립에 중요한 영향을 받게 된다. 따라서 「세대공감! 청춘이야기」는 가족과 지역사회의 부족한 점을 보완하기 위하여 노인과 청소년들에게 상호작용의 기회를 제공하므로 사회 구성원으로서 정서적인 안정감, 존재감과 자신감을 얻게 하는 것을 목적으로 한다.

1 이하는 권일남 외(2010)에서 발췌·요약하였음.

(2) 프로그램 내용

참가 청소년들은 특강을 통해 어르신 자서전 집필에 대한 개념을 확립하고 특강을 통해 글쓰기 방법과 글쓰기 순서를 이해할 수 있다. 참가 청소년들은 자서전 글쓰기 방법을 익힘으로써 읽기, 듣기, 쓰기와 같은 기초 역량을 증진시킬 수 있다. 지도자는 자서전의 개념과 노인과 자서전의 상관관계에 대해 설명한다. 또한 지도자는 참가 청소년들이 어르신과의 상호작용을 이해할 수 있도록 큰 의미부여를 주도록 한다. 전개 단계로 들어가서 자서전 쓰기 형태 및 활용에 대해 설명한다.

개인적 자서전 쓰기 / 자서전 받아쓰기(대필 자서전)

첫째, 예시로 제시된 연대표를 통해 자서전 쓰기의 주제 설정의 중요성에 대해 설명한다.

- 주제의 중요성
  - 회상의 근거를 제공한다.
  - 자서전을 읽을 만한 것으로 만들어준다.
  - 독자로 하여금 공감하도록 한다.
- 주요 주제
  - 인생의 전환점, 가족, 일과 역할, 사랑과 증오, 건강, 고난과 역경, 인간관계, 학문과 예술, 신념과 가치관, 이별과 죽음
- 연대표 작성
  - 시간 기록하기 → 개인사건 기록하기 → 가족사건(관계) 기록하기 → 사회적 주요 사건 기록하기
- 자서전 쓰기의 자료에 대해 살펴본다.
  - 회상, 일기, 사진, 메모와 기록, 편지와 카드, 주변의 증언 등
- 글쓰기를 위한 준비단계로 효과적인 글쓰기 순서에 대해 익힌다.
  - 주제 설정 → 소재 선택 → 구상 → 집필 → 탈고
- 활동 마무리와 검토
  - 지도자는 참가 청소년들이 자서전 쓰기에 대해 내용을 잘 숙지하고 있는지 최종적으로 확인한다.

표 13-1 사회적 상호작용 프로그램

차시	시간	활동명	활동내용
1	120분	오리엔테이션과 친교의 시간	• 활동 일정소개 • 자기소개 • 모둠편성 확인 • 자원봉사의 의미 설명, 활동의 의미 설명 • 모둠의 결속력을 다지기 위한 레크리에이션 팀워크-게임을 실시함.
2	120분	커뮤니케이션 게임	• 지도자는 참가자를 6인 1모둠으로 나누고 모둠별 활동, 소통의 중요성 등을 주제로 참가자들과 소통함. • 말 전하기와 같은 게임을 통해 흥미를 유발함.
3	120분	어르신의 이해	• 노인에 대한 사회적 잘못된 편견에 대해 열거하며 참가 청소년들과 공감대를 형성함. • 지도자는 참가 청소년들에게 노인의 신체적, 정서적 특징에서의 차이점을 숙지하도록 함.
4	120분	글과 인연 맺기(자서전 쓰는 방법)	• 참가 청소년들은 자서전 글쓰기 방법을 익힘으로써 읽기, 듣기, 쓰기와 같은 기초 역량을 증진시킬 수 있다. 특히 자서전이라는 매개체를 통해 청소년과 어르신 간에 소통의 장과 세대 간의 통합의 기회를 마련하도록 한다. • 자서전을 쓰는 방법에 대한 지식의 전달은 단순히 글쓰기 방법을 전달하는 것에 초점을 둔 것이라기보다는 향후 그들 스스로가 어르신을 만나고 인터뷰를 계획하고 글을 구성해 나가는 활동을 계획할 때 참고가 되도록 하기 위함이다.
5	120분	세상과 마주하다	• 청소년들이 자신의 삶에 대한 사랑과 생명의 존엄성을 깨달을 수 있도록 인생 연대표와 인생 그래프를 작성함. • 청소년들은 웰다잉 체험(유서쓰기)을 통해 노년의 삶을 이해하고 현재의 소중함을 깨달을 수 있음.
6	120분	어르신 만나기 100m 전(1)-어르신 인터뷰 방법	• 참가 청소년들은 추후에 있을 자서전 집필에 필요한 어르신 인터뷰 진행에 필요한 기초지식을 습득함. • 참가 청소년들이 어르신을 만나 인터뷰 활동을 원활하게 진행하기 위해 필요한 방법들을 숙지하도록 함.
7	120분	어르신 만나기 100m 전(2)-어르신과의 만남에 대처하는 우리들의 자세	• 지도자는 어르신을 직접 만나 인터뷰를 하기 전 어떤 준비를 해야 할 것인지 학생들에게 질문함. • 사전 준비 작업에 대한 질문을 던지면서 마인드맵을 보여줌. • 마인드맵 작성을 기초로 어르신 인터뷰 활동 계획서를 작성함.

출처: 권일남 외(2010).

(3) 프로그램 기대효과

본 프로그램을 통하여 프로그램에 참여한 학생들은 적극적 경청, 문제해결 인식 등의 사회적 상호작용 역량의 하위지표조사영역에서 프로그램에 참여하지 않은 학생들보다 더 높은 점수를 나타내었다.

본 프로그램은 다양한 활동을 포함한 세대 간의 소통의 장(場)을 마련함으로써 공감대를 형성하여 사회 통합에 기여할 것으로 기대된다.

2. >>> 청소년 멘토 훈련프로그램의 개발

(1) 프로그램 개요[2]

최근 TV나 대중매체를 통해 사회적으로 유행처럼 확산되고 있는 멘토에 대한 각종 이야기는 한 인간의 삶에 있어서 멘토의 존재가 얼마나 중요한지를 새삼 일깨워 준다. 내 미래의 진로를 안내해 주고, 필요한 지식과 기술을 배울 수 있게 해주는 멘토, 내가 어려운 상황에 처할 때마다 조언과 격려를 아끼지 않는 다양한 멘토의 사례가 있다. 청소년 멘토링에서의 멘토도 멘토링 프로그램의 성패와 멘티의 변화에 매우 중요한 역할을 수행한다. 청소년 멘토가 어떠한 생각을 하고, 어떠한 자질과 능력을 갖고 있느냐에 따라 청소년들에게 긍정적 또는 부정적으로 영향을 줄 수 있다. 특히, 청소년들이 멘토로 참여하는 청소년 멘토링의 경우에는 멘토들이 중·고·대학생들로서 멘티와 연령 차이가 크지 않고 멘티와 마찬가지로 성장과정에 있다. 따라서 청소년 멘토가 멘티와의 친밀한 관계를 유지하는 데 성인보다 유리한 측면도 있지만 자칫 잘못된 판단이나 잘못된 행동을 할 위험도 있다. 대부분의 멘토링 프로그램에서 멘토의 선발과 훈련을 중요시하는 이유가 여기에 있다. 이에 청소년 멘토 훈련프로그램은 멘토링에 대한 충분한 이해와 멘토링에 필수적인 지식과 기술에 대한 훈련으로 멘토를 준비하는 청소년들

---

2 이하 김경준 외(2011)에서 발췌·요약함.

에게 보다 체계적인 교육·훈련을 제공하기 위해 개발되었다.

(2) 프로그램 내용

청소년 멘토에 대한 직무 분석과 프로그램 개발 전문가 워크숍 과정을 거쳐 얻어진 결과를 토대로 멘토 훈련프로그램 12회기를 개발하였다. 구체적인 프로그램 명칭은 ① 멘토링의 이해, ② 멘토의 자질과 역할1－자기이해, ③ 멘토의 자질과 역할2－멘토로서 자기이해, ④ 멘티의 발달 이해, ⑤ 멘토링 과정의 이해, ⑥ 멘토링 공감기술, ⑦ 멘토링 의사소통 기술 Ⅰ, ⑧ 멘토링 의사소통 기술 Ⅱ, ⑨ 멘티문화 이해하기, ⑩ 멘토링 문제해결, ⑪ 멘토들의 시간관리, ⑫ 멘토링 종결과 사후 관리－아름다운 이별 등이다.

표 13-2 청소년 멘토 훈련프로그램의 개발

회기	주제	내용
1	멘토링의 이해	· 4~6명으로 소그룹을 편성하여 전체 활동이 진행되도록 한다. · 멘토에 대해 브레인스토밍한다. · 각 팀별로 나온 단어를 유목화한 후 지도자가 멘토의 기원에 대한 자료를 보여주면서 참여자가 해야 할 멘토링의 유사점과 차이점을 고민한다.
2	멘토링의 자질과 역할1-자기이해	· Ice Breaking · 나의 성격 코드 ㄱㄴㄷ 진단 · DISC검사지 작성 · 나만의 이야기 만들기(10년 후 타임지 표지모델)
3	멘토의 자질과 역할2-멘토로서 자기이해	· 멘토의 마음 들춰보기 · 멘토링은 어떤 것일지 유추하기: 멘토의 마음을 들여다보기 · 내가 생각하는 멘토로서 어려움, 유익, 기대감을 추측해보기 · 멘토의 자질 써보기: 7C로 작성 · 멘토의 역할은 어떤 것인지 생각해보기 · 멘토 사명선언문 작성/발표
4	멘티의 발달 이해	· 초딩 시절 떠오르는 기억 BEST 5 · 초딩 시절 제일 하고 싶었던 것과 갖고 싶었던 것은? · 초등학생(멘티)의 특성을 떠오르는 대로 써 봄 · 퀴즈: 초등학생(멘티)의 특징 · 멘티의 발달 및 특성을 이해하기: 내가 할 수 있는 것은 무엇일까요? · 왜 멘티를 이해해야 할까요? · 내가 만나는 혹은 만날 멘티에게 편지를 씀
5	멘토링 과정의 이해	· 멘토링 과정 퍼즐 맞추기 · 멘토링 과정에 대한 설명

		· 멘토링 과정을 지속적으로 유지하려면? – 멘티와의 관계 중요성 설명 · 멘티와의 관계에서 발생할 수 있는 애매한 것들에 대한 기준설정 · 멘티와의 관계에서 발생하는 애매한 상황에 대한 기준정리
6	멘토링 공감 기술	· 멘티를 만나러 가기 1시간 전: 기대함, 설레임, 두려움 등등의 감정 나누기 · 멘토를 만나 후: 기대했던 것과 실제의 느낌에 대해 나누기 · Question Bos: 실제로 부딪힌 멘티에 대한 어려움이나 궁금증 나누기 · 나의 의지, 노력할 일 써보기
7	멘토링 의사소통기술 I	· 과학적으로 사람들이 어떻게 타인에게 반응하는지와 관련된 영상을 봄(내 머릿속의 거울). · 다른 사람의 상황 이해하기 · 의사소통과 관련된 영상을 봄. · 다양한 감정표현 사진을 보고 이 중 하나를 뽑아 자신이 뽑은 감정을 표현하면서 소통하는 연습을 함. · 소통에 대한 느낌 정리
8	멘토링 의사소통기술 II	· 달팽이 미로 찾기 게임 · '말의 힘'이라는 동영상 보기 · 의사소통이 무엇일지에 대한 브레인스토밍 · 의사소통은 언어적 의사소통뿐 아니라 비언어적 의사소통이 있음을 알려줌. · 속마음과 다르게 행동하는 두 가지 상황을 설정해 보고 이에 대해 반응하는 연습을 함. · 활동에 대한 소감 나눔
9	멘티문화 이해하기	· 멘티 이해하기: 멘티의 다양한 상황을 롤플레이 해보기 · 멘티의 문화 중 '나쁜 문화' & '좋은 문화' 적어보기(그룹) · 문화에 대한 올바른 개념설명 및 의식고취(동영상) · 기존의 문화 & 새로운 문화: 바라보는 관점 정하기 · 입장 바꿔 생각하기
10	멘토링 문제해결	· 걸림돌인가? 디딤돌인가?(경험 적어보기) · 상상력 증폭기(Think wise) · 자기 주도적 문제해결과정 · 문제해결 롤플레잉(사례 해결) · 나의 문제 해결하기!
11	멘토들의 시간관리	· Ice Breaking: 시간의 엑기스 · 시간의 도둑잡기 · 큰 돌과 작은 돌(동영상) · 시간관리 메트릭스 · 나의 스마트한 다이어리 만들기(일정 다시 세우기) · 매일 15분을 투자한다면?
12	멘토링 종결과 사후 관리: 아름다운 이별	· '타임머신을 타고' · '적자생존': 진한 기억보다 더 오래가는 것이 기록임을 이야기 함. 기록을 남기는 것은 훗날 큰 선물이 됨. · '멘토링 다이어리' · 멘토끼리 롤링페이퍼 · '우리들의 아름다운 시상식' / 멘토수료증 수여

출처: 김경준 외(2011).

(3) 프로그램 기대효과

1) 멘토에 대한 막연한 생각을 정리하는 한편 구체적인 개념을 잡을 수 있게 하고 멘토 지원동기에 대한 구체적인 생각을 공유하고 지속적으로 멘토링할 수 있는 동기와 멘토로서의 자긍심을 부여해줄 수 있다.

2) 멘토가 멘티의 문화를 올바로 인식하고 이해함으로써 멘티를 이해한다. 멘티의 문화에 대해 멘티의 입장에서 생각해보고, 편견을 버리고 멘티의 문화 그대로 인정해주어야 함을 안다.

3) 멘토링이 진행되는 동안 멘토와 멘티와의 관계에서 여러 가지 문제에 부딪히게 된다. 이런 문제의 발생 시 멘토는 올바르게 문제를 파악하고 대처할 수 있는 기술을 습득할 수 있다.

4) 멘토링 과정에서 멘토들 또한 미래를 준비하고 있는 과정이라는 점에서 자기관리가 매우 중요하다. 따라서 시간 관리를 통해 멘토들이 멘토링을 자신의 생활과 조화롭게 이끌어가는 능력을 함양할 수 있다.

5) 멘토링 과정에서 있었던 일들을 되짚어보며, 함께한 시간들에 대한 중요성과 소중함을 알 수 있다.

6) 멘토링의 과정 동안 지내온 시간을 떠올리며 적어봄으로써 좋은 추억으로 간직할 수 있도록 한다. 멘티는 아름다운 만남이 있는 것만큼 아름다운 이별도 있음을 이해할 수 있다.

7) 멘토의 자부심과 다짐 등을 해보면서 작은 시상식을 마련하여 격려하고 멘토링 후의 또 다른 멘토로서의 역할을 기대할 수 있다.

3. >>> 청소년 갈등해결 프로그램

(1) 프로그램 개요[3]

우리나라의 경우 현재 사회 전반에 걸쳐 지역 간, 계층 간, 세대 간, 직장 내 동료 간, 그 외 여러 가지 이유로 인하여 대인관계 갈등이 만연해 있으며 이로 인하여 사회적·경제적으로 엄청난 손실이 발생하고 있다. 이는 청소년시기에 겪게 되는 여러 가지 대인 간 갈등요소들을 효과적으로 극복하지 못한 데서도 그 원인을 찾을 수 있겠다. 갈등을 슬기롭게 해결하기 위해서는 학교교육과 사회교육과정에 청소년 갈등해결 프로그램을 개발하여 적용하는 것이 필요하다. 이에 청소년개발원에서는 청소년 갈등의 해결과 갈등해결능력 향상이 전생애주기 동안의 갈등해결을 위한 기본적인 요소라 보고 2년에 걸쳐 갈등해결을 위한 정책방안 연구와 프로그램 개발을 추진해왔다. 1차 연도인 2004년에는 청소년 갈등의 실태분석과 갈등해결을 위한 정책방안을 도출하는 연구를 수행하였고 2차 연도인 2005년에는 2004년 연구의 연속선상에서 청소년들에게 직접 적용할 수 있는 갈등해결 프로그램을 개발하였다.

(2) 프로그램 내용

갈등해결 프로그램의 주요 구성요소는 갈등이해, 자기존중, 인간관계, 의사소통, 문제해결, 의사결정 영역으로 구성되어 있다. 개발된 프로그램은 평화를 만드는 여성회 갈등해결센터와 공동으로 청소년 갈등해결 캠프를 개최하였다. 캠프는 7월 22일부터 24일까지 파주 홍원연수원에서 인터넷 홍보 등을 통해 중학생 30명을 선발하여 개최하였다.

3 이하 최창욱(2005)에서 발췌·요약함.

표 13-3 청소년 갈등해결 프로그램

일	시간	주제	내용
1일차	11:00-12:00	도착 및 집결, 여는 마당	등록, 방배정, 인사, 소개
	12:00-13:00	점심식사	
	13:00-15:00	갈등해결과 또래중재란?	또래중재란 무엇인가? 프로그램의 내용과 목표 공유하기, 진행규칙 정하기
	15:00-17:00	함께 배우는 평화	평화개념과 관점이해하기
	17:00-18:00	갈등이해 I	갈등의 개념, 원인과 종류 이해
	18:00-19:00	저녁식사	
	19:00-21:00	갈등이해 II	갈등해결의 방법, 평화적 갈등해결이란 무엇인가? 분단된 한국 이해하기
	21:00-22:00	영상물시청	영상으로 알아보는 통일
2일차	08:00-09:00	아침식사 및 산책	
	09:00-09:30	둘러보기	어제와 오늘의 주제 및 내용 이해
		갈등분석 I	갈등분석의 원칙과 방법
		갈등분석 II	갈등분석의 적용 및 실습
	12:30-13:30	점심식사	
	13:30-15:30	의사소통	적극적 경청, 바꾸어 말하기, 의사소통의 필터 이해하기, 열린질문 이해하기
	15:30-16:00	휴식	
	16:00-18:00	의사결정방법	의사결정의 여러 가지 방법 이해하기
	18:00-19:00	저녁식사	
	19:00-21:00	또래중재 I	중재의 원칙과 방법 이해
	21:00-23:00	별을 헤며	야외놀이
3일차	8:00-9:00	아침식사 및 산책	
	09:00-09:30	둘러보기	어제와 오늘의 주제와 내용 이해하기
	09:30-12:00	또래중재 II	또래중재의 적용 및 실습
	12:00-13:00	점심식사	
	13:00-14:00	자연과의 만남	자연과 하나되고 친구와 하나되고
	14:00-16:00	평화리더씨앗 찾기	통일시대를 열어가는 청소년들의 자기전망 찾기, 평화리더로서 나의 미래 그려보기
	16:00-	닫는 마당	수료증 수여, 해산 및 출발

출처: 최창욱(2005). pp. 38-39.

(3) 프로그램 기대효과

학자들의 연구결과와 실제 사례들을 종합하여 보면 갈등해결 프로그램은 갈등해결능력 및 바람직한 갈등해결 유형의 획득 뿐만 아니라 청소년들의 대인관계를 비롯한 생활기술(life skills)을 향상시키는 데 있어서도 유의미한 효과가 있음을 알 수 있었다(최창욱, 2005: 32).

4. 청소년 게임중독 예방을 위한 가족여가 프로그램

(1) 프로그램 개요[4]

정부에서는 게임중독 청소년에 대한 문제를 심각하게 인식하고 2002년부터 한국정보문화진흥원 내 인터넷중독 예방상담센터와 2005년부터 한국청소년상담원을 활용하여 상담 서비스를 실시하고 있다. 2006년에는 국가청소년위원회의 주최와 서울대학교병원 소아정신과와 서울시 소아청소년광역정신보건센터 주관으로 인터넷중독 청소년을 위한 가족캠프를 실시하였다. 청소년의 게임중독과 가족요인 및 여가활동 현황을 알아보고 청소년의 게임중독 원인을 파악하여 게임중독 예방을 위한 가족여가 프로그램의 내용을 구성하고 활성화 방안을 제시하였다. 이를 위해 전국의 청소년 9,180명과 그들의 부모 8,091명을 대상으로 설문조사를 실시하였고, 서울 지역의 청소년 9명과 그들의 부모, 청소년 게임중독 치료프로그램의 상담사 및 멘토를 대상으로 심층면접 조사를 실시하였으며, 국내·외 가족여가 프로그램과 정책 사례를 조사하였다.

(2) 프로그램 내용

본 연구의 설문조사 결과에 의하면, 청소년들은 취미오락활동과 휴식활동을 가장 많이 하는 여가활동이라고 응답한 반면, 가족여가활동으로 관광활동과 문화

4 이하 이기봉 외(2009) 청소년 게임중독 예방을 위한 가족여가 프로그램 활성화 방안에서 발췌·요약함.

예술관람활동을 가장 많이 희망하였다. 이러한 결과에 따라 가족여가 프로그램으로 관광활동과 문화예술관람활동을 포함시킬 필요가 있다. 이외에도 청소년의 게임중독을 예방하기 위해서는 상담, 문화활동, 스포츠활동 등 다양한 영역이 포함되어야 효과적일 것이다. 본 연구의 조사 결과, 청소년들이 평일보다는 주말과 공휴일에 게임을 하는 시간이 많게 나타났고, 부모는 가족여가 프로그램으로 주말여행이 가장 필요하다고 응답하였다. 이에 가족여가 프로그램을 주말이나 공휴일에 편성·운영한다면, 청소년 게임중독 예방에 효과가 있을 것으로 사료된다.

먼저 온라인 게임중독 문제에 대한 부모의 역할과 관련하여 아래와 같은 처치를 제안한다.

- 게임시간의 제한을 분명하게 한다.
- 피곤해진 눈과 근육을 쉬게 한다(예: 20분 사용 후 휴식).
- 게임대신 다른 교육관련 프로그램을 제공한다.
- 아이들과 함께 할 수 있는 스포츠 활동, 악기, 보드게임 등에 참여하여 만족을 준다.
- 학교와 연계하여 문제를 해결한다.
- 형식적 가족관계와 억압적인 양육태도를 벗어날 수 있는 건강한 가족관계를 구축한다.

표 13-4 청소년 게임중독 예방을 위한 가족여가 프로그램 구성

개인차원 요인	처치 방법	전략
자기통제력의 부재	목표설정 사회적 영향력 확대 대체 행동	· 부모, 교사, 친구와 합의하는 인터넷 정보이용계획표 수립(다이어리) · 부모와 함께 생활시간 계획표 수립 · 인터넷 사용관련 자기행동규제목표 설정
일상생활에서 무력감, 우울감	관점전환 대체행동 강화	· 학교 내 온라인-오프라인 장기, 바둑, 체스 리그 조직화 운영 · 문화예술관람활동 · 가족여행 · 누구나 쉽게 할 수 있는 스포츠활동(예: 뉴스포츠 프로그램)
자아존중감 부족	책임감 증진 긍정적 피드백	· 월단위, 주단위로 가족단위 여가프로그램 기획: 기획자로서 책임감을 부여하고, 자존감을 강화시킴
부정적 스트레스	관점전환 대체행동	· 가족 및 또래집단 스포츠활동을 통한 부모 및 친구와 개방적 소통강화

		· 일상적 활동으로 줄넘기, 배드민턴, 탁구(실내), 가족신문, 가족 홈페이지, 가족 블로그 등 제작 · 일회적 활동으로 낚시, 가족여행 등
낮은 대인관계 능력 (자기중심적 성격이 강하게 나타남)	대인사회기술 증진	· 가족 및 또래집단 스포츠활동을 통한 부모 및 친구와 개방적 소통강화 · 일상적 활동으로 줄넘기, 배드민턴, 탁구(실내), 가족신문, 가족 홈페이지, 가족 블로그 등 제작 · 일회적 활동으로 낚시 등
폭력에 대한 호의적 태도	폭력결과에 대한 위험지각 높임	· 전문상담을 통한 폭력에 대한 태도변화 유도

출처: 이기봉 외(2009). p. 165.

(3) 프로그램 기대효과

청소년 게임중독 예방을 위해 제안된 가족여가 프로그램의 궁극적인 결과로서 다음의 기대효과들이 예상된다.

첫째, 대상학생들의 향상된 학업능력이 기대된다.

둘째, 대상학생들의 교사나 또래와의 증진된 사회관계가 기대된다.

셋째, 대상학생들의 건강한 가족관계가 확립될 수 있다.

넷째, 대상학생들의 건강(신체적, 정신적 측면)이 증진될 것이다.

5. >>> 우즈베키스탄에서 꿈을 이루다[5]

(1) 프로그램 개요

대학생들이 스스로 준비한 경제 교육봉사활동 프로그램이다. 국외 기업탐방과 함께 경제 교육봉사활동을 처음부터 끝까지 스스로 준비하고자 한 프로그램으로 학기 중에 학생들이 주체적으로 준비한 내용을 바탕으로 직접 현지의 기업체

5 이하는 여성가족부 한국청소년활동진흥원(2010) 청소년자원봉사 활동프로그램 우수 사례집에 수록된 프로그램을 발췌·요약한 것으로 2010년도 제2회 청소년자원봉사 우수사례 공모전에서 개인부문 대상(전남대학교 M.A.D 동아리 고영재)을 획득한 프로그램임.

와 교육기관을 연락하고 체계적으로 준비한 경제교육 자료와 다양한 프로그램을 이용하여 교육봉사를 실시했고 국외에 위치한 우리나라의 기업을 방문하여 현지인들을 비롯한 고려인들에게 우리나라 기업의 우수성을 전파하고 홍보하고자 한 프로그램이다. 다음은 학생들이 우즈베키스탄을 교육봉사활동지로 선정한 이유다.

첫째, 우즈베키스탄은 과거 아시아와 유럽을 잇는 실크로드 중심에 위치한 안보, 교통, 물류의 요충지로서 중동 지역을 보완할 에너지자원 대체 공급원으로 부상한 지역이다. 대우 인터내셔널을 비롯한 한국 기업 30여 개가 우즈베키스탄으로 투자 진출을 하였고 이러한 진출기업들은 시작 단계에서부터 현지 적응발전 단계에 이르기까지 괄목할 만한 성장을 이루었다. 둘째, 이곳에는 우리의 한 핏줄인 고려인이 거주하고 있는데 소수의 고려인들은 옛 소련시절 위성국가가 된 나라들이 러시아 국적을 인정하지 않아 국적을 다시 신청해야 한다. 이를 몰라서 무국적자가 된 일부 고려인들이 교육혜택을 받지 못하고 경제적인 측면에서도 불이익을 받고 있는 실정이다. 이에 대학생들은 고려인들에게 자립심과 자신감을 불어넣어주고 더 나아가 경제교육봉사를 통해 고려인의 무한한 가능성과 국가적, 지역적인 면에서의 장점을 강조하고 진취적인 세계관 등 넓은 시야를 심어주고자 기획되었다.

(2) 프로그램 내용

14박 15일간의 일정을 위해 7개월이란 시간을 준비한 프로그램으로서 가장 먼저 세종한글학교에서 10대 후반에서 20대 초반에 이르는 학생들을 대상으로 경제교육봉사를 실시, 3일간에 걸쳐 화폐의 기원과 발생, 우즈베키스탄과 한국의 경제적 관련성에 대해 교육하였다. 첫 번째로 방문한 기업은 '금성인터내셔널'로서 '석유공사', 'UK영양'을 탐방한 후 세종한글학교 학생들을 대상으로 소개하였다. 다음 사마르칸트 외국어대학을 방문하여 그곳의 한국어과 및 경제 관련 학과 학생들을 대상으로 같은 방식으로 화폐의 발생과 기원, 그리고 한국과의 경제적 관련성에 관하여 교육을 실시하였다. 마지막으로 '프라우다 고아원'(고려인)에 방문하여 경제관념에 취약한 현지 아이들에게 용돈기입장 작성법을 설명하고 저금통 만들기를 통해 현명한 소비자로서의 역할과 절약저축하는 예금자로서의 역할

표 13-5 우즈베키스탄에서 꿈을 이루다 프로그램 내용

	활동내용 및 방법	시행 시기	활동 횟수	봉사자 수 (단위: 명)	대상자 수 (단위: 명)
기업탐방	· 미리 연락한 기업을 바탕으로 실시함 · 기업의 대표와 홍보방안 토의 · 기업의 성장배경 들어보는 시간	2010년 1월	3회	9명	-
경제교육 1	· 활동장소-세종한글학교 · 미리 제작한 PPT를 바탕으로 한 수업 실시 · 1시간 수업 후 30분간 질의 응답시간 · 우리나라 기업에 대한 홍보	2010년 1월	6회	9명	약150명
경제교육 2	· 활동장소-사마르칸트 외국어대학교 · 미리 제작한 PPT를 바탕으로 한 수업 실시 · 1시간 수업 후 30분간 질의 응답시간 · 우리나라 기업에 대한 홍보	2010년 1월	3회	9명	약300명
내부회의	· 다음 날 일정에 대한 회의 · 다음 날 경제교육을 위한 시강 · 매일 피드백 실시	2010년 1월	15회	9명	-
레크리에이션	· 활동장소-프라우다 탁아소 · 풍선아트 실시 · 페이스페인팅 · 율동 따라하기(곰 세 마리/올챙이 송) · 만화영화시청(하울의 움직이는 성)	2010년 1월	1회	9명	약100명

을 인식시켜줬으며 준비한 각종 레크레이션을 함께 실시하였다.

(3) 프로그램 기대효과

국외에서 전개된 교육자원봉사활동 프로그램으로서 국외체험식 자원봉사활동의 새 지평을 열었다고 할 수 있다. 이 경험을 바탕으로 전남대학교 M.A.D 2기가 구성되어 프로그램을 지속적으로 전개해나가고 있다. 수많은 대학생들이 취업과 소위 말하는 스펙 쌓기를 위해 인턴을 비롯하여 해외연수, 해외 봉사활동 등에

참여하지만 대부분의 학생들은 소기의 목적을 달성하지 못하는 경우가 많고 교육 주체측이 공급하는 짜인 틀 안에서 기계적으로 시간을 허비하다 돌아올 수 있다. 이에 반하여 대학생들 스스로 부모님들에게 의지하지 않고 대학의 지원금, 후원금, 공모전 입상금 등을 통해 마련된 재원을 바탕으로 팀원을 선별, 모집하고 모집된 팀원들과 함께 처음부터 마지막까지 모든 것을 스스로 꾸려서 봉사활동을 했다는 점은 비슷한 성격의 후속 프로그램을 위한 본보기로서 좋은 선례를 남겼다고 할 수 있다.

6. >>> 초록바람캠프

(1) 프로그램 개요

기후변화, 오존층 파괴, 생물다양성 악화와 같은 전 지구적 환경위기는 모든 인류와 생태계에 심각한 영향을 끼칠 것으로 예상된다. 이에 고도산업화, 지구환경의 위기상황과 이러한 위기 극복을 위한 국제적 노력들이 여러 가지 방향에서 전개되고 있다. 그 중에서도 국내외적으로 가장 효율적이고 장기적인 전략으로 꼽는 것은 환경교육이다. 환경교육은 환경에 대한 인간의 의식과 태도를 변화시키는 근원적 문제해결 방법뿐만 아니라 적은 비용으로 큰 효과를 기대할 수 있는 방법이라는 점에서 전 세계적으로 강조되는 추세이다. 그러나 우리나라의 경우 환경 교육의 필요성은 학교나 사회에서 어느 정도 공감되고 있으나 이에 대한 지속적인 관심이나 지지는 미미한 실정이다. 학교에서의 환경교육이나 사회단체들의 환경교육이 서로 연계되지 못하고 형식적 교육에 머무르고 있다. 따라서 본 프로그램은 실질적인 환경오염에 관련된 생태환경 체험 및 자연과의 스킨십을 통해 청소년들의 환경 문제 인식을 함양시키고 청소년들의 생태적 감성 회복 및 강화에 그 목적이 있다.

(2) 프로그램 내용

프로그램은 일반 중학교 1~3학년을 대상으로 하여 적정인원 30명으로 구성되었고 활동은 총 9개로서 3일 일정으로 구성되었다. 본 프로그램의 활동장소는 국립평창청소년수련원의 시설 이용을 기본으로 한다. 필요에 따라 장소가 변경될 경우 프로그램 운영에 차질이 없도록 장소대체가 이루어질 수 있도록 하였다. 회색 도시에서 녹색을 알지 못하고 경험하지 못한 청소년들에게 직접적인 자료를 제공하는 한편 자신의 행동과 습관이 미치는 영향에 대해서 인식하도록 야영, 자연물을 이용한 놀이, 숲의 곤충관찰, 모둠별 미션활동 등 자연체험활동을 제공한다. 본 프로그램은 이러한 활동을 통해 청소년들이 자연을 이해하고 청소년 자신들의 행동과 습관이 자연에 미치는 영향에 대해서 인식하게끔 하고 끝으로 친환경적 삶을 선도해 나아갈 청년단 발족식으로 마무리한다.

표 13-6 초록바람캠프

일차		주제	내용
1일	14:00-15:30	출발! 지구특공대	• 캠프의 목표와 목적을 이해한다. • 미션게임을 해결하며 관계 형성을 한다. • 친환경 청년단 만들기 • 자연인으로서 출발을 선언한다.
1일	15:30-18:00	우리 아지트	• 모둠원끼리 숙영지를 조성하는 것을 통해 협동, 공동체 활동을 습득한다. • 자연물을 이용한 활동으로 숲과 생태에 대한 흥미를 유발한다.
1일	19:00-22:00	습관 버리기	• 환경보존과 친환경적 삶의 관계에 대한 이해 • 친환경 세제에 대한 이해 • 친환경 세제 만들기 방법 숙지 • 조별로 폐식용유를 이용, 세제비누만들기, 죽염으로 천연치약 만들기(비누가 굳는 시간을 기다리며 천연치약 만들기)
2일	9:00-12:00	녹색박사와 함께!	• 환경정의 및 환경오염 설명(PPT 및 동영상 자료) • 환경 측정 방법 이해(채수 및 채집 방법 설명, 장소 안내 및 주의사항 설명) • 측정값에 대한 토의 및 의견공유 • 미래 환경과 사회에 대한 피드백

2일	13:00- 15:30	달려라! 지구한바퀴!	· 수련원 위치와 지도 및 미션지의 활용법 설명 · 모둠별 출발: 모둠별 미션해결을 통해 기후현상을 이해 · 영상을 통한 기후현상의 정확한 이해 및 자연 환경의 소중함 인식
2일	15:30- 18:00	Green Player	· 자연, 생태에 관련된 퀴즈를 통한 동기부여 · 나무젠가 놀이 · 나의 솔방울 찾기 · 자연다트놀이 · 우리만의 자연놀이 만들기
2일	19:00- 22:00	지구안의 우주	· 가벼운 게임을 통한 분위기 조성 · 곤충에 대한 일반적 설명 · 숲속으로의 입장 · 만남의 불을 켜다
3일	9:00- 10:30	지구특공대 사랑에 빠지기	· 자연을 주제로 작품 만들기 과제 부여 · 모둠별로 자연의 모습 표현하기 · 작품 발표 및 느낌 공유하기

출처: 2010 청소년활동 신규프로그램 연구개발보고서. pp. 168－175.

(3) 프로그램 기대효과

초록바람캠프의 참여를 통해 자연을 도구적 관점에서 생각하는 청소년들이 자신의 생활방식을 되돌아보고 현재 상태를 직접적인 방법으로 확인함으로써 자신의 생활 방식에 대한 반성과 더불어 올바른 환경 의식을 가질 수 있을 것이다. 고도의 산업화에 다른 자연과의 괴리감 역시 자연과의 스킨쉽이 많은 이 캠프를 통하여 생태감수성 회복에 도움이 될 것이다. 또한 캠프 내의 다양한 문제 해결과정을 통해 문제 인식과 해결 능력을 향상시키는데도 도움이 될 수 있을 것이다.

7. 벽을 넘어서[6]

(1) 프로그램 개요

본 프로그램은 국립평창청소년수련원 활동운영부에서 2010년 신규·개발된 프로그램으로서 청소년들이 야외에서 또는 자연에서 공동체적 도전활동을 통해서 자신감을 갖춰 청소년들에게 신체적, 정신적 건강을 증진시키는 프로그램이다. '벽을 넘어서'의 의미는 자신의 내면에 있는 한계를 벽이라 규정하고 프로그램을 통해 자신감을 갖춰 한계를 넘자는 의미를 담고 있다.

(2) 프로그램 내용

본 프로그램의 활동장소는 국립평창수련원의 시설이용을 기본으로 하며 고등학생 30명을 대상으로 한다. 캠프는 준비단계, 실행단계, 평가단계로 꼼꼼히 이루어졌다. 우선 첫째날인 1일차에는 캠프의 목적과 목표를 이해한 후 관계형성을 위한 아이스 브레이킹 시간을 갖는다. 2일차에는 나를 극복하기란 주제로 클라이밍 기술에 대해서 익히고 실제로 등반을 실시한다. 이후 야간활동을 한다. 3일차에는 자연암벽 등반을 통해 자기 자신에 대한 믿음을 가진다. 이후 모닥불 놀이 및 장기자랑을 한다. 4일차에는 새로운 나의 모습이라는 주제를 가지고 앞으로의 목표설정과 다짐의 시간, 개인적으로 느낀 점 적기, 피드백, 청소년과 지도자와의 대화로 프로그램을 마무리한다.

6 국립평창청소년수련원 활동운영부에 의해 2010년 신규·개발된 자신감 증진 프로그램임.

표 13-7 벽을 넘어서 프로그램 내용

일	소요시간	활동명	내용
1일	120분	나를 알고 너를 알고 I-Ice Breaking	• 캠프의 목표와 목적에 대해 이해한다. • 아이스 브레이킹을 통해 서로에 대해 아는 시간을 갖는다.
	90분	다같이 으쌰으쌰 I-야간 미션산행	• 야간산행을 통해 모험심을 신장시킨다. • 조별 미션해결과정을 통해 조원 간의 의사소통능력을 향상시킨다.
2일차	180분	나를 극복하기 I - 스포츠 클라이밍의 기초	• 클라이밍 기술을 이용한 안전한 등반을 통해 두려움을 극복하고 도전의식, 성취감을 신장시킨다.
	270분	나를 극복하기 II -스포츠 클라이밍 숙련, 레펠	• 클라이밍 기술을 이용한 안전한 등반을 통해 두려움을 극복하고 도전의식, 성취감을 신장시킨다: 안전한 등반을 위한 스트레칭 실시 • 등반요령, 확보방법 보강교육 • 등반실시 • 레펠활동을 통해 담력을 신장한다: 레펠 안전교육, 실시
	90분	다같이 으쌰으쌰 II-야간 오리엔티어링	• 활동간 상호 간 협력을 통해 성취감을 향상시킨다. • 야간활동을 통해 모험심을 신장시킨다.
3일차	300분	나를 극복하기 III-간현암 자연암벽 등반 (기초코스-중급코스)	• 자연암벽 등반을 통해 자기 자신에 대한 믿음을 가진다. • 안전한 등반을 위한 스트레칭 실시 • 클라이밍 활동에 대한 최종 피드백
	90분	우리는 하나 -모닥불 놀이 및 장기자랑	• 짝체조(2인 1조) • 조별게임 • 소규모 그룹게임 • 개인, 팀별 장기자랑-장기자랑 순위 정하기 • 캠프 참가자 모두의 활동 소감발표 • 참가자와 지도자와의 자유로운 대화 • 모닥불 정리
4일차	90분	새로운 나의 모습-앞으로에 대한 목표설정과 다짐의 시간	• 캠프의 목표에 대한 최종정리 • 캠프를 통해 개인적으로 느낀 점 적기 • 장래희망, 목표 설정 후 발표 • 자기주도적인 바람직한 청소년상에 대한 피드백 • 청소년과 지도자와의 대화

출처: 2010 청소년활동 신규프로그램 연구개발보고서. pp. 130－137. 참조.

(3) 프로그램 기대효과

첫째, 어려운 과제를 극복함으로써 어떤 일이든 노력하면 할 수 있다는 자신감을 길러 적극적 수행능력을 향상시킬 수 있다.

둘째, 청소년들이 또래들과의 공동체 활동을 통해 참여자들에게 원만한 인간관계를 형성하고 느낄 수 있는 계기를 마련해 줄 수 있다.

셋째, 프로그램을 통해 건강한 신체관리 지식을 알게되고 신체능력을 향상시킬 수 있다.

8. >>> 위풍당당 무지개 학교폭력 가해 청소년 선도 프로그램[7]

(1) 프로그램 개요

최근 우리 사회에서는 학교에서의 폭력이나 따돌림 등이 심각한 사회문제로 대두되고 있다. 2012년도 청소년폭력예방재단의 자료에 따르면 학교폭력 목격 후 방관학생들은 27%가 공포를 20%가 분노를 느낀다. 그럼에도 56.3%에 해당하는 학생들은 신고를 하지 않는 것이 현실이다. 이유로는 △피해를 당할까봐(34%) △어떻게 해야할지 몰라서(29%) △관심이 없어서(21%) 순으로 나타났다.[8] 또한 청소년 학교폭력의 문제는 일부 몇 명에 국한된 것이 아니라 점점 더 많은 학생들이 경험하는 학교사회 문제가 되고 있다. 현재 학교폭력의 특징 중 하나는 학교폭력의 가해자나 피해자의 연령이 점점 낮아지고 있다는 것이며 그 잔인성과 폭력성 또한 정도가 심각해지고 있다는 것이다. 이에 피해 및 가해의 재발을 막기 위해서 현재의 상황에서 도움을 줄 수 있는 학교폭력 피해가해 전문 집단상담 프로그램 개발이 필요하다. 따라서 본 프로그램은 학교폭력에 전문화된 프로그램의 개발의 필요성에 따라 피해 청소년의 치료 및 예방과 가해 청소년들의 치료 및 교육프로

7 이하는 청소년폭력예방재단에서 2008년 개발한 프로그램(청소년폭력예방재단 교육자료 2008-02-05)을 발췌·요약함.

8 http://www.jejusori.net/news/articleView.html?idxno=120755

그램을 개발하고 보급하기 위한 목적으로 실시되었다.

(2) 프로그램 내용

프로그램은 학교폭력 사건을 경험한 뒤에 경험하게 된 여러 가지 감정들을 표현하고 공유하게끔 구성되었다. 구체적인 내용으로서 자신이 경험한 폭력 사건에 대한 분노를 표현하고 학교폭력을 재경험함으로써 피해자를 공감한다. 대책방안으로서 올바르게 갈등을 대처하고 적절한 의사소통의 방법을 익히도록 한다.

프로그램의 대상은 학교폭력의 발생 빈도가 높은 초등학교 5학년부터 중학교 3학년까지의 학생이다. 또한 학교폭력 사건으로 가해학생 특별교육명령을 받은 학생들이다. 프로그램은 총 10회기로 구성이 되어있고 회기 당 약 100분이다. 프로그램 방법은 역동적인 청소년의 집단 프로그램에 맞게 역할극을 적극적으로 활용하고 있다. 실제로 피해 청소년 모두 실제로 경험한 학교폭력을 직접 재현해봄으로써 본인들이 사건에 대해 가진 내면의 감정들을 표현하는 시간들을 가지며 이를 통해 인식의 전환 등을 이끌어 볼 수 있다. 둘째, 학교폭력과 관련된 다양한 감정을 이끌어내고 교육으로 전환시키기 위하여 다양한 부재료 등을 사용하고 있다. 피해, 가해 학생 모두 감정의 순환을 위하여 다트판을 이용하여 찰흙 던지기를 하고 학교폭력 사건시 경험하는 다양한 감정을 직접 시각적으로 보여줄 수 있도록 감정피켓을 직접 들어서 표시하는 방법을 사용하였으며 피해자 가족의 아픔 등을 실제로 경험하고 표현하기 위하여 피해 학생의 전신과 피해부모의 전신이 그려진 마네킹 등을 준비하여 직접 표시하는 등의 실재감 있는 프로그램으로 구성되었다. 후반부에는 다중지능 검사를 통해 피해, 가해라는 역할을 넘어서서 집단이 끝나고 개인의 삶으로 돌아갔을 때 자신의 에너지를 어떤 식으로 사용할 것인지에 대한 긍정적 대안을 마련하는 장치가 있다. 인간이 갖고 있는 음악지능, 신체운동지능, 공간지능, 논리수학지능, 언어지능, 인간친화지능, 자기성찰지능, 자연친화지능을 통해 자신의 다양한 지능을 탐색해봄으로써 피해학생에게 자존감 증진 및 미래조망에 도움을 주고자 한다.

1) 프로그램 진행 시 유의사항

① 리더는 사전에 본 매뉴얼과 학교폭력 가해자 특성 등에 대해서 정확히 숙

표 13-8 위풍당당 무지개 학교폭력 가해 청소년 선도 프로그램

단계	제목	제목	내용
도입	1회기	우리 처음이지?	• 자기소개 • 프로그램 소개 및 동기유발 • 학교폭력 그 이후에 나에게 일어난 일 • 학교폭력은 어떤 일이었나요? • 끝난 후 느낌 나누기
인식탐색 및 인식전환	2회기	꼴라쥬로 보여쥬!!	• 한 주간에 노력한 과정 나누기 • 대인관계 꼴라쥬 만들기 • 작품소개 및 느낌 나누기 • 학교폭력 사건이 일어나게 된 요인 찾기
	3회기	나도 화난적 있다구요	• 신체 워밍업, 정서적 워밍업 • 맞았던 장면 재연(상황극 재연)
	4회기	역할극	• 도입을 위한 게임 • 가해 상황에 대한 재조명 및 시연
	5회기	역지사지 해보자 (피해자의 심정공감)	• 본인 경험의 학교폭력 이야기 나눔 • 학교 폭력 피해자 관련 동영상 시청 및 피해정도 인지, 공감 • 학교폭력 피해자 회복작업
태도 탐색 및 행동 전환	6회기	폭력은 범죄다	• 폭력에 대한 교육으로 주 진행이 이루어짐을 알림 • 학교폭력 예방교육 • 학교폭력 솔로몬의 선택 • 자신의 사례 나누기
	7회기	이건 아니잖아~~	• 갈등을 잘 해결하기 위한 방법 나누기 • 갈등 상황 재연을 통해 제시되었던 긍정적 해결방법들을 선택해보는 연습
	8회기	말해보자	• 긍정적/부정적인 반응에 대한 대응방법 연습 • 학교폭력 예방교육 2탄 • 대처연습(가해상황): 빈의자 기법
종결	9회기	미안해, 따랑해	• 다중지능 검사 • 과거 사건상황의 재연 • 사과 편지 쓰기
	10회기	어험, 나는 앞으로 이런 사람이야	• 다중지능 검사 결과 듣기 • 진정한 리더십을 가진 유명인을 알아보기 및 본인탐색 • 10년 후 본인의 성공한 모습 그려보기 • 집단마무리 및 상장수여

출처: 청소년폭력예방재단 교육자료(2008).

지하고 있어야 한다.

② 사전 면접 시, 집단성향에 맞지 않는 학생이 있는지 알아본다.

③ 프로그램 시작 전에 사전검사를 실시하도록 하며 그 결과를 토대로 가급적 빨리 대상자에 대해 파악하는 것이 필요하다.

④ 집단 구성원은 약 6~8명이 가장 이상적이며 그 이상을 넘을 때에는 분반을 하거나 혹은 더 많은 보조 인력을 투입하는 것이 필수이다.

⑤ 남, 녀는 혼반이 될 수 있으나 가급적 학령이나 성비 구조가 같도록 구성한다. 단, 집단을 혼성으로 구성할 때 동성은 적어도 2명 이상이어야 한다.

⑥ 학년 편차가 2년 이상일 경우에는 분반을 요한다. 단, 사정상 고학년과 함께 진행하여야 할 경우 고학년이 저학년 학생을 리드할 수 있도록 지도하는 것이 유용하다.

⑦ 같은 사건의 구성원들은 같은 집단이 되는 것을 피하도록 한다.

⑧ 같은 학교 다른 학년의 경우 같은 집단 그룹에 포함시키지 않는다.

⑨ 폭력의 사안이 너무 동떨어지기보다 비슷한 사안을 한 집단으로 포함시킨다.

⑩ 본 프로그램은 1주일에 1회, 약 100분~120분 가량 진행하는 것이 좋다.

(3) 프로그램 기대효과

프로그램의 효과성을 알아보기 위하여 사전－사후 검사(자아존중감, 공격성, 학교적응 유연성) 실시 후 분석 결과 자아존중감과 학교적응성은 향상되었고 공격성은 감소하였으나 통계적 유의수준 .10에서 유의하지 않은 것으로 나타났다. 즉, 사전－사후 검사로 이 프로그램을 통한 가해 청소년들의 변화는 입증할 수 없었다.

다음으로 참가 청소년들이 기재한 평가서의 주요 내용을 살펴보면 가해 청소년들은 프로그램을 통해 얻은 점으로 분노조절(4명), 자신의 잘못을 반성함(3명), 차분해지거나 생각이 깊어짐(3명), 유익함(3명)이 주요 의견으로 나타났고 그 외의 기타의견으로는 남을 이해하게 되었다, 재미있었다, 성격이 변화되었다, 자신감을 얻었다, 폭력에 대한 교육이 도움이 되었다 등 대부분이 긍정적인 변화가 있는 것으로 나타났다. 그리고 학교폭력 문제와 관련하여서는 자신의 행동에 변화가 있을것 같냐는 질문에 22명의 응답자 중 18명이 절대 학교폭력을 하지 않겠다(행동 변화가 있을 것이다)로 답해 참가자들의 폭력 행동 인식과 결심에 있어서 긍정적으로 뚜렷한 변화를 보였다고 할 수 있다.

CHAPTER 14

청소년 프로그램 국외 사례

1. 커넥트 프로그램(connect program)

(1) 프로그램 개요

전 세계적으로 아동과 청소년들에게 나타나는 공격적, 난폭 그리고 반사회적 행동에 대한 우려의 목소리가 고조되고 있다. 부모－청소년 관계형성은 문제행동을 감소시키는데 중요한 요소이다. '커넥트'는 위험 청소년의 부모나 대리적 보호자들을 위해 기획된 10주 프로그램으로서 협력, 부모감수성 훈련, 반성적 역량 그리고 효과적인 감정조절 기법에 중점을 두고 있다.

프로그램은 초기 청소년(9~12세)와 청소년 시기 동안에 보편적으로 나타날 수 있는 부모－자녀 문제, 예를 들어 자율성에 대한 열망, 또래 친구들과의 관계, 부모 권위에 대한 반항과 믿음 문제 등을 민감하게 다루면서 기획되었다.

(2) 프로그램 내용

표 14-1 커넥트 프로그램의 원리와 목표

세션	주제	원리	진술된 목표와 기술 발달 포인트 및 주요 활동
1	보육자 감수성	애착요구의 견지에서 암묵적 그리고 명시적 대화를 포함하여 행동에 참여하고 해석하는 능력	· 부모-자녀 갈등상황을 역할연기 · 리더는 그들이 본 행동에 관해 코멘트를 하도록 함. · 이 행동들의 의미가 무엇인지 그리고 행동을 기술한 의미에 따라 그들이 어떻게 반응했는지 질문함.
2	삶에 대한 애착	애착은 삶에 대한 것이다	· 애착 요구는 생애 동안 계속된다는 것을 인식하되 아동이 발달하면서 다르게 표현된다는 것을 인식함. · 아동의 발달 수준과 애착 욕구의 견지에서 아동의 행동을 재구성하는 기술을 발달시킴.
3	갈등-이해와 관계를 위한 기회	부모 자신들과 그들의 자녀의 어려운 감정적 상태를 탐색하는 능력	· 부모-자녀 갈등을 보여주는 2개의 역할 놀이가 시범적으로 진행됨. · 하나는 부모가 화가 나면서 대항하는 것이고 다른 하나는 부모가 후퇴하는 것임.
4	파트너십과 상호성	자녀의 감정, 흥미, 요구, 협상과 융통성에 대한 준비성과 관련하여 돌봄을 조직화하는 능력	· 자율성은 연결을 포함함. 역할연기에서 청소년 자녀는 부모가 모르는 자신보다 나이가 많은 형과 나가는 것을 요구함. · 부모는 역할연기에서 성냄으로 반응하는 한편 무관심한 반응연기를 함. · 리더와 부모는 청소년들의 자율성에 대한 열망의 인식의 중요성을 토의하되 안전 주의를 할 필요가 있음. · 부모는 이러한 욕구에 대한 균형을 맞추는 방법과 청소년 자녀와 협상하는 법을 역할연기함.
5	감정이입-가슴 두근거리는 애착	이해, 성장, 그리고 연민에 기초한 변화 시작	· 애착을 확보하기 위해 필수적인 요소로서 자녀와 부모의 경험을 나누고 감정이입의 역할에 대한 이해 증진
6	반성적 기능	부모 자신의 심리학적 경험과 자녀의 경험을 반성하고 이해하는 능력과 관심	· 감정이입(공감). 부모들은 화가 났을 때 가까이에 있는 다른 사람들이 공감하면서 반응했을 때(혹은 공감하지 않았을 때) 기분이 어떠하였는지를 토의함. · 공감이 부모자녀 관계와 자녀의 행동에 어떻게 영향을 미치는가를 토의함.

출처: Moretti & Obsuth(2009). pp. 1349－1350.

(3) 프로그램 기대효과

12개월 후 추수조사를 통해 프로그램에 참여한 청소년들이 우울감, 걱정 등에서 감소현상을 보인 것으로 나타났다. 부모는 부모 만족감과 자기효능감 인식의 향상 그리고 부양 부담의 감소를 나타났다. 이 프로그램은 표준화된 훈련과 그룹 리더의 슈퍼비전을 통해 17개의 지역사회와 309명의 부모들에게 제공되고 있다(Moretti & Obsuth, 2009).

2. >>> 고위험 행동 예방 프로그램

(1) 프로그램 개요

청소년 고위험 행동 예방 프로그램(Adolescent high-risk behavior prevention program)의 목표는 고위험 행동에 과도한 참여나 오사용을 최소화하는 것이다. 특수한 위험 행동을 그칠 수 없는 청소년들을 대상으로 그들에게 가능한 한 성취 가능한 목표를 설정함으로써 처음에는 그들이 시도하기에 가능한 낮은 한계치에 해당하는 서비스를 제공하는 것이다.

(2) 프로그램 내용

인식, 교육과 긍정적인 또래 지원을 활성화하고 의사결정 기술을 발달시키는 것은 보편적인 위험 행동 예방 프로그램에 있어 필수적인 요소가 된다. 청소년의 약물이나 알코올 사용에 대한 학교 기반 프로그램은 이러한 구성 요소들이 다양한 활동을 통해서 실행되고 있음을 보여준다.

첫째, 교실수업 대화는 주요 수단이 된다. 학생들 간의 대화와 그들의 교사들은 학생들의 질문과 위험행동에 대한 그들의 태도 그리고 위험 감수자, 위험 행동이 초래해서 비롯된 여러 문제를 가진 청소년 유형에 대해 초점을 맞춘다. 개인적 위험 행동들과 위험 행동 의도들이 분석되기도 한다. 대화기법은 그러한 행동에 참여하는 것을 비난하지도 않고 용서하지도 않는다는 기본전제하에 청소년들이 마음놓고 그러한 대화에 참여할 수 있는 분위기를 조성하는데 크게 기여한다.

둘째, 프로그램의 주요 구성 요소는 특정한 정보를 소개하는 자료(예: 마약사용의 영향, 상황)의 배포를 통해서이다. 그 외에도 약물남용과 도박에 대한 법적 정보를 포함하고 있고 의사결정 기술과 비용-효과 분석을 통한 위험과 혜택의 균형을 유지하는 방법에 대한 정보도 제공한다

셋째, 마약사용자에 대한 고정관념을 깨뜨릴 수 있도록 토의와 활동을 포함하여 그들에 대해 이타주의적 태도를 취하고 그들을 받아들이는 것도 강조된다. 또한 청소년들이 자신의 위험 행동을 인지하고 의사결정을 내릴 수 있는 기술을 습득하도록 도모한다(Dickson *et al.*, 2004).

(3) 프로그램 기대효과

오늘날의 청소년들은 다양한 도박기회에 접근할 수 있는 미래의 성인이 될 사람들이다. 피해 감소, 방지 프로그램의 조기처방으로 청소년들은 사전에 도박의 위험에 덜 빠져들도록 할 수 있다. 캐나다와 미국의 정신건강기관들은 가정, 학교, 사회적 기관들이 지역사회의 청소년들을 위해 협력할 필요가 있다고 주장하며 이러한 노력의 중요성을 역설하고 있다. 학교교육과정의 방향은 협동적 모델로 나아가고 있으며 이것은 보호적인 요소들과 교육적 조치를 함께 담고 있다. 또한 단순히 학과목에 초점을 맞추기보다는 심리사회적인 발달과 학문적인 영역을 함께 발달시키는 것에 주안점을 두고 있다. 효과적인 고위험 행동 예방 프로그램은 청소년들에게 지식, 기술, 감각, 자기 통제력을 기르는데 크게 기여할 것이다(Dickson *et al.*, 2004: 256).

3. >>> 청소년 창업결연 프로그램[1]

(1) 프로그램 개요

청소년 창업결연 프로그램(Youth Business Mentoring Program)은 청소년 창업대부 신청자에게 그들의 사업 초기에 풍부한 인생과 사업 경험을 가진 사람으로부터의 지원을 보장하기 위하여 마련된 세 가지 중요한 프로그램 중의 하나로서 캐나다 청소년창업기금(Canadian Youth Business Foundation)으로부터의 대부를 통해서 혹은 이와는 독립적으로 운영된다. 즉, 청소년 창업가가 청소년창업기금으로부터 재정을 지원받는다면 그는 결연 프로그램에 참여할 자격을 얻게 되며, 재정 지원을 필요로 하지 않거나 다른 곳에서 재정 지원을 받는 청소년 창업가의 경우에도 청소년 창업결연 프로그램에 참여할 수 있다. 이 결연 프로그램은 사업을 시작하고자 하는데 도움을 필요로 하는 사업 아이디어를 가지고 있는 18~29세의 어떠한 청소년이라도 이용할 수 있다.

결연은 사업의 성공에 있어서 중요한 요인이 되기 때문에 청소년 사업가에게 필요하다.

(2) 프로그램 내용

청소년창업기금 조정자의 지원에 의해서 청소년 창업가들은 사업 초기에 그들과 함께 협조할 자원 지도자를 선택한다. 청소년 창업결연 프로그램에서 결연프로그램을 수립하는 단계는 다음과 같다.

첫 번째는 지도자와 청소년의 기대를 수립하고 그들의 결연 관계에서 직면하게 되는 문제를 토론하는 것과 관련된다. 두 번째 단계는 지도자와 청소년이 정보를 사용하여 그들 관계의 조건을 한정하는 결연에 대한 동의를 하는 것이다. 각각의 동의사항은 지도자와 청소년의 요구와 기대에 기초한 독특한 것이다. 세

1 이하 문화관광부·한국청소년개발원(1999), 외국의 청소년활동 프로그램 p. 232에서 발췌·요약함.

표 14-2 프로그램 내용

1단계	지도자를 선택한다. 지도자들은 자원봉사자들이기 때문에 지도자와 청소년들을 위한 훈련과 자원을 지원하는 데 결연의 역할이 있다. 청소년창업기금의 지도자와 청소년들은 상호 선택에 의해서 이루어지기 때문에 결연은 참가자들의 수용 여부에 기초하고 있다.
2단계	효과적인 결연을 하기 위해서는 모니터링을 해야 한다. 지도자들은 사업 재정 사항을 검토하고 사업 목표의 설정 및 달성을 위해 도와주기 위하여 최소한 한 달에 한번 청소년 창업가를 만나도록 요청받게 된다.
3단계	지속적이고 신뢰할 만한 정보의 교환을 필요로 한다. 청소년창업기금에서는 지도자들에게 대립 및 기밀유지 동의서에 사인하도록 요청한다. 결연자들로 하여금 청소년 창업가의 사업에 재정적 투자를 허용하지 못하게 함으로써 이해의 대립을 피하도록 하고 있으며 기밀유지는 창업가들에 의해서 공유되는 개인 또는 사업 정보에 대하여 비밀을 지킨다는 지도자의 동의에 의해서 유지된다.
4단계	커뮤니케이션의 속성을 탐색하고 효과적인 커뮤니케이션이 바로 효과적인 결연관계를 형성하고 유지하는 데 필요한 기초가 된다는 점을 강조한다.

출처: 문화관광부·한국청소년개발원(1999).

번째 단계는 커뮤니케이션의 속성을 탐색하고 효과적인 커뮤니케이션이 바로 효과적인 결연 관계를 형성하고 유지하는 데 필요한 기초가 된다는 점을 강조한다. 마지막으로 지도자와 청소년 창업가들을 초대해서 효과적인 결연 관계를 형성하고 유지하는 데 유용한 다른 화제에 대하여 제안을 하게 된다.

(3) 프로그램 기대효과

결연은 사업의 성공에 있어서 중요한 요인이 되기 때문에 청소년 사업가에게 필요하다. 아일랜드의 경우 황태자 청소년창업트러스트(Prince's Youth Business Trust)에 의해서 과거 10년 동안 청소년 창업가에게 창업지원자금을 대부해 줬고 결연 프로그램의 도입 이전에는 성공률이 40%에 불과했지만 결연 프로그램이 제공된 3년 후에는 성공률이 75%에 이르렀다.

4. 청소년자원봉사자 훈련·인증계획

(1) 프로그램 개요

영국청소년클럽(Youth Clubs UK)의 자원봉사자 훈련승인계획은 나이 많은 청소년회원들과 성인들을 청소년지도자로 자원봉사에 입문하게 하는 것을 목표로 하는 전국적인 프로그램이다. 이 프로그램은 전국 개방대학 네트워크와 RSA 시험위원회를 통해 전국적으로 인가되고 있다. 여기에는 3단계가 있고 각 단계는 여러 단위로 구성되어 있다. 각 단위는 상세한 평가기준들로 구성되어 있는데 이를 위해 자원봉사자들은 증거를 제공해야 한다.

(2) 프로그램 내용

이 프로그램은 영국청소년클럽의 지역 회원단체들이나 지부를 통해 15시간 이상 시행된다. 이 프로그램은 다음을 목표로 하고 있다.

첫째, 새로운 성인 봉사자들을 청소년 사업에 끌어들인다.

둘째, 나이 많은 청소년 회원들을 자원봉사 청소년 지도자로 전환시킨다.

셋째, 자원봉사자가 될 잠재력을 가진 사람들이 자원봉사 청소년 지도자 기술들을 점진적으로 발전시켜 나갈 수 있도록 명확한 방향, 일관적인 목표들과 목적들을 보여주고 기회들을 제공한다.

참가자들은 보통 청소년클럽이나 사업을 자원하여 운영하고 있는 성인들이거나 자신의 자격을 향상시키기를 원하는 나이가 든 청소년클럽 회원들이다. 이 프로그램은 자원봉사자들이 자신의 기술과 사회적 헌신에 대해 인정과 인가를 얻게 하고 있다.

활동 내용은 지역참가자들과 기관들에게 가장 적합한 방법으로 시행되도록 만들어져왔다. 모든 참가자들에게 대화, 토론, 개인적·집단적 활동을 포함하는 훈련과정 참여, 개별연구, 청소년업무 현장 방문, 실제적인 청소년업무 수행, 업

표 14-3 단위와 수준

단위 제목	1수준	2수준	3수준
지역에서 청소년들과 활동하기	*	*	*
프로그램 준비, 시행과 사후관리	*	*	
프로그램 만들기			*
프로그램 준비			*
프로그램 시행과 사후 관리			*
자기 평가	*	*	*
의사소통		*	*
행정과 재정		*	*
원리와 실제			*

출처: 문화관광부·한국청소년개발원(1999). p. 292.

무와 경험의 일람표 작성 등의 활동이 요구된다.

이 프로그램은 1단계로 청소년 사업 소개, 2단계로 경험 축적, 3단계로 전국청소년기관(NYA: National Youth Agency)은 자원봉사 시간제 청소년지도를 위한 증명서 발급 순이다. 위의 세 단계에서 적절한 포트폴리오를 제출함으로써 평가기준을 충족시키는 참가자들은 전국개방대학 네트워크(National Open College Network)를 통해 자격을 공인받게 된다. 이외에도 제 3 단계에서 만족스러운 공인을 받은 참가자들은 전국청소년기관에서 인정하는 청소년사업을 위한 증서를 받게 된다. 지역관계당국은 이 증서를 RAMP가 인정하는 과목들을 이수한 사람들에 의해 획득한 것과 똑같이 인정한다.

이 사업은 국가적 또는 지역적 청소년 기관들, 지역 당국의 청소년 혹은 지역사회 서비스, 또는 두 조직 간의 협력을 통해 운영이 된다. 이 사업을 제공하기 원하는 어떠한 조직도 영국 청소년 클럽에 의해 명시된 운영조건들을 충족시켜야 한다. 이러한 조건들은 계획이 사용된 모든 지역에서 수준 높은 일을 할 수 있도록 고안되었다. 지역의 계획 제공자들과 운영 계약은 계속적인 조정과 질적 수준을 확보하기 위한 기초가 된다.

(3) 프로그램 기대효과

청소년자원봉사자 훈련인증 계획은 영국청소년클럽의 청소년사업 학습목록의 일부이다. 이 계획에서 제공하는 인가는 전국적으로 인정받고 있으며 다양한 사회경제적 배경의 지도자들을 포함하고 여러 수준의 기술과 경험을 가진 지도자들의 필요를 충족시킬 수 있도록 융통성 있게 만들었다. 이 계획은 수년간에 걸쳐 발전시킨 광범위한 훈련 프로그램들을 제공하고 있으며 회원단체와 기관 및 지방정부의 여러 필요들을 충족시키고 있다. 특히 청소년 지도자들에게 다음과 같은 기회를 제공하고 있다.

1) 개인적인 필요를 충족시킬 수 있도록 만들어진 훈련에 참가할 수 있다.
2) 엄격하게 선발된 지역 강사들에 의해서 지원된다.
3) 명확한 기준에 의한 평가를 통해 인가를 획득한다.
4) 보다 향상된 기술과 자신감을 발전시키기 위해 단계를 높여 나갈 수 있다.

5. >>> 청소년 대처 프로그램

(1) 프로그램 개요

청소년 대처 프로그램(Hayes & Morgan, 2005)은 원래 Albano 외(1997)에 의해서 고안된 "스트레스에 대처하는 프로그램"[2]으로부터 발달된 심리교육적 프로그램이다. 프로그램의 주요 요소는 심리교육, 기술 훈련, 공개, 부모와 함께하는 재발 방지 등으로 우울감 극복, 자기주장훈련, 의사소통 기술, 사회적 관계 형성의 기술 훈련 기법을 습득하는 데 프로그램 목표를 두고 있다.

프로그램은 16세션으로 구성되어 있고 6~8명의 청소년 대상으로 실시된다. 프로그램에 대한 평가는 질적 그리고 양적기법에 의해 측정된다.

---

2 걱정, 스트레스, 약물남용 방지를 위한 프로그램임.

(2) 프로그램 내용

각각의 세션주제 소개코너는 이전 세션과 참여자들의 실제 상황연습에 대하여 참여자들의 경험을 공유하는 토의를 통해 강화되어질 수 있도록 프로그램 주요원리에 대한 이해기회를 제공하고 있다.

주요 그룹 활동

1) 기분, 사고, 활동을 모니터링화: 참여자들은 1부터 7까지의(1: 가장 낮은 점수, 7: 가장 높은 점수) 척도로 하루 하루의 기분에 대해 점수를 매기도록 한다. 이것은 그들이 실제적으로 어떻게 느끼고 있는가를 인식하는데 매우 효과적이다. 이러한 연습은 프로그램 후반부에 프로그램 활동이 참여자들의 기분에 어떠한 영향을 미쳤는가를 파악할 수 있게 하기 위하여 참여자들의 생각과 활동을 모니터한 것을 포함하여 다시 사용되어진다.
2) 긴장완화 연습: 근육이완기법, 올바른 숨쉬기, 봉제인형처럼 가장하는 신체적 운동을 포함하여 다양한 유형의 긴장완화 기법이 소개된다. 연습에 대한 자세한 설명은 매뉴얼 형식으로 제공되지만 안내 상담자들은 참여자들에게 가장 적합한 방식으로 응용하여 적용할 것을 권장하고 있다.
3) 이전 세션으로부터 습득한 활동을 따라하는 방식으로 프로그램의 주요요소를 강화하기 위한 그룹 연습을 한다.

표 14-4 청소년 대처 프로그램의 각 세션주제와 목표

주제	목표
1. 시작	래포를 형성하기 위해 협동적인 톤으로 프로그램의 규칙과 일반적인 계획을 말한다.
2. 기분 정상화하기	상황에 대한 정상적인 반응으로서 기분을 설명하기, 기분의 다양한 특성을 서로 교류하기
3. 감정 관리하기	감정으로서 걱정과 의기소침에 대해서 토의하기, 문제해결기법을 소개, 행동 모니터링 소개, 감정이 관리될 수 있는 다양한 방법들을 이야기하기
4. 사고를 말하기	유용한 사고와 유용하지 않은 사고를 소개하기

5. 사고의 전환	비생산적인 사고의 전환, 기분 관리, 긴장완화 운동과 같은 감정관리 전략을 이야기하기
6. 즐겁고 재미있는 시간 계획하기	즐거운 행동과 기분을 위한 차트 작성하는 법, 참여자들이 기분과 행동 데이터를 분석하는 방법을 익힐 수 있도록 돕기
7. 생각과 대처 느낌(1)	앞 세션에서 도출된 주요사항을 검토하고 강화하기, 느낌, 사고, 대처사이의 관계성을 도출하기
8. 생각과 대처 느낌(2)	앞 세션에서 도출된 주요사항을 검토하고 강화하기, 느낌, 사고, 대처사이의 관계성을 도출하기
9. 친구만나기와 친구만들기	긍정적인 사회적 기술을 확인하고 독려하기, 어려운 사회적 상황에서 비유용적인 자기독백(self-talk)을 파악하고 이것을 좀 더 실제적인 사고로 대체하기
10. 너 자신을 세우라	문제해결기법 적용하기, 자기주장표현훈련과 갈등해결에 초점을 두고 어려운 사회 상황에 있어 인지 재구성하기
11. 목표 설정	좋은 목표의 특성을 검토하기, 그의 혹은 그녀의 기분에 영향을 줄 것 같은 재미있는 활동들을 참여자들이 파악하도록 참여자들을 돕기, 재미있는 활동의 수를 증가시킬 수 있는 전략을 개발할 수 있도록 참여자들을 돕기
12. 플랜 짜기	참여자들이 상호대인적인 상황에서 새로이 습득한 기술을 어떻게 사용하는지에 대한 인식을 향상시킨다.
13. "내가 믿는 것이 진실이다"	자신의 믿음의 힘을 보는 것, 자기충족예언 및 거짓 믿음의 힘을 보는 것과 참여자들을 독려하기 위한 수단으로서 "우리가 믿는 것이 진실이다"가 어떻게 우리의 믿음을 인식하게 만드는지 그리고 그들이 어떻게 도전하게 하는지에 대한 방법
14. 행동실시	연습은 완벽을 만든다. 안내 상담자는 참여자들이 익힌 기술을 연습할 수 있도록 가능한 한 실제적인 기회(어려운 행동실험 문제와 같은)를 제공하기 위한 준비를 한다.
15. 점검 그리고 종료를 위한 준비	코스를 통해 익힌 기술을 관리하는 한편 미래의 스트레스 관리를 위해 실현가능한 목표설정을 한다.
16. 타인 가르치기	프로그램 효과를 홍보하기 위한 일련의 활동들로 구성되어지며 스트레스 관리 기법과 참여자들의 프로그램 산출물을 종합·정리하는 단계이다. 다른 사람에게도 유익이 될 만한 문제를 다루는 법에 관해 완전습득의 자신감을 보여준다.

출처: Hayes & Morgan(2005). p. 114.

(3) 프로그램 기대효과

양적 통계방법을 이용한 프로그램의 평가에 따르면 청소년 대처프로그램이 우울감과 문제행동의 정도를 감소시킨 것으로 나타났다. 프로그램의 이러한 효과는 프로그램이 종결된 6개월 후까지 지속된 것으로 나타났다. 프로그램에 참여하지 않은 통제그룹들은 프로그램 초기에 측정되었던 문제행동의 어려움 정도가 6개월 후 증가한 것으로 나타났다. 따라서 이 프로그램은 청소년들의 우울감과 문제 행동을 감소시킬 것으로 기대된다.

6. >>> 학교기반의 청소년 스트레스 관리 훈련 프로그램

(1) 프로그램 개요[3]

많은 연구들이 청소년 시기는 스트레스가 상당한 정도로 증가하는 시기임을 보여주고 있다. 특히 청소년 초기와 중기는 기본적인 스트레스 인자와 아울러 발달 과업도 함께 증가하는 시기이다(SeiffgeKrenke, 2000). 더욱이 이러한 인간상호관계측면에서 오는 스트레스 인자들은 청소년 시기에 증가하고 학업적 문제보다 감정적 그리고 행동적 문제와 더 강하게 연관성이 있는 것으로 나타났다. 중요한 것은 내적인 인자로서 즉 자기효능감, 회복 역량, 대처 등은 스트레스 인자와 건강한 발달 사이를 매개하는 조절변인이었다. 프로그램은 이러한 회복, 대처능력, 자기효능감 증진을 꾀하기 위한 다양한 활동으로 구성되어 있다.

(2) 프로그램 내용

2005년 미국의 절반 이상의 초·중등 학생들이 방과 후 프로그램에 참여하고 있다(United States Department of Education, National Center for Education Statistics, 2005). 이러한 학교기반의 프로그램들은 청소년들이 혼자 있는 위험행동시간을 단축하고 지역사회 및 학교의 보호하에 있게 하여 건강한 발달을 할 수 있게 도와주는

3 이하 Hampel 외(2008)의 연구에서 발췌·요약함.

한편 동시에 프로그램을 통해 정서 및 인지적, 심동적 발달을 하게끔 해주고 있다.

이 청소년 스트레스 관리 프로그램은 학교에 근거를 두고 개발되었기에 우선 교사들 대상의 코칭 과정으로 시작된다. 이어서 소개세션을 가지고 시작된다. 프로그램은 총 6주차로 구성된다. 각 단계에 대한 자세한 내용은 다음 [표 14-5]와 같다.

표 14-5 스트레스 관리 프로그램

과정소개	과정	주제	시간표
준비기간	교사들 대상의 코칭	조직문제 해결하기, 정보, 코칭	6시간
	부모 정보 I		
교육기간	소개 세션	심리교육	90분
	1주차	스트레스 이론	50분
연습단계	2주차	대처	50분
	3주차	회복 활동	50분
	4주차	건설적 자기이미지 구축	50분
	대처와 자기효능감에 대한 보고		
적용단계	5주차	반복과 통합	30분
	6주차	일상생활에 전이	30분
	정리 세션	요약정리	90분
부가적 치료훈련	실험적 훈련	내부자원을 증진시킴	15분/주
프로그램 사후 단계	활동 없음		
	세션 선전	반복과 통합	90분
추수활동	참여 수료증	종합정리와 피드백	4시간
	부모 정보 II		
	학교에 활동 보고		

출처: Hampel et al.(2008).

(3) 프로그램 기대효과

Hampel 등(2008)의 연구에 총 320명의 청소년(10~14세)들이 참여하였고 실험집단과 통제집단으로 나누어 실시되었다. 프로그램 참여 3개월 후 실시된 조사에서 실험집단은 스트레스 감소 그리고 사후조사에서 상호인간관계 대처 능력이 향상된 것으로 나타났다. 또한 자기효능감 증진 면에서 유의하게 통제집단보다 높은 점수를 보였다. 특히 청소년 초기 연령 그룹에 해당하는 참여자들이 프로그램의 혜택을 많이 입은 것으로 나타났다.

7. >>> 오하이오 멘토링 프로그램4

(1) 프로그램 개요

오하이오 멘토링센터(The Mentoring Center of Central Ohio)는 멘토를 통해서 아동들을 돕고, 파트너 기관을 성공적으로 지원함으로써 멘토링을 양적, 질적으로 향상시키는 일을 하고 있다. 이 센터에서는 전통적인 1 : 1멘토링, 학교기반 멘토링, 오하이오주(Buckeye hub) 멘토링의 세 가지 프로그램을 운영하고 있다. 전통적인 1 : 1멘토링 프로그램은 다른 멘토와 마찬가지로 전통적인 멘토가 멘티와의 지속적인 관계를 통해서 돌봄과 지도를 하는 것이다, 멘토와 멘티는 1달에 4시간동안 1:1로 만나서 축구하기, 쿠키 만들기, 학교와 친구에 대한 이야기, 프로젝트의 기획, 페스티벌이나 스포츠 행사 참여 등의 활동을 한다.

학교기반 멘토링은 학기나 방과 후에 학교나 다른 시설에서 멘토와 멘티가 1:1 또는 소그룹으로 만나서 게임, 컴퓨터, 대화, 숙제 돕기 등을 하는 것이다. 또한 오하이오주(Buckeye hub) 멘토링은 오하이오 주립 대학생을 위한 멘토링 프로그램으로 멘토들에게 직업에 필요한 경험을 얻게 할 뿐만 아니라 멘티 아동들에게 미래 성공을 위한 기술과 가치를 형성할 수 있도록 도와주고 있다.

(2) 프로그램 내용

멘토 훈련프로그램은 멘토를 돕고 멘티와 멘토가 성공적인 파트너 관계를 형성하도록 하는 교육내용으로 구성되어 있다. 이 중 3개의 세션을 완수한 경우

4 www.mentoringcenterco.org와 김경준 외(2011). pp. 42-43. 참조.

수료증을 발급하도록 하고 있다. 멘토훈련을 위한 회기는 매 2시간씩으로 구성되어 있는데, 멘토관계 형성, 문화적 역동성, 분노조절, 청소년기의 이해, 학습방법 및 튜터링을 위한 팁을 주요 내용으로 하고 있다. 멘토형성은 토론과 시나리오를 통해서 라포를 형성하고 장애를 극복하는 방법과, 훌륭한 멘토가 되는 방법을 배운다. 문화적 역동성 훈련은 자기 자신의 문화의 효과를 탐색하고, 타문화와 의사소통하고 연계를 구축하는 방법을 배운다. 분노조절훈련은 갈등해결을 위한 발화점(trigger point)과 상생을 위한 전략을 이해하고, 아동들로 하여금 핵심쟁점(hot buttons)을 발견하게 하고 흥분된 사고를 차분한 사고로 전환할 수 있도록 배운다. 청소년기의 이해 훈련에서는 청소년 발달적 자산(developmental assets)의 형성을 돕고 역할과 책임을 위한 기술을 습득하도록 한다. 학습방법 및 튜터링을 위한 팁은 멘티의 성장을 돕기 위한 학습방법을 이해하고 튜터링 기법과 발달단계에 대해 검토한다([표 14-6] 참조).

표 14-6 오하이오 멘토링센터 멘토 훈련프로그램

프로그램	세부내용	소요시간
멘토되기/ 관계형성하기	• 래포를 형성하는 방법 • 토론을 통한 어려움 극복하기 • 좋은 멘토가 되는 방법 배우기	120분
문화적 힘	• 나의 문화를 효과적으로 드러내는 방법 • 다른 문화들과의 의사소통 및 연계 형성방법	120분
분노 조절하기	• 힘겨루기를 해결하기 위한 발화점을 이해와 상생 전략 • 아동들로 하여금 핵심쟁점을 찾아낼 수 있도록 하며 흥분된 사고를 차분한 사고로 바꾸도록 돕는 방법	120분
청소년기의 이해	• 청소년의 발달 자산 형성 • 역할과 책임감 함양을 위한 기술 습득	120분
학습방법 및 비법	• 멘티의 성장을 돕기 위한 학습방법 이해 • 교수법 학습 • 아동 및 청소년의 발달단계 이해	120분

출처: 김경준 외(2011). pp. 43-44.

(3) 프로그램 기대효과

이상과 같이 멘토링 프로그램이 항상 좋은 결과만을 가져다주지는 않는다는 연구도 있다. Spencer(2007)에 의하면 충족되지 않은 기대, 멘토 관계형성의 부족, 멘토의 동기부족, 멘티 가족의 간섭, 부적절한 기관 지원, 멘토 혹은 멘티의 불참여 등은 초기의 기대감을 무너뜨리고 일찍 프로그램이 종영되는 요인으로 작용한다. 따라서 멘토링 프로그램의 실시에 있어 이러한 제한요인을 인식하고 전략적으로 접근할 때 프로그램의 충분한 효과를 기대해 볼 수 있을 것이다.

8. 뉴저지주 고등학교 갈등해결 프로그램

(1) 프로그램 개요

갈등이 만연한 사회에서 갈등의 본질에 대한 보다 체계적인 연구에 기초한 프로그램 개발이 요청되는 시대이다. 사회 심리학적 이론은 갈등이 모든 사회적 상호작용에 내재되어있다는 가정에 기초하고 있다. 사회 상호의존성 이론에 따르면 갈등은 모든 사회적 관계에 내재되어 있고 갈등이 관리되는 방식은 상황에 존재하는 사회적 상호의존성에 달려있다고 본다(Tjosvold, 1986). Johnson과 Johnson (1996)에 따르면 고립되어서 개인적인 일을 하는 이들은 개인의 목표를 달성하느라 어떤 상호작용도 일어날 가능성이 없다. 그러므로 갈등이 없고 다른 이들의 목표달성을 무시하면서 그것을 자신의 성공과는 무관한 것으로 본다. 그러나 이러한 현상은 성, 집단차이, 그리고 상황적 정황 등 다양한 요인들에 의해 영향을 받는다.

Johnson과 Johnson(1995)에 따르면 갈등해결 프로그램들은 다섯 가지의 원천에 뿌리를 두고 있다. 갈등해결방면의 연구자들, 비폭력 옹호자들, 반핵 행동주의자들, 법률분야의 전문가들, 그리고 교육자들과 심리학자들이다. 연구에 기초한 갈등해결 프로그램은 1960년대부터 시작되었다. 이것은 사회적 상호작용이론으로부터 출발하였는데 갈등의 본질에 대해서 학교 학생들에게 가르치는 것에 주로 초점을 맞추고 있다. Petrone(1999)이 소개한 갈등해결 프로그램은 미국 뉴저지주의 남녀 고등학교(Perth Amboy and Long Branch High School)에서 1998년 매주 화, 목요일에 10월 4회, 11월 4회, 12월 6회, 1999년 1월 1박2일 캠핑, 주말훈련 등의 과정을 통하여 실시되었다.

(2) 프로그램 내용

이 프로그램은 크게는 갈등이 무엇인가 알고 갈등을 협상하는 법, 그리고 동료 간 갈등을 중재하는 법이다. 갈등해결을 위한 훈련 과정을 총 8개의 세션으로 구분하여 제시하고 있다. 이 과정을 통해 사람들이 직면하게 되는 일상의 갈등들을 다루는데 유용한 갈등해결과정에 대해 보다 체계적으로 접근할 수 있게 하는 것이 이 프로그램의 특징이다.

표 14-7 뉴저지주 고등학교 갈등해결 프로그램

세션	구성요소
과정 1	• 갈등해결의 중요성 • 편견 제거하기 • 서로를 알아가기 • 개인의 관심사항 공유하기 • 개인의 정보 공유하기
과정 2	• 자신에게 중요한 것은? • 가치관의 차이 • 갈등이해하기 • 갈등의 근원 이해하기 • 기본적 요구들과 직면하기
과정 3	• 갈등에 대한 반응확인하기 • 활 활성제 확인 • 목록 작성하기
과정 4	• 갈등을 심화 또는 악화시키는 요인 • 여러 상황 속 갈등해결 접근방식
과정 5	• 상호 간 커뮤니케이션 장벽 인식 • 능동적인 청취의 태도

과정 6	• 실제적인 갈등해결활동과정 • 화해, 중재, 조정 기법
과정 7	• 또래중재(peer mediation)법
과정 8	• 또래중재시 사용하는 역할놀이(role play)

출처: Petrone(1999).

갈등의 본질을 파악하고 능동적인 청취의 태도, 화해, 중재, 조정기법을 익히고 역할연기를 통해 청소년들은 경쟁, 회피, 수요의 태도에서 탈피하여 중재, 조정, 협력의 태도를 익히게 된다.

(3) 프로그램 기대효과

프로그램의 효과성은 토마스 킬먼(Thomas-Kilmann)의 갈등 척도도구를 사용하여 사전-사후검사로 실시되었다. 프로그램에 참여한 이후 청소년들은 경쟁모드에서 협력모드로 전환되었고 특히 남자청소년들은 교사들과의 관계에서의 여자청소년들은 또래친구들과의 관계에서의 상호작용이 활발해졌다. 사후검사는 청소년들의 회피, 수용, 경쟁은 감소하고 협력과 타협영역은 향상되었음을 보여준다.

CHAPTER 15

향후 청소년 프로그램 개발의 발전방향

1. >>> 밀레니엄 세대 청소년 프로그램

Net세대들은 1977년부터 1997년 사이에 태어난 세대로 디지털 기술과 함께 성장해서 디지털 기기를 능숙하게 다룰 줄 아는 디지털 문명세대를 말한다(Tapscott, 1998). 이제 N세대(Net Generation)가 가고 밀레니엄 세대가 사회에 진입하고 있다. 밀레니엄 청소년들은 2002년도와 2004년 정도에 출생한 세대들로서 다음 [표 15-1]에서 제시된 것과 같이 인터넷, 블로그 등 디지털 혁명과 더불어 성장한 세대들이다(Bahr & Pendergast, 2007).

최근 들어 '요즘 청소년들은 외계인이다. 도무지 생각을 알 수 없다.' 등등 밀레니엄 세대 청소년들이 이해가 되지 않는다는 식의 기성세대들의 우려의 목소리가 더욱 높아지고 있는 실정이다.

이미 사회 곳곳에서 이러한 징후들이 나타나고 있다. 다양하고 복잡한 청소년 문제에서 익히 알 수 있듯이 밀레니엄 세대 청소년들은 우리가 흔히 청소년에게 가졌던 기존의 생각들을 송두리째 바꿔놓고 있다. 따라서 급격한 사회변화와

표 15-1 세대별 특징

출생년도	세대명	특이할만한 사건들
1901-1924	GI	1차 세계대전 경험
1925-1942	Silent	2차 세계대전 경험
1943-1960	베이비 부머	시민권리 운동
1961-1981	X세대	매스 미디어와 소비주의의 출현과 냉전체제의 종식
1982-2002	Y세대	세계화, 정보·디지털
2002-2004	밀레니엄 세대	• 디지털 혁명: 인터넷, www, 이메일, 채팅, 블로그, SMS 문자 • 학교폭력 • 테러리즘 • 9/11

출처: Bahr & Pendergast(2007). p. 25.

더불어 이러한 청소년들을 맞이할 기성세대들은 더욱 긴장하고 있는 것이다. 기존의 청소년 프로그램 개발을 위한 기존 이론 및 모델도 더 이상 영향력을 발휘하지 못할지도 모르는 미래가 다가올지도 모른다. 따라서 우선 밀레니엄 청소년, 그들은 누구인가?라는 명제에 부합하는 이론 제시 및 그에 따른 실천 노력의 경주가 지속될 때 비로소 진정한 노력의 결실을 맛볼 수 있을 것이다.

밀레니엄 세대의 주요한 특징은 생활의 모든 영역에 컴퓨터 테크놀로지가 침투한 시대에 성장했다는 것이다. 컴퓨터가 규범이라기보다 단순히 테크놀로지의 새로운 형태일 뿐이지 그 이상의 것이 아닌 부모 세대와는 극명히 대조를 이룬다. 밀레니엄 세대의 특징을 자세히 열거하면 다음과 같다(Howe, 2006).

1. 그들 자신을 특별히 간주한다
2. 드러나지 않는다
3. 자신감이 있다
4. 팀 중심적이다
5. 전통적인 희망과 꿈을 갖고 있다
6. 압박을 받는다
7. 성취적이다

밀레니엄 세대가 살고 있는 사회·경제 영역의 고유한 특성은 흔히 글로벌화, 개인주의, 다원주의로 묘사된다. 글로벌 경제로 인하여 인터넷과 같은 새로운 의사소통 기술이 더욱 확산되는 추세이고 전통적인 시·공간의 구분이 사라지는 지구촌이 형성되고 있다. 이민·이주, 핵가족화, 출산율 감소, 고령화 등 인구학적 변화 등으로 더욱 미래를 예측하기 어려운 시대이다. 이러한 새로운 트렌드는 새로운 인종–불확실한 청소년을 창조한다. 이처럼 밀레니엄 세대를 알고 이 세대의 속성을 아는 것은 교육자들에게 중요하다. 학습효과를 극대화하기 위해 이상적인 커리큘럼, 선호되는 교육기법, 적절한 평가 테크닉을 적용하는 기법 전반에 대한 이해를 촉진할 수 있기 때문이다(Bahr & Pendergast, 2007).

향후 청소년 프로그램 개발은 단순히 청소년 시기가 질풍노도의 시기라는 명제 하에 천편일률적으로 그리고 주먹구구식으로 개발되어지기보다는 밀레니엄 세대 청소년들의 특성을 고려한 맞춤형 프로그램이 공급되어질 필요가 있는 것이다.

2. >>> 조기처방형 청소년 프로그램

건강한 청소년 발달을 위한 청소년 프로그램의 처방이 더욱 실효성을 거두기 위해서는 청소년 이전의 아동기부터 조기처방식으로 실행되어야 할 것으로 보인다. Campa 외(2008)의 연구에 따르면 전통적이고 보편적인 청소년 발달 전략들은 청소년 시기 동안에 나타나는 문제행동의 방지에 쓰인다면 효과적일지도 모른다. 이러한 청소년 프로그램들은 전형적으로 성장을 증진하고 내·외부 자산을 형성하기 위한 구조화된, 감독된, 그리고 도전의 기회들을 제공한다. 그러나 이러한 전략들은 더 강력하고 표적화된 접근전략과 결합되지 않는다면 일찍이 아동기에 시작된 문제행동들을 예방하는 데는 덜 효과적일 수밖에 없다. 따라서 아동기 때의 중재는 문제행동의 고착화를 방지하는데 비교적 효과적이기는 하나 문제행동이 만성적으로 고착화되었다면 수정하기 힘든 것이 될 것이다. 또한 프로그램은 문제행동 감소를 보이는 청소년 그룹에 대한 특별한 주의도 요망된다. 그들은 여전히 진정으로 성장하지는 않을 수 있으며 임신과 같은 조숙한 행동에 가담할 위험성을 여전히 가지고 있기 때문이다. 이와 같은 청소년들은 지속적으로 강력한 프로그램 참여를 통하여 이러한 위험행동의 재발을 미연에 방지하고 진정으로 성장해야 한다.

특히 문제행동 뿐만 아니라 아동기 때 형성된 스포츠나 음악의 취향은 청소년 시기까지 이어지는 것으로 나타났다. Simpkins 등(2010)에 따르면 아동기 때 형성된 스포츠나 음악에 대한 취향이 청소년기에도 이어진다고 한다. 예를 들어 초등학교 때 음악보다 스포츠에 시간을 더 많이 보낸 학생들은 4년 후인 청소년기 동안에 음악보다는 스포츠에 더 높은 동기부여적 믿음을 가지게 된다.

이상과 같은 연구결과들을 감안할 때 문제행동 방지 및 음악, 스포츠 취향 형성을 위한 청소년 프로그램은 아동기 때부터 그리고 지속적으로 이루어져야 함을 보여주고 있다. 이처럼 청소년기는 인간발달의 한 과정이지 독립·분리되어 나온 하나의 단계가 아니기에 아동기와 성인기를 관통하는 연속선상의 시각에서 청소년 프로그램 개발을 바라봐야 할 것이다.

3. >>> 다양한 청소년 프로그램

우리나라의 청소년 문제도 해를 거듭할수록 그 양상이 더욱 다양해지고 있고 이러한 문제에 대한 사회적 관심도 더욱 고조되어 가고 있는 추세이다. 청소년 마약 및 음주·흡연, 학교폭력 및 집단 따돌림, 청소년 성매매, 청소년 가출, 격세대 가정의 청소년, 탈북청소년 및 다문화가정청소년 등등 과거 10년 전에 비해 훨씬 다양해지는 양상을 띠고 있다.

예를 들어 마약 중독이나 약물남용 청소년 환자 등 특수한 환자들을 위한 치유프로그램은 매우 부족하다(Davis *et al.*, 1994). 또한 취약계층의 청소년들을 위한 프로그램은 여전히 많지 않은 실정이다. 비영리 성격의 CASPAR사는 지난 20년 동안 캠브리지, 썸머빌, 메사추세츠 등지에서 성인들을 위한 알코올과 마약 프로그램을 지원하여왔고 학교와 방과 후 청소년 주도 그룹활동 및 지역사회 반경

안에서 아동과 청소년들을 위한 교육과정과 프로그램을 개발·공급하고 있다. 이 프로그램의 특징은 학년에 따라 차별성 있게 구조화되어 있고 그룹 활동 중심이라는 것이다. 멤버들에게 자기 자신만 홀로 이러한 문제를 겪고 있지 않다는 것을 느끼게 해주고 비슷한 문제를 갖고 있는 다른 이들도 여전히 중요하고 가치 있는 한 인간이라는 것을 인식하게끔 하기 위해서이다(Davis *et al.*, 1994).

향후 한국 청소년들을 위한 프로그램의 개발도 다양한 청소년 집단의 특성을 고려하는 방향으로 나아가야 할 것이다.

4. >>> 구조화된 청소년 프로그램

앞서 제시했듯이 많은 청소년 프로그램 연구자들이 구조화된 청소년 프로그램의 중요성을 언급하고 있다.

Morrissey와 Werner-Wilson(2005)의 연구에 따르면 청소년들에게 있어 부모는 여전히 영향력을 행사하는 중요한 인물이지만 구조화된 활동의 참여는 청소년들의 친사회적 행동형성에 가장 영향을 끼치는 요인으로 나타났다. 청소년들은 대부분의 시간을 학교, 친구들, 가정 밖의 활동참여에서 보내기 때문에(Rich-Harris, 1998) 이러한 연구결과는 더욱 설득력을 가진다(Morrissey & Werner-Wilson, 2005).

청소년들이 그들의 가정을 영향력 있게 보지 않는다는 의미는 아니고 발달단계상 그들의 가정에 대해 약간 부정적인 태도를 가질지도 모른다는 의미이다. 즉, 가정이 청소년의 삶에 중요하지 않다는 것이 아니라 학교, 또래 집단과 활동에 대한 "지원체제" 혹은 "안정망"으로서의 가정에 대한 청소년들의 의식을 설명하고 있는 것이다(Morrissey & Werner-Wilson, 2005). 청소년 발달에 중요한 요소는 창조성, 리더십, 이타주의, 시민참여(Larson, 2000)인 것처럼 각 영역의 고른 발달을 위해 다양한 프로그램 기획 및 일회적이거나 단편적인 활동보다는 구조화된 활동으로 기획되어야 한다. 우리나라에서 학교기반의 구조화된 청소년 프로그램을 예로 든다면 아마도 방과후 프로그램(after school program)일 것이다. 그동안

방과후의 양적 성장과 2011년 「방과후학교 내실화방안」도 발표되었으나 그 질적 측면을 고려할 때 아직 해결해야 할 문제가 많은 것이 사실이다. 지역사회의 기타 청소년 기관 프로그램과의 중복성 문제, 프로그램의 지속성 문제, 평가 문제 등 질적 성장측면의 견지에서는 풀어가야 할 문제들이 아직 많이 남아 있는 실정이다.

5. >>> 청소년 프로그램 지도자를 위한 훈련 프로그램

수많은 청소년 프로그램이 존재하고 있다. 그러나 Shek와 Wai(2008)에 따르면 건전한 청소년 프로그램과 청소년 문제예방 프로그램의 효과성을 측정하는 많은 프로그램이 있음에도 불구하고 그러한 프로그램을 실행하는 청소년 지도자들을 위한 훈련 프로그램들은 많이 연구되지 않았다. 예를 들어 Kealey와 그의 동료들은(2000)은 청소년 흡연예방 프로그램(Hutchison Smoking Prevention Project (HSPP))의 교사훈련 교육과정을 평가했다. 훈련은 행동변화모델에 기초하여 예방 프로그램 이론의 발표, 모델링, 그리고 기술의 안내, 피드백으로 구성되었다. 과정은 네 가지의 주요한 목표를 가지고 있는데 우선 교사를 동기부여화시키는 것이다. 책임을 토론하고 자료, 정보, 기술, 자신감을 부여하는 것이다. 결과는 교사의 99%가 프로그램을 진행하는데 있어 자신감 향상을 보였고 훈련결과 교사의 89%는 훈련의 의도대로 수행했다. 다른 연구들은 훈련에 참여한 교사들이 훈련에 참여하지 않은 교사들보다 더 높은 실행 비율을 보였다고 보고한다. 적정수준의 프로그램 길이, 가장 효과적인 교사훈련 전략, 교사훈련에서 가장 중요한 내용영역이 무엇인지 향후 밝혀질 필요가 있다(Dusenbury & Falco, 1995: 421). 적절한 훈련 프로그램이란 교사가 자신의 역할을 수행함에 있어 안정된 기분을 느끼게 해주는 프로그램이다. 즉, 편안함의 요소는 프로그램 실행의 가능성을 높여줄 수 있다. 또한 훈련 프로그램은 하루 혹은 이틀 워크숍을 포함하는 하나의 이벤트성 행사가 아니라 과정(process)으로서 기획되어야만 한다(Shek & Wai, 2008).

Joyce와 Showers(1980)은 다음과 같이 훈련 프로그램의 다섯 가지 구성요소를 제안하였다.

1) 이론의 제시

커리큘럼의 기획의 바탕이 되는 이론적 모델을 제공하는 것이다. 그러므로 이론의 제시는 인지적 기초를 다지기 위해서 훈련의 도입부분에 제공되어야만 한다.

2) 기술의 시범

새로운 행동 기술을 설명하고 보여주는 것이다. 학생들이 습득해야 하는 개인적·사회적 기술들의 획득과 아울러 잠재적 지도자들은 그러한 기술을 가르치는데 있어서도 더 자신감을 가져야 한다.

3) 기술의 연습

중요한 단계로서 피훈련자에게 새로이 습득한 기술을 연습할 수 있도록 시간을 제공하는 것이다. 연습은 효과성을 극대화하기 위해서 교실 모의 상황하에서 소그룹 단위로 진행한다.

4) 피드백

교수자는 연습 동안에 참가자들을 관찰해야 한다. 그리고 그들에게 건설적인 비평을 해준다. 각각의 수행이 종료된 직후에 피드백을 하는 것이 가장 바람직하다.

5) 코칭

교수자는 참여한 교사들이 과정의 내용을 분석하는 것을 돕고 특정 그룹에게 어떤 교수 전략이 가장 효과적이었는지 파악하게끔 한다. 이러한 활동은 지속적으로 특히 실행 초기단계에서는 더욱 필요한 사항이다.

이상과 같이 청소년 지도자를 위한 훈련 프로그램 개발과 아울러 프로그램 개발을 담당하고 있는 청소년 지도사들의 근무여건 및 처우에 대한 개선이 필요한 시점이다. 청소년들과 일선의 청소년 지도사와의 관계형성이 청소년 발달에 매우 중요한 사항임(Bouffard & Little, 2004)에도 불구하고 많은 청소년 지도사(youth worker)들은 복잡한 상황들을 풀어나갈 준비가 충분하게 되어 있지 못하다

(Casey Foundation, 2003). 청소년 기관은 청소년 현장의 낮은 보수, 압박감, 소진감 등으로 인해 지친 일선의 청소년 지도사들을 청소년 현장에 잔류하게 하는 데 충분한 동기부여를 할 수 없는 실정이다(Anderson-Nathe, 2008). 한국에서도 대다수의 청소년 지도사들은 열악한 근무환경과 박봉에 시달리고 있기에 정작 청소년 업무에서 제일 중요하다고 할 수 있는 청소년 프로그램을 기획하고 준비하는데 많은 에너지를 사용할 여력이 남아있지 않은 실정이다. 청소년에 대한 열정과 노력만으로 그 많은 것을 소화해내기엔 현실적 제약과 벽이 너무나도 높은 것이다(권양이 외, 2012). 따라서 큰 그림에서는 청소년 지도사 및 청소년 기관에 대한 정부부처의 재정지원을 늘리고 나아가 지자체와 교육청의 청소년 기관에 대한 재원육성마련책을 강구하는 일이 시급하다 하겠다.

청소년은 우리의 미래이기 때문에 청소년 발달에 대한 관심은 세계적으로 고조되고 있고 그들의 건강과 발달은 세계 어느 지역을 막론하고 학교 구(school district)와 청소년 기관의 목표가 된다(Cato, 2007).

우리나라도 청소년의 건강한 발달을 위해 2009년 개정 교육과정의 하나로 창의적 체험활동을 학교교육과정에 공식적으로 편입하였다. 김현철·황여정(2012)에 따르면 시범학교와 일반학교 모두 창의적 체험활동이 학교 현장에서 성공적으로 안착하기 위해서는 좋은 프로그램이 가장 중요하다고 응답하였다.

또한 2012년 주 5일제 수업의 전면 실시로 인해 청소년 활동에 대한 기대감이 증폭되고 있지만 학교, 청소년 단체 및 연계 기관들이 청소년의 욕구에 부응하는 양질의 프로그램을 확보하고 있지 못한다면 결코 청소년들을 유인할 수 없을 것이다. 따라서 향후 양질의 청소년 프로그램 개발을 위한 진정한 고민과 노력들이 뒤따라야 할 것이다.

이상 본서에서 논의했듯이 청소년 프로그램은 성인 참여자들을 위한 기타 프로그램 개발과는 상이한 관점에서 접근되어져야 한다. 무엇보다도 청소년을 이해하고 그들의 입장에서 바로 지금보다는 미래에 초점을 두어야 할 것이다.

부록

1. 청소년들의 생활 적응 프로그램 개발을 위한 요구분석 설문지
2. 청소년 프로그램 관련 참고 사이트

1 청소년들의 생활 적응 프로그램 개발을 위한 요구분석 설문지[1]

학교 적응도 측정에 관한 설문지

이 설문지는 여러분의 학교 생활에 대한 적응도를 알아보기 위한 것으로 학문적인 용도로만 사용될 것이며 여러분이 응답해주신 내용은 절대비밀이 보장될 것입니다.

◎ 각 항목에 대해 가장 가깝다고 생각되는 곳에 "✓" 표시해 주세요.

	매우 그렇지 않다		보통 이다	매우 그렇다.
1. 시험이나 질문을 받았을 때 진땀을 흘리거나 떨린다.				
2. 일을 급하게 해야 할 때에는 머리가 혼란스러워진다.				
3. 결심을 하기가 항상 어려운 편이다.				
4. 눈치가 없다는 소리를 자주 듣는다.				
5. 회합에 나가면 외톨박이 같은 느낌이 들어 슬프다.				
6. 인생이란 전혀 희망이 없는 것같이 생각된다.				
7. 사소한 일에도 마음이 걸려 어쩔 줄을 모른다.				
8. 가족 중에 매우 신경질적인 사람이 있다.				
9. 신경질적이라는 말을 자주 듣는다.				
10. 화를 잘 내는 편이다.				
11. 성미가 까다롭다는 말을 자주 듣는다.				
12. 친한 친구에게도 마음을 내보이지 않는다.				
13. 무서운 생각이 머리에 떠오르는 일이 많다.				
14. 호통을 들으면 굳어 버린다.				

1 기영화(2011)의 평생교육 프로그램 개발 매뉴얼 pp. 58-63. 발췌함.

◎ 다음은 하나의 질문에 네 개의 문항이 있는 항목입니다. 각 항목에서 자신이 해당된다고 생각되는 문항의 괄호에 "√"표 하세요.

1. 가) ( ) 나는 슬픔을 느끼지 않는다.
   나) ( ) 나는 슬픔을 느낀다.
   다) ( ) 나는 항상 슬프고 그것을 떨쳐버릴 수 없다.
   라) ( ) 나는 너무나도 슬프고 불행해서 도저히 견딜 수 없다.

2. 가) ( ) 나는 앞날에 대해 특별히 낙담하지 않는다.
   나) ( ) 나는 앞날에 대해 별로 기대할 것이 없다.
   다) ( ) 나는 앞날에 대해 기대할 것이 없다.
   라) ( ) 나의 앞날은 암담하여 전혀 희망이 없다.

3. 가) ( ) 나는 실패감을 느끼지 않는다.
   나) ( ) 나는 다른 사람보다 실패의 경험이 더 많다.
   다) ( ) 내가 살아온 과거를 되돌아 볼 때, 나는 많은 일에 실패를 했다.
   라) ( ) 나는 한 인간으로서 완전히 실패했다.

4. 가) ( ) 나는 전과 다름없이 일상 생활에서 만족하고 있다.
   나) ( ) 나의 일상 생활은 전처럼 즐겁지 않다.
   다) ( ) 나는 더 이상 어떠한 것에서도 실제적인 만족을 느끼지 못한다.
   라) ( ) 나는 모든 것이 불만스럽고 지겹다.

5. 가) ( ) 나는 특별히 죄의식을 느끼지 않는다.
   나) ( ) 나는 죄의식을 느끼는 시간이 많은 편이다.
   다) ( ) 나는 나의 대부분의 시간 동안 죄의식을 느낀다.
   라) ( ) 나는 항상 죄의식을 느낀다.

6. 가) ( ) 나는 내가 벌을 받고 있다고 느끼지 않는다.
   나) ( ) 나는 내가 벌을 받을지도 모른다고 생각한다.
   다) ( ) 나는 내가 벌을 받아야 한다고 생각한다.
   라) ( ) 나는 내가 현재 벌을 받고 있다고 생각한다.

7. 가) ( ) 나는 나 자신에 대해 실망하지 않는다.
   나) ( ) 나는 나 자신에 대해 실망하고 있다.
   다) ( ) 나는 나 자신에 대해 역겨워하고 있다.
   라) ( ) 나는 나 자신을 증오하고 있다.

8. 가) (　　) 나는 내가 다른 사람보다 못하다고 생각하지 않는다.
나) (　　) 나는 나의 약점이나 실수에 대해 나 자신을 비판하는 편이다.
다) (　　) 나는 나의 잘못에 대해 항상 나 자신을 비판한다.
라) (　　) 나는 주위에 일어나는 모든 잘못된 일들에 대해 나 자신을 비판한다.

9. 가) (　　) 나는 자살할 생각 같은 것은 전혀 하지 않는다.
나) (　　) 나는 가끔 자살할 생각을 한 적도 있으나 실제 실행하지는 않는다.
다) (　　) 나는 자살하고 싶은 생각을 자주 한다.
라) (　　) 나는 기회만 있으면 자살할 것이다.

10. 가) (　　) 나는 전보다 더 울지 않는다.
나) (　　) 나는 전보다 더 자주 운다.
다) (　　) 나는 요즘 자주 운다.
라) (　　) 나는 전에는 자주 울었지만, 울래야 울 기력조차 없다.

11. 가) (　　) 나는 전보다 화를 더 자주 내지 않는다.
나) (　　) 나는 전보다 쉽게 화가 나고 짜증이 난다.
다) (　　) 나는 항상 화가 치민다.
라) (　　) 전에는 화가 나게 했던 일인데도 이제는 화조차 나지 않는다.

12. 가) (　　) 나는 다른 사람들에 대하여 관심과 흥미를 갖고 있다.
나) (　　) 나는 다른 사람들에게 흥미를 덜 느낀다.
다) (　　) 나는 다른 사람들에 대하여 흥미를 거의 잃었다.
라) (　　) 나는 다른 사람들에 대하여 완전히 흥미를 잃었다.

13. 가) (　　) 나는 이전과 마찬가지로 쉽게 결정을 한다.
나) (　　) 나는 어떤 일에 결정을 못 내리고 머뭇거린다.
다) (　　) 나는 어떤 결정을 할 때 전보다 더 큰 어려움을 느낀다.
라) (　　) 나는 이제 아무런 결정도 할 수가 없다.

14. 가) (　　) 나는 전보다 내 모습이 나빠졌다고 생각하지 않는다.
나) (　　) 나는 내 용모에 대해 걱정한다.
다) (　　) 나는 남들에게 매력을 느끼게 할 용모를 지니고 있지 않다.
라) (　　) 나는 내가 추하고 불쾌하게 보인다고 생각한다.

15. 가) (　　) 나는 전과 다름없이 일을 잘 할 수 있다.
나) (　　) 나는 어떤 일을 시작하려고 할 때 전보다 더 힘이 든다.
다) (　　) 어떤 일을 시작하려면 굉장히 힘을 들이지 않으면 안 된다.

라) (　　) 나는 너무 지쳐서 아무런 일도 할 수가 없다.

16. 가) (　　) 나는 전과 다름없이 잠을 잘 잔다.
나) (　　) 나는 전처럼 잠을 잘 자지 못한다.
다) (　　) 나는 전보다 한두 시간 빨리 잠에서 깨며 다시 잠들기가 어렵다.
라) (　　) 나는 전보다 훨씬 일찍 깨며 다시 잠들 수가 없다.

17. 가) (　　) 나는 전보다 더 피곤하지 않다.
나) (　　) 나는 전보다 더 쉽게 피곤해진다.
다) (　　) 나는 무슨 일을 하든지 쉽게 피곤해진다.
라) (　　) 나는 너무나 피곤해서 아무런 일도 할 수가 없다.

18. 가) (　　) 나는 전보다 식욕이 나빠지지 않았다.
나) (　　) 나는 전보다 식욕이 좋지 않다.
다) (　　) 나는 현재 식욕이 매우 나빠졌다.
라) (　　) 나는 요즘 식욕이 전혀 없다.

19. 가) (　　) 나는 몸무게가 거의 변함이 없다.
나) (　　) 나는 전보다 몸무게가 줄은 편이다.
다) (　　) 나는 전보다 몸무게가 많이 줄었다.
라) (　　) 나는 전보다 몸무게가 너무 많이 줄어서 건강에 위협을 느낄 정도이다.

20. 가) (　　) 나는 건강에 대해 전혀 염려하지 않는다.
나) (　　) 나는 두통이나 소화불량 또는 변비 등의 현상이 잦다.
다) (　　) 나는 제대로 일을 하기 어려울 정도로 건강이 매우 염려스럽다.
라) (　　) 나는 다른 일을 생각할 겨를도 없을 정도로 건강이 매우 염려스럽다.

21. 가) (　　) 나는 이성에 대해 지속적인 관심을 가지고 있다.
나) (　　) 나는 이성에 대해 관심이나 흥미가 이전보다 적은 편이다.
다) (　　) 나는 요즘 이성에 대해 전혀 관심이 없다.
라) (　　) 나는 이성에 대해 완전히 흥미를 상실했다.

◎ 각 항목에 대해 현재 이루어지고 있다고 생각되는 수준에는 현재수준에, 앞으로 이루어졌으면 하고 바라는 수준에는 필요수준에 √표시를 해주세요.

번호		현재수준					필요수준				
		매우낮음		보통		매우높음	매우낮음		보통		매우높음
1.	부모님은 언제나 나에게 지속적인 관심을 가져 주신다.	1	2	3	4	5	1	2	3	4	5
2.	나는 형제들과 친구 이상의 친밀감을 가지고 있다.	1	2	3	4	5	1	2	3	4	5
3.	나는 학교를 마치면 언제나 집에 가고 싶고 집이 좋다.	1	2	3	4	5	1	2	3	4	5
4.	나는 친구들에게 인기가 많다.	1	2	3	4	5	1	2	3	4	5
5.	나의 친구들은 좋은 아이들이다.	1	2	3	4	5	1	2	3	4	5
6.	나는 내가 좋아하는 취미를 가지고 있으며 기회가 날 때마다 즐긴다.	1	2	3	4	5	1	2	3	4	5
7.	우리 선생님은 나를 잘 알고 이해해 주신다.	1	2	3	4	5	1	2	3	4	5
8.	우리 선생님은 나의 장점을 알고 칭찬해 주신다.	1	2	3	4	5	1	2	3	4	5
9.	나는 학교에 가는 것이 즐겁다.	1	2	3	4	5	1	2	3	4	5
10.	학교는 우리가 공부하기에 좋은 환경이다.	1	2	3	4	5	1	2	3	4	5
11.	나는 학교의 교육방침에 만족한다.	1	2	3	4	5	1	2	3	4	5
12.	나는 과목별 선생님이 대체적으로 자질을 갖추었다고 본다.	1	2	3	4	5	1	2	3	4	5
13.	나는 내 인생을 스스로 설계할 수 있다.	1	2	3	4	5	1	2	3	4	5
14.	나는 현재 내 모습에 만족한다.	1	2	3	4	5	1	2	3	4	5
15.	나는 내가 괜찮은 아이라고 생각한다.	1	2	3	4	5	1	2	3	4	5
16.	나는 미래에 내 꿈을 이룰 수 있다고 생각한다.	1	2	3	4	5	1	2	3	4	5
17.	나는 나의 가정환경에 만족한다.	1	2	3	4	5	1	2	3	4	5

◎ 다음은 주관식 문항입니다. 편하게 답해 주세요.

1. 당신은 무엇을 할 때 가장 즐겁습니까?

2. 당신은 언제 학교에 가장 불만을 느낍니까?

3. 당신은 학교에 다니는 목적이 무엇이라고 생각합니까?

4. 당신은 장래에 무엇이 되고 싶습니까?

2 청소년 프로그램 관련 참고 사이트

국제청소년센터 유스호스텔 www.iyc.or.kr
국제청소년연합 www.iyf.or.kr
그린훼밀리·그린스카우트연합 www.greenfamily.or.kr
기독교청소년협회 www.cya21.org
로체청소년원정대 www.youngpioneer.net
인구보건복지협회 www.ppfk.or.kr
청소년 워크넷 www.work.go.kr/youth
청소년미디어센터 www.ssro.net
청소년미디어중독예방센터 www.mediajoongdok.com
청소년성문화센터 www.djsay.net
청소년직업체험센터 http://2010.haja.net/
한국산업인력공단 청소년지도사 www.q-net.or.kr/site/jidosa
한국우주소년단 www.yak.or.kr
한국유스호스텔연맹 www.kyha.or.kr
한국청소년단체협의회 www.koreayouth.net
한국청소년상담원 www.kyci.or.kr
한국청소년연맹 www.koya.or.kr
한국청소년육성회 www.kays.or.kr
한국청소년정책연구원 www.nypi.re.kr
한국청소년활동진흥원 www.kywa.or.kr
한국항공소년단 www.yfk.or.kr
한국화랑청소년육성회 http://cceo.or.kr/kcya/
한국환경청소년단 www.knature.or.kr
흥사단 www.yka.or.kr
W comm. www.w-comm.co.kr

참고 문헌

Bibliography

권대봉(1998). 산업교육방법 연습. 학지사.

______(2003). 인적자원개발의 개념 변천과 이론에 대한 종합적 고찰. 도서출판 원미사.

______(2008). 성인교육방법론. 학지사.

권양이(1999). 사회교육 프로그램 개발과정에 영향을 미치는 요인 분석. 서강대학교 석사학위 논문.

______(2008). 공무원 노사상생 리더십 교육프로그램 개발을 위한 요구분석. 한국교육학연구. 14(3), 113-144.

______(2012). 청소년 및 성인학습자를 위한 유비쿼터스 러닝 시대의 통합적 평생교육방법론. 도서출판 원미사.

권양이·김정주(2011). 한·미 NPO의 자율규제유형에 관한 연구. 한국행정연구. 20(2), 67-99.

권양이·오승근·김선요(2012). 대학생들의 청소년지도사 실습업무경험과 중요성 인식에 대한 질적 연구. 청소년복지연구. 14(2), 75-99.

권이종(2011). 미래를 부르는 희망 노래 청소년. 지성공간.

권이종·남정걸·차경수·최충옥·최운실·최윤진(1998). 청소년 교육론. 양서원.

권인탁(2009). 평생교육경영론. 학지사.

권일남·김태균·김정율·김지수·김영희(2010). 청소년 핵심역량 개발 및 추진방안 연구 Ⅲ: 수련시설기반 프로그램 시범사업—사회적 상호작용, 자율적 행동. 한국청소년정책연구원(2010).

권일남·김호순·허성욱·김기헌·김영희·김태균·박소영(2008). 청소년의 역량개발을 위한 프로그램 영역분류 및 교급별 대표 프로그램 개발. 연구개발 08-1. 국립중

앙청소년수련원·명지대학교.

권일남·오해섭·이교봉(2010). 청소년활동론. 공동체.

권중돈·배숙경·여미옥·민진암·이기민·이은주·강은경·김현미·박경혜·박주임(2012). 노인복지 프로그램 개발의 실제. 학지사.

기영화(2008). 평생교육프로그램개발. 학지사.

_____(2011). 평생교육 프로그램 개발 매뉴얼. 학지사.

김경준·오해섭·김진모·최금해(2005). 농어촌청소년 복지정책 평가 및 프로그램 개발. 연구 보고 05-R34 농어촌청소년육성재단·한국청소년개발원.

김경준·오해섭·오미선(2011). 청소년의 사회적 참여 활성화를 통한 저소득 가정 아동 지원방안 Ⅱ: 청소년멘토 훈련프로그램 개발. 한국청소년정책연구원(2011).

김경준·정병호·김찬호·정은지·안종수·조현상·김기민(2008). 북한이탈 청소년 종합대책 연구 Ⅲ — 대안학교 재학 북한이탈 청소년들의 진로탐색 프로그램 개발연구 — 한국청소년정책연구원(2008).

김경화·조용하(2005). 청소년활동 프로그램 평가시스템 개발 및 운영방안 연구. 연구 보고 05-R04. 한국청소년개발원.

김도수(1994). 사회교육학. 교육과학사.

김동위(1993). 청소년의 인간화 교육. 교육과학사.

김병성(2010). 교육과 사회. 학지사.

김상곤·최승희·안정선(2012). 사회복지 프로그램 개발과 평가. 학지사.

김선요(2002). 현대 교육철학의 이론: 성경적 비판과 조명. 사회과학논총. 8, 113-131.

_____(2009). 현대 교육사회학 이론에 대한 성경적 비판과 해석. 사회과학논총. 16, 137-155.

김재은(1996). 우리의 청소년: 그들은 누구인가. 교육과학사.

김진규(2002). 프로그램 평가방법. 학지사.

김진화(1996). 사회교육 프로그램 개발의 해석학적 분석. 서울대학교 박사학위 논문.

김진화(2012). 평생교육 프로그램개발론. 교육과학사.

김진화·정지웅(1997). 사회교육 프로그램 개발의 이론과 실제. 교육과학사.

김현철·황여정(2012). 지역사회 자원을 활용한 창의적 체험활동 활성화 방안. NYPI 청소년정책 리포트. 37, 2-15. 한국청소년정책연구원.

김형태(1998). 청소년 세대 교육론. 한남대학교 출판부.

나승일 · 정철영 · 박동열 · 이해선(2001). 전문대학 학생의 학습능력 신장프로그램 개발연구. 전문대학 교수-학습 개발 협의회.

문화관광부 · 한국청소년개발원(1999). 외국의 청소년활동 프로그램.

박성희(1994). 청소년지도 프로그램 개발의 기초. 한국청소년개발원(편), 프로그램의 개발과 운영. 청소년지도자교재총서.

배호순(1994). 프로그램 평가론. 도서출판 원미사.

백영균 · 박주성 · 한승록 · 김정겸 · 최명숙 · 변호승 · 박정환 · 강신천 · 김보경(2010). 유비쿼터스 시대의 교육방법 및 교육공학. 학지사.

변창진 · 최진승 · 문수백 · 김진규 · 권대훈(2001). 교육평가. 학지사.

성태제 · 강대중 · 강이철 · 곽덕주 · 김계현 · 김천기 · 김혜숙 · 봉미미 · 유재봉 · 이윤미 · 이윤식 · 임웅 · 홍후조(2012). 최신 교육학개론 2판. 학지사.

여성가족부(2012). 2012청소년 백서.

여성가족부 · 한국청소년활동진흥원(2010). 청소년자원봉사 활동프로그램 우수 사례집.

오인경 · 최정임(2009). 교육 프로그램 개발 방법론. 학지사.

오치선(2000). 청소년지도방법론. 학지사.

오혁진(2012). 新 사회교육론. 학지사.

우정자 · 김형주 · 김은경 · 이혜경(2003). 청소년 리더십 함양을 위한 자원봉사 교육 프로그램 모델 개발. 연구보고 03-R12. 한국청소년개발원.

이기봉 · 설수영 · 원형중 · 설민신(2009). 청소년의 게임중독 예방을 위한 가족단위 여가프로그램 활성화 방안. 한국청소년정책연구원(2009).

이복희 · 김종표 · 김지환(2008). 청소년교육론. 학지사.

이정아(1988). 여성사회교육 프로그램 개발과정의 현황과 문제점. 이화여자대학교 석사학위논문.

이철승(2008). 청소년 사역을 위한 신학적(theological) 해석학적(hermeneutical) 제안. 기독교교육정보. 제21집. 191-219.

이화정 · 양병찬 · 변종임(2008). 평생교육 프로그램 개발의 실제. 학지사.

정익준(1999). 비영리조직의 마케팅. 서울: 영풍문고.

정하성 · 안승열(2003). 청소년 프로그램의 실제론 — 사회적응 프로그램 개발 — 학문사.

조대연(2006). 국내 성인교육훈련의 요구분석 연구동향: 1990년-2005년 관련 문헌을 중심으로. Andragogy Today. 9(1), 85-106.

조영승(2001). 청소년환경론. 교육과학사.

조용하(1990). 청소년 교육의 동향. 교육과학사.

차갑부(2010). 명강의를 위한 40가지 이야기. 교육과학사.

청소년폭력예방재단(2008). 위풍당당 무지개 학교폭력 가해 청소년 선도 프로그램 개발. 청소년폭력예방재단 교육자료 2008-02-05.

최명구·김누리(2011). 청소년의 이해. 학지사.

최정임(2009). 요구분석 실천가이드. 학지사.

최창욱·김정주·조영희·김경진(2005). 청소년 갈등해결프로그램 개발 및 효과연구. 연구보고 05-R07. 한국청소년개발원.

한국여성개발원(1995). 여성사회교육 프로그램 개발 및 지원에 관한 연구.

한국청소년개발원(2011). 청소년 프로그램개발 및 평가론. 교육과학사.

한국청소년단체협의회(2012). 오늘의 청소년.

한국청소년정책연구원(2007). 청소년학 연구방법론. 교육과학사.

한국청소년학회(1995). 교육개혁과 청소년 자원봉사 활성화.

__________(2000). 청소년학총론. 양서원.

한국청소년활동진흥원·국립평창청소년수련원(2010). 2010 청소년활동 신규프로그램 연구 개발 보고서.

한상철(1998). 청소년지도 프로그램 평가모형 개발에 관한 이론적 고찰. 청소년학 연구. 5(1), 53-76.

_____(2009). 청소년학. 학지사.

한상철·권두승·방희정·설인자·김혜원(2001). 청소년지도론. 학지사.

홍봉선·남미애(2010). 청소년복지론. 공동체.

Anderson-Nathe, B. (2008). So What? Now what? Implications for youth worker practice. *Child & Youth Services*, 30(1/2), 123-138.

Anthony, E. K., Samples, M. D., Kervor, D. N., Ituarte, S., Lee, C., & Austin, M. J. (2010). Coming back home: the reintegration of formerly incarcerated youth with service implications. *Children and Youth Services Review*, 32(10), 1271-1277.

Apps, J. W. (1979). *Problems in continuing education.* McGraw-Hill, Inc.

Bahr, N., & Pendergast, D. (2007). *The millennial adolescent.* ACER Press.

Balsano, A. B., Phelps, E., Theokas, C., Lerner, J. V., & Lerner, R. M. (2009). Patterns of early adolescents' participation in youth development programs having positive youth development goals. *Journal of research on adolescence*, 19(2), 249－259.

Barnett, L. A. (2006). Flying high of crashing down: girls' accounts of trying out for cheerleading and dance. *Journal of Adolescent*, 21(5), 514－541.

Beal, G. M., Blount, R. C., Powers, R. C., & Johnson, W. J. (1966). *Social action and interaction in program planning.* Iowa State University Press.

Bergevin, P. E., Morris, D., & Smith, R. M. (1963). *Adult education procedures: a handbook of tested patterns for effective participation.* NY: Seabury Press.

Blomfield, C. J., & Barber, B. L. (2009). Brief report: performing on the stage, the field, or both? Australian adolescent extracurricular activity participation and self-concept. *Journal of Adolescence*, 32, 733－739.

Bouffard, S., & Little, P. M. D. (2004). *Promoting quality through professional development: a framework for evaluation.* Cambridge, MA: Harvard Family Research Project.

Boone, E. J. (1985) *Developing programs in adult education.* Englewood Cliffs, NJ: Prentice-Hall. 권두승·김미숙 공역 (1997). <사회교육 프로그램 개발론>. 교육과학사.

Boone, E. J., Shearon, R. W., & White, E. E. (1980). *Serving personal and community needs through adult education.* Jossy-Bass Publishers.

Borich, G. D. (1980). A needs assessment model for conducting follow-up studies. *Journal of teacher education*, 31(3), 39－42.

Boxer, P., Huesmann, L. R., Dubow, E. F., Landau, S. F., Gvirsman, S. D., Shikaki, K., Ginges, J. (2013). Exposure to violence across the social ecosystem and the development of aggression: a test of ecological theory in the Israeli-Palestinian conflict. *Child Development*, 84(1), 163－177.

Boyle, P. G. (1981). *Planning better programs.* Mcgraw-Hill Book Company.

Bronfenbrenner, U. (1979). *The ecology of human development: experiments by nature and design.* Cambridge: Harvard University Press.

Brinkerhoff, R. O. *et. al.*, (1982). *Program Evaluation: A practitioner's guide for trainers and educators*. Boston: MA Kluwer Nijhoff Publishing.

Brooks-Gunn, J., & Petersen, A. C. (1983). *Girls at puberty: Biological and psychosocial perspectives*. New York: Plenum.

Cacioppe, R. (1998). An integrated model and approach for the design of effective leadership development programs. *Leadership & Organztion Development Journal*, 19(1), 44－53.

Caffarella, R. S. (2002). *Planning programs for adult learners: A practical guide for educators, trainers, and staff developers*(2nd ed.). San Francisco: Jossey-Bass.

Campa, M. I., Bradshaw, C. P., Eckenrode, J., & Zielinski, D. S. (2008). Patterns of problem behavior in relation to thriving and precocious behavior in late adolescence. *Journal of Youth & Adolescence*, 37(6), 627－640.

Cato, B. (2007). Youth development and prevention program documentation: global challenge-a local response. *Journal of Research*, 2(2), 5－11.

Cervero, R., & Wilson, A. (1994). *Planning responsibility for adult education*. San Francisco: Jossey-Bass.

Chaskin, R. J. (2009). Toward a theory of change in community-based practice with youth: A case-study exploration. *Children and Youth Services Review*, 31(10), 1127－1134.

Checkoway, B. N., & Gutierrez, L. M. (2006). *Youth participation and community change*. The Haworth Press, Inc.

Coleman, J. (1978). Current contradictions in adolescent theory. *Journal of Youth and Adolescence*, 7, 1－11.

Coleman, J. C., & Hendry, L. B. (1999). 『청소년과 사회』 강영배·김기헌·이은주 (공역). 성안당. (1999년 The nature of adolescence 원저 발간)

Compas, B. E., Malcarne, V. L., & Fondacaro, K. M. (1988). Coping with stressful events in older children and young adolescents. *Journal of Consulting and Clinical Psychology*, 56, 405－411.

Davis, R. B., Wolfe, H., Orenstein, A., Bergamo, P., Buetens, K., Fraster, B., Hogan, J., MacLean, A., & Ryan, M. (1994). Intervening with high risk youth: a program model. *Adolescence*, 29(116), 763－774.

DeSimon, R. L., Werner, J. M., & Harris, D. M. (2002). *Human resource development*

(3rd ed.). Sea Harbor Drive, Orlando: Harcourt College Publishers.

Dickson, L. M., Derevensky, J. L., & Gupta, R. (2004). Harm Reduction for the prevention of youth gambling problems: lessons learned from adolescent high-risk behavior prevention programs. *Journal of Adolescent Research*, 19(2), 233–263.

Donaldson, S. J., & Ronan, K. R. (2006). The effects of sports participation on young adolescents' emotional well-being. *Adolescence*, 41(162), 369–389.

Duerden, M. D., & Gillard, A. (2011). An approach to theory-based youth programming. *New Directions for Youth Development*, 2011 Supplement, 39–53.

Dusenbury, L., & Falco, M. (1995). Eleven components of effective drug abuse prevention curricula. *Journal of school Health*, 65(10), 420–425.

Eccles, J. S., & Barber, B. L. (1999). Student council, volunteering, basketball, or marching band: what kind of extracurricular involvement matters? *Journal of Adolescent Research*, 14(1), 10–43.

Eccles, J. S., & Gootman, J. A. (2002). *Community programs to promote youth development: Committee on community-level programs for youth*. Washington, DC: National Academy Press.

Feldman, S. S., & Elliot, G. E. (1990). *At the threshold: The developing adolescent*. Cambridge, MA: Lawrence Erlbaum.

Fitzpatrick, J. L., Sanders, J. R., & Worthen, B. R. (2004). *Program evaluation: alternative approaches and practical guidelines*, 3rd edition. Pearson.

Gambone, M. A. (1997). *Launching a resident-driven initiative: community change for youth development*(CCYD) *from site-selection to early implementation*. Philadelphia, PA: Public/Private Ventures.

Guest, A. M., & McRee, N. (2009). A school-level analysis of adolescent extracurricular activity, delinquency, and depression: the importance of situational context. *Journal of Youth and Adolescence*, 38(1), 51–62.

Gullotta, T. P., Adams, G. R. & Markstrom, C. A. (1999). *The adolescent experience*. 4th edition. Academic Press.

Halpern, R. (2006). After-school matters in Chicago: apprenticeship as a model for youth programming. *Youth & Society*, 38(2), 203–235.

Hamilton, S. F., & Fenzel, L. M. (1988). The impact of volunteer experience on adolescent social development: evidence of program effects. *Journal of Adolescent Research*, 3(1), 65－80.

Hampel, P., Meier, M., & Kümmel, U. (2008). School-based stress management training for adolescents: longitudinal results from an experimental study. *Journal of Youth & Adolescence*, 37, 1009－1024.

Hay, C., & Morgan, M. (2005). Evaluation of a psychoeducational program to help adolescent cope. *Journal of Youth and Adolescence*, 34(2), 111－121.

Hershkowitz, M. (1973). A regional ETV network: Community needs and system structure. *Report for regional education service agency of Appalachian Maryland*. Silver spring, MD: Operations Research Inc.

Houle, C. O. (1976). *The design of education*. Jossey－Bass Publishers.

Howe, N. (2006). A generation to define a century. Paper presented to the association for supervision and curriculum development annual conference, worldwide issues, chicago, ILL. Retrieved June 29, 2006 from http://ascd.typepad.com/annual conference/2006/04/a_generation_to.html

Jones, J. N., & Deutsch, N. L. (2011). Relational strategies in after-school settings: how staff-youth relationships support positive development. *Youth & Society*, 43(4), 1381－1406.

Jones, K. R., & Perkins, D. F. (2006). Youth and adult perceptions of their relationships within community-based youth programs. *Youth & Society*, 38(1), 90－109.

Joyce, B., & Showers, B. (1980). Improving in－service training: the messages of research. *Educational Leadership*, 37(5), 379－385.

Kahne, J., Nagaoka, J., Brown, A., O'brien, J., Quinn, T., & Thiede, K. (2001). Assessing after-school programs as contexts for youth development. *Youth & Society*, 32(4), 421－446.

Kaufman, R. (1972). A possible taxanomy of needs assessments. *Educational Technology*, 17(11), 60－62.

Kaufman, R. (1982). Means and ends: Needs assessment, needs analysis, and front－end analysis. *Educational Technology*, 22(11), 33－34.

Kail, R. (1991). Processing time declines exponentially during childhood and adolescence. *Developmental Psychology*, 27(2), 259－266.

Kidd, J. R. (1975). *How adults learn.* New York: Association Press.

Kirk, R., & Day, A. (2011). Increasing college access for youth aging out of foster care: evaluation of a summer camp program for foster youth transitiong from high school to college. *Children and Youth Services Review*, 33(7), 1173-1180.

Knowles, M. (1978). *The adult learner: A neglected species*, 2nd edition, Gulf Publishing Company.

Kroner, J. J., & Mares, A. S. (2009). Lighthouse independent living program: Characteristics of youth served and their outcomes at discharge. *Children and Youth Services Review*, 31(5), 563-571.

Kurtines, W. M., & Silverman, W. K. (1999). Emerging views of the role of theory. *Journal of Clinical Child Psychology*, 28(4), 558-562.

Kurtines, W. M., Ferrer-Wreder, L., & Berman, S. L., Lorente, C. C., Silverman, W. K., & Montgomery, M. J. (2008). Promoting positive youth development. New directions in developmental theory, methods, and research. *Journal of Adolescent Research*, 23(3), 233-244.

Larson, R. W. (2000). Toward a psychology of positive youth development. *American Psychologist*, 55, 170-183.

Larson, R. W., & Walker, K. C. (2010). Dilemmas of practice: challenges to program quality encountered by youth program leaders. *American Journal of Community Psychology*, 45(3-4), 338-349.

Lerner, R. M. (1995). *America's youth in crisis: Challenges and options for programs and policies*. Thousand Oaks, CA: Sage.

Lerner, R. M., & Spanier, G. B. (1980). *Adolescent development: a life-span perspective*. New York: McGraw-Hill.

Lerner, R. M., Lerner, J. V., Stefanis, I. D., & Apfel, A. (2001). Understanding developmental systems in adolescence: implications for methodological strategies, data analytic approaches, and training. *Journal of Adolescent Research*, 16(1), 9-27.

Linvill, D. C., & Huebner, A. J. (2005). The analysis of extracurricular activities and their relationship to youth violence. *Journal of Youth and Adolescence*, 34(5), 483-492.

Mahoney, J. L. (2000). Participation in school extracurricular activities as a moderator in the development of antisocial patterns. *Child Development*, 71, 502–516.

Mahoney, J. L., Larson, R. W., & Eccles, J. S. (2005). *Organized activities as contexts of development: extraccuricular activities, after school and community programs*. Mahwah, NJ: Lawrence Erlbaum.

Moen, P., Elder, G. H., & Lüscher, K. (1995). *Examining lives in context. perspectives on the ecology of human development*. American Psychological Association.

Monette, M. L. (1977). *The concept of educational need: an analysis of selected literature. Adult Education Quarterly*, 27(2), 116–127.

Montgomery, M. J., Kurtines, W. M., Ferrer-Wreder, L., Berman, S. L., Lorente, C. C., Broines, E., Silverman, W., Ritchie, R., Eichas, K. (2008). A developmental intervention science (DIS) outreach research approach to promoting youth development. Theoretical, methodological, and meta-theoretical challenges. *Journal of Adolescent Research*, 23(3), 268–290.

Moretti, M. M., & Obsuth, I. (2009). Effectiveness of an attachment-focused manualized intervention for parents of teens at risk for aggressive behaviour: The connect program. *Journal of Adolescence*, 32(6), 1347–1357.

Morrissey, K. M., & Werner-Wilson, R. J. (2005). The relationship between out-of-school activities and positive youth development: an investigation of the influences of communities and family. *Adolescence*, 40(157), 67–85.

Nabors, L. A., Reynolds, M. W., & Weist, M. D. (2000). Qualitative evaluation of a high school mental health program. *Journal of Youth and Adolescence*, 29(1), 1–13.

Nakkula, M. J., & Toshalis, E. (2010). *Understanding youth: adolescent development for educators*. Harvard Education Press.

Ngai, S. S. (2009). The effects of program characteristics and psychological engagement on service-learning outcomes: A study of university students in Hong Kong. *Adolescence*, 44(174), 375–389.

Oden, S. (1995). Studying youth programs to assess influences on youth development: new roles for researchers. *Journal of Adolescent Research*, 10(1), 173–186.

Olson, J. R., Goddard, H. W. (2012). Applying prevention and positive youth development theory to predict depressive sysmptoms among young people. *Youth & Sociey*, published online 6 September 2012. Available at http://

yas.sagepub.com/content/early/2012/09/06/0044118X12457689

Osgood, D. W., Wilson, J.K., O'Malley, P. M., Bachman, J. G., & Johnston, L. D. (1996). Routine activities and individual deviant behavior. *American Sociological Review*, 61(4), 635–655.

Ostrom, C. W., Lerner, R. M., & Freel, M. A. (1995). Building the capacity of youth and families through university-community collaborations: the development-in-context evaluation(DICE) model. *Journal of Adolescent Research*, 10(4), 427–448.

Pearson, G., Jennings, J., & Norcross, J. (1999). A program of comprehensive school based mental health services in a large urban public school district: the DALLAS model. *Adolescent Psychiatry*, 23(24), 207–231.

Peterson, G. W. (1995). The need for common principles in prevention programs for children, adolescents, and families. *Journal of Adolescent Research*, 10(4), 470–485.

Petrone, L. M. (1999). *Conflict resolution training in relation to gender*. Doctoral Dissertation. Columbia University.

Pössel, P., Baldus, C., Horn, A, B., Groen, G., & Hautzinger, M. (2005). Influence of general self-efficacy on the effects of a school–based universal primary prevention program of depressive symptoms in adolescents: a randomized and controlled follow–up study. *Journal of Child Psychology and Psychiatry and Allied Disciplines*, 46(9), 982–994.

Rich-Harris, J. (1998). *The nurture assumption: Why children turn out the way they do*. New York: Free Press.

Rossi, P. H., & Freeman, H. E. (1989). *Evaluation: A systematic approach*. Beverly Hills, Calif: Sage.

Roth, J. L., & Brooks-Gunn, J. (1998). Promoting healthy adolescents: synthesis of youth development program evaluations. *Journal of Research on Adolescence*, 8(4), 423–459.

Roth, J. L., & Brooks-Gunn, J. (2003). Youth development programs: risk, prevention and policy. *Journal of Adolescent Health*, 32, 170–182.

SeiffgeKrenke, I. (2000). Causal links between stressful events, coping style, and adolescent symptomatology. *Journal of Adolescence*, 23(6), 675–691.

Serido, J., Borden, L. M., & Perkins, D. F. (2011). Moving beyond youth voice. *Youth & Society*, 43(1), 44–63.

Shaftel, F. R., & Shaftel, G. A. (1982). *Role playing in the curriculum*. Englewood Cliffs, N.J.: Prentice-Hall.

Shek, D. T. L., & Wai, C. L. Y. (2008). Training workers implementing adolescent prevention and positive youth development programs: what have we learned from the literature? *Adolescence*, 43(172), 823–845.

Simpkins, S. D., Vest, A. E., & Becnel, J. N. (2010). Participating in sport and music activities in adolescence: The role of activity participation and motivational beliefs during elementary school. *Journal of Youth & Adolescence*, 39, 1368–1386.

Spencer, R. (2007). "It's not what I expected" A qualitative study of youth mentoring relationship failures. *Journal of Adolescent Research*, 22(4), 331–354.

Stern, M. R. (1983). *Power and conflict in continuing professional education*. Wadsworth Publishing Company.

Styron, T. H., O'Connell, M., Smalley, W., Rau, D., Shahar, G., Sells, D., Frey, J., & Davidson, L. (2006). Troubled youth in transition: an evaluation of conneticut's special services for individuals aging out of adolescent mental health programs. *Children and Youth Services Review*, 28(2006), 1088–1101.

Sullivan, P. J., & Larson, R. W. (2010). Connecting youth to high-resource adults: lessons from effective youth programs. *Journal of Adolescent Research*, 25(1), 99–123.

Tapscott, D. (1998). *Growing up digital: The rise of the net generation*. New York: McGraw Hill.

Terrion, J. L. (2006). Building social capital in vulnerable families: success markers of a school-based intervention program. *Youth & Society*, 38(2), 155–176.

Thomson, N. R., Zand, D. H. (2010). Mentees' perceptions of their interpersonal relationships: the role of the mentor-youth bond. *Youth & Society*, 41(3), 434–445.

Tyler, R. (1974). *Basic principles of curriculum and instruction*. University of Chicago Press.

VanderVen, K., & Torre, C. A. (1999). A dynamical systems perspective on mediating violence in schools: emergent roles of child and youth care workers. *Child*

& Youth Care Forum, 28(6), 411−436.

Verner, C. (1964). *Adult Education*. Washington, D.C. The Centre for Applied Research in Education, Inc.

Villarruel, F. A., Perkins, D. F., Borden, L. M., & Keith, J. G. (2003). *Community youth development. Programs, policies, and practices*. Sage Publications.

Walker, I., Marczak, M., Blyth, D., & Borden, L. (2005). Designing youth development programs: Toward a theory of developmental intentionality. In Mahoney, J. L., Larson, R. W., & Eccles, J. S. (Eds.), *organized activities as contexts of development: extracurricular activities, after school and community programs*. Mahwah, NJ: Lawrence Erlbaum.

Walker, K. C. (2011). The multiple roles that youth development program leaders adopt with youth. *Youth & Society*, 43(2), 635−655.

Waterman, M. A. & Stanley, E. D. (2005). Case Based Learning in Your Classes. Retrieved October 11, 2007 from http://cstl-csm.semo.edu/waterman/CBL/

Weiss, C. H. (1995). *Nothing as practical as good theory: exploring theory-based evaluation for comprehensive community initiatives for children and families*. In J. P. Connell, A. C. Kubisch, L. B. Schorr, & C. H. Weiss (Eds.), New approaches to evaluating community initiatives, Volume 1: Concepts, methods, and contexts. Washing, DC: The Aspen Institute.

Witkin, B. R. (1984). *Assessing needs in educational and social programs*. San Francisco: Jossey-Bass Publishers.

Wolf, R. L. (1974). *The application of select legal concepts to educational evaluation*. Doctoral Dissertation, University of Illinois.

Yoshikawa, H., & Hsueh, J. (2001). Child development and public policy: Toward a dynamic systems perspective. *Child Development*, 72(6), 1887−1903.

Youniss, J., & Yates, M. (1997). *Community service and social responsibility in youth*. Chicago: The University of Chicago Press.

Zaff, J. F., Moore, K. A., Papillo, A. R., & Williams, S. (2003). Implications of extracurricular activity participation during adolescence on positive outcomes. *Journal of Adolescent Research*, 18(6), 599−630.

Zeldin, S. (1995). Community-University collaborations for youth development: from theory to practice. *Journal of Adolescent Research*, 10(4), 449−469.

인명 색인

[E]

[F]

[G]

[H]

사항 색인

[ㅂ]

저자 약력

권 양 이(權亮利)

권양이는 Eastern Michigan University 대학원에서 교육 리더십 및 행정 전공으로 SpA학위를 취득했고 고려대학교 대학원에서 교육사회학 및 성인계속교육학 전공으로 교육학 박사 학위(Ph. D)를 취득했다.

- Eastern Michigan University, OIS Intern
- Ann Arbor Public Schools, ESL Tutor
- 2009 서울시 청소년 활동프로그램 평가위원
- 고려대학교, 홍익대학교, 상명대학교, 국민대학교 출강
- 고려대학교 교육문제연구소 연구교수 역임
- 現) 서울여자대학교 바롬교양대학 교직과정부 초빙강의교수

〈논문〉
- 외국인 유학생의 국내대학 초기적응에 관한 질적 탐색(2008)
- 공무원 노사상생 리더십 교육프로그램 개발을 위한 요구분석(2008)
- 노사상생 리더십 교육이 학습자의 리더십 능력에 미치는 영향(2008)
- 한국노동교육의 실태와 정책적 함의(2010)
- 평생교육사 관련 교과목 이수 대학생들의 일반적 자기효능감과 특수적 자기효능감에 관한 연구(2011)
- 대학생들의 청소년지도사 실습업무경험과 중요성 인식에 대한 질적 연구(2012) 공저
- 대학부설 평생교육원 종사자들의 개인 및 조직풍토 변인이 직무수행에 미치는 영향(2012)
- Factors Affecting International Students' Transition to Higher Education Institutions in the United States. -From the Perspective of Office of International Students(2009)
- The Developmental History of Labor Education in South Korea From a Sociopolitical and Economic Perspective(2011)
- Investigating Factors that Influence Social Presence and Learning Outcomes in Distance Higher Education(2011) 공저

  이외 다수가 있음.

〈저서〉
- 청소년 및 성인학습자를 위한 유비쿼터스 러닝 시대의 통합적 **평생교육방법론**(2012)

청소년 프로그램 개발과 평가

초판인쇄 2013년 2월 15일
초판발행 2013년 2월 25일

지은이 권양이
펴낸이 안종만

편 집 우석진·배근하
기획/마케팅 조성호
표지디자인 김지은
제 작 우인도·고철민

펴낸곳 (주) 박영사
서울특별시 종로구 평동 13-31번지
등록 1959. 3. 11. 제300-1959-1호(倫)
전 화 02)733-6771
f a x 02)736-4818
e-mail pys@pybook.co.kr
homepage www.pybook.co.kr
ISBN 978-89-6454-458-7 93370

정 가 20,000원